MYLES MUNROE

EL PROPÓSITO Y PODER DEL AMOR Y EL MATRIMONIO

PENIEL

Buenos Aires - Miami - San José - Santiago

www.peniel.com

EDITORIAL PENIEL
Boedo 25
Buenos Aires, C1206AAA
Argentina
Tel. 54-11 4981-6178 / 6034
e-mail: info@peniel.com
www.peniel.com

Diseño de cubierta e interior:
ARTE PENIEL • arte@peniel.com

Publicado originalmente en inglés con el título:
The Purpose and Power of Love and Marriage
by Destiny Image, Shippensburg, PA, USA
and Diplomat Press, Nassau, Bahamas
Copyright © 2005 – Myles Munroe
All rights reserved.

Munroe, Myles
El propósito y poder del amor y el matrimonio. - 1a ed. - Buenos Aires : Peniel, 2011.
304 p. ; 23x15 cm.
Traducido por: Adriana Coppola
ISBN 10: 987-557-291-8
ISBN 13: 978-987-557-291-1
1. Vida Cristiana. 2. Matrimonio Cristiano. I. Coppola, Adriana, trad. II. Título
CDD 248.5

Impreso en Colombia / Printed in Colombia

Dedicatoria

A mi hermosa, fantástica, asombrosa, maravillosa, sensible esposa, Ruth: tu apoyo, respeto, compromiso, dedicación, paciencia y oración por mí hacen que yo parezca un buen marido y padre. Gracias por lograr que los principios en este libro sean una realidad práctica. Gracias por hacer que nuestro matrimonio sea todo lo que siempre esperé de esta aventura en las relaciones humanas. Te amo.

A mi preciosa hija, Charisa, y a mi querido hijo Chairo. Que sus matrimonios sean construidos sobre los principios y los preceptos inherentes a la sabiduría destilada de las verdades comprobadas de La Palabra de Dios. Que este libro pueda ser mi mayor regalo de bodas para ustedes y sus niños a medida que adopten sus preceptos.

A mi padre y a mi difunta madre, Matthias y Louise Munroe. Su matrimonio de más de 50 años se convirtió en el modelo vivo y ejemplar para mí, que me permitió observar la belleza y los beneficios de un matrimonio construido y fundado en La Palabra de Dios. Gracias por enseñarme cómo amar a mi esposa y a mis hijos.

A todos los solteros que desean tener el matrimonio próspero que el Creador destinó para ellos desde el principio. Que la sabiduría de este libro contribuya a este deseo.

A todos los matrimonios cuyo deseo es mejorar y realzar su relación. Que puedan aplicar los principios de este libro para ayudar en la realización de sus votos y experimentar el matrimonio que el Creador desde el principio pensó para la humanidad.

A la fuente de toda la sabiduría, conocimiento y entendimiento, el creador de la institución del matrimonio, mi Señor y mi Redentor, Jehová Shalom, Yeshua.

Índice

Dedicatoria   3
Prefacio   7

PARTE UNO
Comprender que el amor del
matrimonio aún es una gran idea

1. El matrimonio es como una gema preciosa   11
2. El matrimonio es honorable   25
3. ¿Por qué casarse de todos modos?   39
4. Todos deberían tener una boda en el jardín   55
5. Un matrimonio feliz no es un accidente   69
6. Soltar los lazos que nos atan   85
7. ¡Viva la diferencia!   99
8. Amistad: la relación más importante de todas   117

PARTE DOS
Comprender el amor y los secretos del corazón

1. Esta cosa llamada amor   127
2. Dios te ama   141
3. Amar a Dios   155
4. Amarte a ti mismo   167
5. Amar a tu pareja   181

PARTE TRES
Comprender el amor para toda la vida

1. El matrimonio: una relación sin roles   197
2. La cuestión de la sumisión   211
3. Dominar el arte de la comunicación   223
4. No olvides los pequeños detalles   233
5. Principios de administración del Reino para parejas   247
6. Intimidad sexual en el matrimonio   261
7. Planeamiento familiar   277
8. Vivir en ágape   293

Prefacio

La mayor fuente de alegría y dolor humanos es encontrada en el drama del amor y las relaciones. El matrimonio siempre ha sido el contexto más común para este drama. Hoy muchos cuestionan la viabilidad y la validez del matrimonio, y abiertamente se preguntan si debería ser estimado como la base del desarrollo social moderno. La explosiva y epidémica subida en el índice de divorcios añade aún más combustible al miedo, la desesperanza, la desilusión y el sentido de desesperación de la gente con respecto al matrimonio. Muchos son escépticos y cuestionan sus posibilidades de éxito en el matrimonio. La situación es tan seria que algunos han optado por la convivencia sin ningún contrato formal o acuerdo, al saber que no está implicado ningún compromiso: sin ataduras. En esencia, producimos una generación cuya apreciación y respeto por la institución del matrimonio se desintegra.

Muchas víctimas de estos matrimonios fracasados y estas familias divorciadas desarrollan resentimiento y enojo suprimidos, que se manifiestan en la transferencia generacional de relaciones rotas y disfunción emocional. A causa del miedo al fracaso, algunos claramente han declarado que ellos ni creen en el matrimonio ni tienen la intención de casarse. La prensa negativa dada a personas de alto perfil en deportes, entretenimiento, política y, tristemente, la Iglesia, cuyos matrimonios también han caído víctimas de la desaparición de verdaderas relaciones, no ha ayudado. Esto ha servido sólo para erosionar aún más el respeto, la confianza y la alta posición de la institución del matrimonio, alguna vez sostenida en la estructura social de nuestras comunidades.

¿A dónde nos lleva todo esto? ¿A dónde vamos ahora? ¿Sobrevivirá la institución del matrimonio al ataque de informes negativos, historias de horror, y a los defensores de cambios de sociedad radical, que promueven la idea de que ya ha caducado el matrimonio en su utilidad y en su valor para la sociedad humana?

Soy curioso: si abolimos la institución tradicional del matrimonio, ¿por qué lo sustituiremos? ¿Qué otro arreglo más eficaz y eficiente podríamos encontrar para asegurar el necesario nivel de compromiso, lealtad, apoyo, sentido de comunidad y amor que reúna las necesidades básicas del espíritu humano, tales como el amor, sentido de pertenencia e importancia, seguridad y respeto mutuo? Durante los pasados seis mil años ninguna civilización o cultura ha producido un mejor concepto para el desarrollo social ordenado que el de la institución tradicional del matrimonio. Cada sociedad y cada cultura han reconocido un deseo instintivo y la necesidad de un arreglo formal para el desarrollo sano de las familias.

Mi creencia es que no importa cuánto el hombre haya avanzado en la ciencia, la tecnología, los sistemas y el conocimiento, nunca podrá mejorar los preceptos fundamentales del matrimonio como base del desarrollo social. Estoy convencido *de que el matrimonio es una idea tan buena, que sólo Dios pudo haber pensado en ello.*

A pesar de los muchos matrimonios fallidos, los hogares rotos, los casos de divorcio y los desilusionados productos de relaciones fracasadas, el matrimonio es todavía una buena idea. De hecho, es la mejor idea.

Comprender que el amor del matrimonio aún es una gran idea

Capítulo uno

EL MATRIMONIO ES COMO UNA GEMA PRECIOSA

En estos días mucha gente está confundida sobre el matrimonio. A los ojos de muchos, la institución del matrimonio se ha hecho irrelevante, una reliquia arcaica de una época más simple y más ingenua. Cuestionan si el matrimonio es todavía una buena idea, particularmente en la cultura de hoy, más "liberal" y "culta". Los conceptos como el honor, la confianza, la fidelidad y el compromiso parecen pasados de moda y fuera de alcance para la sociedad moderna. Muchas personas cambian de pareja tan fácilmente como cambian sus zapatos.

Esta confusión sobre el matrimonio no debería sorprendernos, al considerar que todo el tiempo es presa desconcertada de actitudes y filosofías mundanas. Cada día libros, revistas, películas y novelas de televisión —situaciones de comedias y dramas en las horas de mayor audiencia— nos bombardean con las imágenes de mujeres que engañan a sus maridos y maridos que engañan a sus mujeres. Hombres y mujeres solteros que sin esperas comparten la cama , y ni bien salen de ella, corren a buscar su siguiente compañero sexual.

Hoy la gente compra relaciones de la misma forma en la que compra ropa. Se "prueban algo por su talle", y si no les queda, simplemente prueban algo más. Cuando encuentran algo que los satisface, lo llevan por un rato hasta que se decolora o su estilo deja de usarse; entonces, lo tiran o lo cuelgan detrás de su armario y salen precipitadamente para sustituirlo.

Vivimos en una sociedad que desecha, donde todo "se toma y se tira", que en gran parte ha perdido cualquier sentido de verdadera permanencia. El nuestro es un mundo con fechas de vencimiento, de duración limitada y con caída en desuso planificada. Nada es absoluto. La verdad existe sólo en el ojo del espectador, y la moralidad es el capricho del momento. En tal ambiente, es de extrañar que la gente pregunte: "¿Ya no hay nada que perdure? ¿No existe algo de lo que pueda depender?".

Uno de los principales síntomas de una sociedad enferma, es cuando agregamos a nuestras relaciones humanas la misma actitud de transitoriedad impersonal, que mostramos hacia los objetos inanimados y desechables que usamos en la vida diaria. El matrimonio es la más íntima y profunda de todas las relaciones humanas, sin embargo, se encuentra bajo ataque. ¿El matrimonio es todavía viable en la sociedad moderna? ¿Vale la pena en nuestro mundo transitorio? ¿Es aún una buena idea?

El matrimonio es idea de Dios

La respuesta es sí. El matrimonio es aún una buena idea porque es una idea de Dios. Él lo creó. Él lo diseñó. Él lo estableció y definió sus parámetros. De forma contraria a la mayoría de las enseñanzas y conocimiento contemporáneos, el matrimonio no es un concepto humano. La humanidad no soñó simplemente el matrimonio, en cierto momento, como un modo conveniente de manejar las relaciones y responsabilidades entre hombres y mujeres, o de tratar cuestiones de educación de niños y de maternidad. El matrimonio es de origen divino.

Dios mismo instituyó y ordenó el matrimonio desde el comienzo de la Historia. El segundo capítulo de Génesis describe cómo Dios, tomó una costilla del hombre —al que ya había creado—, y formó una mujer para que fuera *la ayuda adecuada* (Génesis 2:20) para el hombre. Entonces Dios unió al hombre y a la mujer y confirmó su relación como marido y esposa, y ordenó así la institución del matrimonio.

Desde el principio, Dios estableció el matrimonio como una relación permanente, la unión de dos personas separadas, un hombre y una mujer, en *"una carne"*. Cuando Adán puso sus ojos por primera vez sobre Eva, exclamó: *"Ésta sí es **hueso de mis huesos** y **carne de mi carne**. Se llamará 'mujer' porque del hombre fue sacada"* (Génesis 2:23, énfasis añadido). El diseño de Dios para el matrimonio se encuentra en el siguiente versículo: *"Por tanto, dejará el hombre a su padre y a su madre, y se unirá a su mujer, y serán una sola carne"* (Génesis 2:24, RVR60).

"Una carne" no es simplemente la "adhesión" de dos personas, sino más bien la "fusión" de dos elementos distintos en uno solo. Si pego dos trozos de madera, quedan vinculados, pero no fundidos. Todavía son dos piezas separadas de madera, y la cantidad suficiente de calor o de presión romperá la unión. En el mundo de la química, dos elementos diferentes son vinculados uno al otro según las uniones químicas que les permiten trabajar juntos de una manera en particular. Si aquella unión se rompe, estos elementos son liberados y continúan sus caminos por separado.

Esto es diferente con la fusión. Cuando dos elementos son fundidos en uno, se vuelven inseparables. Una fuerza de suficiente magnitud puede *destruirlos*, pero nunca puede *desunirlos*. Un hombre y una mujer que se han hecho "una carne" conforme al diseño de Dios para el matrimonio, no pueden ser separados sin sufrir gran daño o aun la destrucción. Esto sería el equivalente espiritual a tener un brazo o una pierna mutilada de sus cuerpos.

Cuando Dios ordenó que el hombre y la mujer debían "ser una carne", claramente tenía en mente una relación permanente, para toda la vida. Jesús, el gran rabino judío y maestro, dejó esto muy en claro durante una discusión con algunos fariseos sobre la cuestión del divorcio. Los fariseos, le preguntaron a Jesús si era legal para un hombre divorciarse de su esposa, advirtiendo que Moisés lo había permitido en la ley.

Esa ley la escribió Moisés para ustedes por lo obstinados que son —aclaró Jesús—. Pero al principio de la creación Dios "los hizo hombre y mujer". "Por eso dejará el hombre a su padre y a su madre, y se unirá a su esposa, y los dos llegarán a ser un solo cuerpo". Así que ya no son dos, sino uno solo. Por tanto, lo que Dios ha unido, que no lo separe el hombre.

—MARCOS 10:5-9

"Por tanto, lo que Dios ha unido, que no lo separe el hombre". Si el matrimonio fuera de origen humano, entonces los seres humanos tendrían el derecho de dejarlo de lado siempre que así lo decidieran. Pero como Dios es el que instituyó el matrimonio, solo Él tiene la autoridad para determinar sus normas y poner sus reglas. Solo Él tiene la autoridad para abolirlo. Él no lo hará, porque Las Escrituras son claras: el matrimonio es una institución ordenada por Dios que implica la unión de un hombre y una mujer como "una carne", en una relación de toda la vida. Esta institución durará mientras la vida humana permanezca sobre la Tierra. Sólo en la vida por venir el matrimonio será prescindido.

EL MATRIMONIO ES UNA INSTITUCIÓN FUNDAMENTAL

Otra importante verdad sobre el matrimonio es que Dios lo estableció como el primero y más importante elemento de la sociedad humana. Mientras que la familia es el fundamento básico de cualquier sociedad sana, el matrimonio es el fundamento de la familia. El matrimonio es una institución fundamental que precede a todas las demás instituciones. Antes de que existieran gobiernos de naciones, iglesias, escuelas o negocios, hubo familias; y antes de la familia, el matrimonio.

El matrimonio es fundamental porque es sobre esta relación que Dios comenzó a construir la sociedad. Cuando Dios puso a Adán y a Eva juntos en el jardín, el matrimonio era el marco para el desarrollo de su interacción social, a medida que crecieran juntos. Fue en el contexto del matrimonio que aprendieron las responsabilidades del uno hacia el otro y vivieron su compromiso mutuo.

El matrimonio es como una gema preciosa

La sociedad humana, en todas sus formas, depende del matrimonio para su supervivencia. Por eso, la baja consideración actual del matrimonio en las mentes de tantos es tan peligrosa. Con todos los valores y fundamentos tradicionales que son atacados en todo momento, ¿es una sorpresa que el matrimonio sea atacado también? Con tantas personas tan confundidas sobre el matrimonio, ¿es de extrañar que la sociedad en general esté en tal desorden? El ataque global del enemigo al matrimonio es, en realidad, un ataque a la sociedad misma y, en última instancia, un ataque contra Dios, el Creador e Inventor de la sociedad y el matrimonio. El adversario sabe que si puede destruir el matrimonio, puede destruir las familias; si puede destruir las familias, puede destruir a la sociedad; y si puede destruir a la sociedad, puede destruir a la humanidad.

El matrimonio es también el fundamento sobre el cual descansa la Iglesia, que es la comunidad de los creyentes y la sociedad especial de Dios. El Nuevo Testamento describe la relación entre Cristo y su Iglesia como la de un novio y su novia. Esta analogía tiene implicancias significativas para comprender cómo los maridos y sus mujeres deben relacionarse el uno con el otro. Por ejemplo, en el primer siglo, el apóstol judío Pablo escribió en su carta a la iglesia en Éfeso:

> *Sométanse unos a otros, por reverencia a Cristo. Esposas, sométanse a sus propios esposos como al Señor. Porque el esposo es cabeza de su esposa, así como Cristo es cabeza y salvador de la iglesia, la cual es su cuerpo (…) Esposos, amen a sus esposas, así como Cristo amó a la iglesia y se entregó por ella (…) "Por eso dejará el hombre a su padre y a su madre, y se unirá a su esposa, y los dos llegarán a ser un solo cuerpo". Esto es un misterio profundo; yo me refiero a Cristo y a la iglesia.*
> —EFESIOS 5:21-23, 25, 31-32

La relación entre Cristo y su Iglesia es un modelo para la relación que debería existir entre el marido y la esposa: una relación de respeto, sumisión mutua y sacrificio de amor.

Desde Génesis hasta Apocalipsis, La Biblia a menudo utiliza la palabra *casa* para referirse a la unidad más pequeña y más básica de la sociedad: la familia. La "casa" es el fundamento de la sociedad, y el matrimonio es el fundamento de la "casa". La salud de un matrimonio determina la salud de una "casa", y la salud de las "casas" de la nación determina la salud nacional.

CONCEPTOS ERRÓNEOS DEL MATRIMONIO

Sucede lo mismo en la Iglesia. La salud de una iglesia depende de la salud de las "casas" de sus miembros, en particular de aquellos que están en el liderazgo. La buena dirección de la familia es una exigencia fundamental para los líderes de la iglesia. Pablo aclaró esto cuando le escribió a Timoteo: *"Se dice, y es verdad, que si alguno desea ser obispo, a noble función aspira"* (1 Timoteo 3:1). Entre otras cosas, *"Debe gobernar bien su casa y hacer que sus hijos le obedezcan con el debido respeto; porque el que no sabe gobernar su propia familia, ¿cómo podrá cuidar de la iglesia de Dios?"* (1 Timoteo 3:4-5).

Una "casa" sana es la llave tanto para una iglesia como para una sociedad sana. La medida para una "casa" sana es un matrimonio sano. El matrimonio es una institución fundamental.

LA PROCREACIÓN NO ES EL OBJETIVO PRIMARIO DEL MATRIMONIO

Muchas personas tienen el concepto erróneo, tanto dentro como fuera de la Iglesia, de que el objetivo primario del matrimonio es la procreación de la raza humana. La Biblia indica otra cosa. Aunque en Génesis 1:28 Dios da al hombre la tarea de ser "fructíferos y multiplicarse", y aunque Él define el matrimonio como los parámetros correctos dentro de los cuales la reproducción debería ocurrir, la procreación no es el objetivo primario del matrimonio.

La orden de Dios tuvo que ver con la creación y el sometimiento al orden creado. *"Y los bendijo con estas palabras: 'Sean fructíferos y multiplíquense; llenen la tierra y sométanla; dominen a los peces del mar y a las aves del cielo, y a todos los reptiles que se arrastran por el suelo'"* (Génesis 1:28). Dios creó al hombre, varón y mujer, y esperaba que ellos procrearan y llenaran la Tierra de otra gente, y todos ellos dominarían el orden creado como sus vicegobernadores. El matrimonio era esencialmente un *convenio de compañerismo,* la estructura de relación por la cual hombres y mujeres, maridos y esposas, se unirían y serían una carne, y *juntos* gobernarían el dominio terrenal que Dios les había dado. La procreación es una función del matrimonio, pero no es el foco principal.

Como la sociedad contemporánea claramente muestra, el matrimonio no es necesario para la procreación. Hombres y mujeres solteros no tienen ningún problema para tener bebés. En muchas partes del mundo el número de nacimientos fuera del matrimonio excede el número de bebés de mujeres casadas. Esta es una de las razones por las que muchos científicos y sociólogos están preocupados, porque a este paso, dentro de una o dos generaciones, la población global crecerá más allá de la capacidad que tiene la Tierra para sostenerla.

Contrariamente a la idea común de que el matrimonio es principalmente para tener bebés, el matrimonio, en realidad, sirve como un freno a la reproducción desenfrenada. Hay al menos dos motivos para esto. Primero, la exigencia social y moral de casarse antes de tener niños es todavía muy fuerte en muchos, muchos sitios. La mayoría de la gente todavía está sensible a la respetabilidad del matrimonio, y aquel respeto retiene la procreación desmedida que, de otra manera, podría ocurrir. Si no fuera por la institución del matrimonio, ¿dónde serían, los seres humanos, aún más prolíficos de lo que ya son? Segundo, los matrimonios que toman sus responsabilidades en serio, procuran no concebir y dar a luz a más niños de los que pueden amar y cuidar en forma adecuada. Pablo dijo algunas palabras fuertes sobre este tema: *"El que no provee para los suyos, y sobre todo para los de su propia casa, ha negado la fe y es peor que un incrédulo"* (1 Timoteo 5:8).

No hay nada pecaminoso o anti bíblico en la cuidadosa planificación familiar *por adelantado*. (Quiero aclarar que el aborto *no es* "planificación familiar", ni lo es la "asistencia médica". El aborto es terminar con una vida y es la destrucción premeditada de potencial. Es la muerte del destino y la interferencia en el protocolo divino. El aborto es la rebelión contra la voluntad ya conocida de Dios). Al contrario, la verdadera planificación familiar es una administración madura y responsable.

EL SEXO NO ES EL OBJETIVO PRIMARIO DEL MATRIMONIO

Otro malentendido común es que el matrimonio existe con el objetivo de legitimar las relaciones sexuales. El matrimonio nunca debería ser comparado con el sexo, porque el sexo no es el objetivo primario del matrimonio. La unión sexual no es y nunca ha sido lo mismo que la unión marital. El matrimonio es una unión que implica e involucra la unión sexual como el establecimiento de un convenio de sangre, una obligación central y un placer (ver 1 Corintios 7:3-5), pero los tres no son lo mismo.

Ante todo, el matrimonio implica un compromiso. El sexo tiene mucho que ver con el compromiso; es una respuesta cien por ciento física a estímulos fisiológicos y bioquímicos. El sexo es una expresión de compromiso en el matrimonio. El matrimonio es más amplio y más profundo que el sexo, y lo trasciende. Quizás solamente el uno por ciento del matrimonio sea sexo; el resto es la vida ordinaria, diaria. Si usted se casa por el sexo, ¿cómo va a manejar el otro noventa y nueve por ciento?

Por muchos años, una creencia común ha sido que el adulterio rompe un matrimonio. Esto simplemente no es verdadero. El sexo no crea un matrimonio, entonces, ¿cómo puede romper un matrimonio? El adulterio es pecado, y según La Biblia, es la única razón legítima de divorcio para un creyente. Incluso, entonces, no es automático.

El divorcio no es obligatorio en tales casos. El adulterio no rompe el matrimonio. La rotura del matrimonio es una *decisión*.

Reconocer que la unión sexual y la unión marital no son lo mismo es absolutamente esencial para el entendimiento apropiado del matrimonio. Es también esencial para comprender el divorcio y el nuevo matrimonio. El matrimonio no es la unión sexual, pero la abarca desde un nivel superior. La ausencia de actividad sexual nunca deshará un matrimonio; tampoco la sola presencia de actividad sexual transformará una relación en un matrimonio. El matrimonio y el sexo están relacionados, pero no son lo mismo.

UNA "GEMA" DE UN MATRIMONIO

Entonces, ¿cómo deberíamos definir el matrimonio? Si el matrimonio no es principalmente para el sexo o la procreación, entonces, ¿para qué es? Como siempre, podemos encontrar la respuesta en La Biblia. La Palabra de Dios es realmente asombrosa; nada de lo que leemos en ella está allí por casualidad. La palabra griega básica para "casarse" o "matrimonio" es *gameo*, que deriva de la misma raíz que la palabra "gema". Esa raíz, significa literalmente "fundirse juntos". La fusión de elementos diferentes en uno solo describe el proceso por el cual las gemas preciosas son formadas en lo profundo de la Tierra. Este proceso es también una descripción apropiada del matrimonio.

Las gemas preciosas, como diamantes, rubíes, esmeraldas y zafiros, son formadas en la profundidad del suelo con elementos ordinarios que son sometidos a gran cantidad de calor y presión masiva durante un amplio período de tiempo. El calor, la presión y el tiempo al trabajar juntos pueden transformar el material más común en algo extraordinario. Tomemos el carbón por ejemplo. El carbón es formado cuando la madera parcialmente descompuesta u otro tipo de planta es combinada con la humedad, en un ambiente aireado, bajo el calor y la presión. Este proceso no pasa de la noche a la mañana, requiere siglos.

Aunque el carbón tenga básicamente la forma de carbón que conocemos, los elementos que lo constituyen pueden ser aun distinguidos en un análisis químico. El carbón que permanece en la tierra el tiempo suficiente (miles de años) bajo calor continuo y presión, tarde o temprano es transformado en diamante. Químicamente, el diamante es *carbón puro*. Los distintos elementos usados en su formación ya no pueden ser identificados. La presión los ha *fundido* en *un solo* elemento, inseparable. Y el calor da al diamante su lustre.

El matrimonio, como Dios lo diseñó, es como una gema preciosa. Ante todo, se desarrolla con el tiempo. Los diamantes no se forman en diez años; requieren milenios. Nos toma sólo unos minutos *casarnos*, pero *edificar* un matrimonio requiere una vida. Esta es la razón por la que Dios estableció el matrimonio como una relación permanente, para toda la vida. Debe haber tiempo suficiente para que dos personas, con personalidades distintas y trasfondos separados, sean *fundidas* juntas como una carne.

En segundo lugar, el matrimonio cristiano se hace más fuerte bajo la presión. Un diamante es la sustancia más dura sobre la Tierra. Millones de toneladas de presión durante miles de años, funden y transforman la materia carbonizada en un cristal que puede resistir cualquier ataque. Un diamante solo puede ser cortado en ciertas condiciones y al usar instrumentos diseñados especialmente. De un modo similar, las presiones externas templan y refuerzan un matrimonio devoto, al conducir al marido y la esposa aún más cerca uno del otro. Así como la presión purifica un diamante, también los problemas diarios y los desafíos de la vida purifican un matrimonio devoto. El marido y la esposa afrontan la presión juntos. Cuanto más difíciles se hacen los problemas, su unión se vuelve más fuerte. El matrimonio fusiona a dos personas diferentes en una, de modo que bajo la presión se vuelvan tan rígidos que nada pueda quebrarlos.

Los matrimonios cristianos y los del mundo responden de manera diferente a las presiones. En el mundo, cuando las cosas se ponen difíciles, las parejas se agrietan; como aquellos dos pedazos de madera pegados, están vinculados, pero no fundidos, porque el calor y la presión de la vida los dividen. En contraste, aquel mismo calor y esa misma presión funden a una pareja cristiana y los une, de modo que su matrimonio se vuelva cada vez más fuerte, hasta que sean inseparables e irrompibles.

HISTORIAS QUE IMPACTAN ENTRE SÍ

El matrimonio nunca se reduce a que dos personas estén juntas, sino que es una colisión, un impacto entre sus historias. Es un choque entre culturas, experiencias, memorias y hábitos. El matrimonio es esa hermosa adaptación con otra vida.

La construcción de un matrimonio fuerte requiere tiempo, paciencia y mucho trabajo. Uno de los ajustes más difíciles que uno afronta es cambiar de la soltería a la vida de casado. Seamos honestos: la gente no cambia de la noche a la mañana. Cuando usted se casa con alguien, se casa con más que solamente una persona; se "casa" con una familia entera, una historia completa de experiencias. Por eso, a menudo, es tan difícil al principio entender a esta persona que ahora comparte su casa y su cama. Los dos traen a su matrimonio 20 ó 30 años de experiencias de vida que determinan la manera en que usted ve y responde al mundo. La mayoría de las veces, descubren rápidamente que uno ve muchas cosas de una manera muy diferente que el otro. La diferencia de puntos de vista es una de las fuentes más grandes de tensión y de conflicto en los matrimonios jóvenes. La adaptación a estas diferencias es crítica para la supervivencia matrimonial. Lamentablemente, muchos matrimonios fallan precisamente en este punto.

Filtramos lo que vemos y oímos a través de la lente de nuestras propias experiencias. Tragedias personales, abuso sexual o físico, calidad de vida de nuestra familia mientras crecíamos, nivel educativo, fe o carencia de fe; cualquiera de estas experiencias afectan el modo en que vemos el mundo que nos rodea. Nos ayudan a formar nuestras expectativas de vida e influencian nuestra manera de interpretar lo que otra gente dice o nos hace.

Ninguno de nosotros entra en el matrimonio "limpio". De una manera u otra, cada uno trae su propio equipaje emocional, psicológico y espiritual. Independientemente de lo que nuestro esposo diga, lo escuchamos a través del filtro de nuestra propia historia y experiencia. Y nuestro esposo oye todo lo que nosotros decimos del mismo modo. La comprensión y adaptación a esto requieren mucho tiempo y paciencia.

Con el tiempo y bajo las presiones de la vida diaria, un marido y su esposa llegan a comprenderse uno al otro cada vez más. Comienzan a pensar de modo parecido, actuar de la misma manera y aun a sentirse igual. Aprenden a percibir el humor del otro y a menudo reconocen qué le sucede sin siquiera preguntarle. Gradualmente, sus actitudes personales y puntos de vista cambian y se torna más próximo al del otro, de modo que su modo de pensar ya no sea más el "suyo" y el "mío", sino el "nuestro". Es allí cuando la calidad del matrimonio, que se asemeja a una gema, brilla más intensamente. La fusión crea la unidad.

Un matrimonio cristiano también se parece a una gema preciosa en otro sentido. Normalmente, no encontramos gemas simplemente al caminar y mirar en la superficie de la tierra, como cuando buscamos caracoles marinos sobre la playa. Para encontrar gemas, tenemos que cavar profundamente en la tierra y trabajar con el cincel en la dura roca. Del mismo modo, nunca obtendremos esta clase de matrimonio conforme al plan de Dios con tan solo seguir a la multitud o al hacer lo que los demás hacen. Tenemos que cavar profundamente en el corazón de Dios para descubrir sus principios. Las gemas preciosas son raras, y así también lo es un matrimonio genuino. No hay atajos, ni fórmulas fáciles de "1, 2 y3". Tenemos sólo La Palabra de Dios para instruirnos y su Espíritu para darnos el entendimiento y el discernimiento, pero eso es todo lo que necesitamos.

Es poco probable que encontremos algo de verdadero valor, si esperamos meramente que aparezca. Podemos encontrar las "cosas buenas" con frecuencia, en lo profundo, por lo que tenemos que esforzarnos para llegar a ellas. Un matrimonio bueno es algo en lo que tenemos que trabajar; no pasa por casualidad. Así como un diamante precioso es el resultado final de un proceso largo e intensivo, el matrimonio también lo es.

Entonces, ¿qué es el matrimonio? El matrimonio es una institución ordenada por Dios, una relación de toda la vida entre un hombre y una mujer. Con el tiempo y bajo mucho calor y presión de la vida, dos personas involucradas en el convenio del matrimonio, se unen y se pierden una en la otra, a tal punto que se hace imposible decir dónde termina una y dónde comienza la otra. El matrimonio es un *proceso*, una *fusión* de dos elementos distintos y diferentes en uno solo: una joya brillante de amor, fidelidad y compromiso que brilla intensamente en medio de un mundo de modas efímeras y que no permanecen.

Principios

1. El matrimonio es aún una buena idea, porque es una idea de Dios.
2. El matrimonio es una institución fundamental que precede a todas las demás instituciones.
3. La procreación no es el objetivo primario del matrimonio.
4. El sexo no es el objetivo primario del matrimonio.
5. El matrimonio, tal como Dios lo diseñó, es como una gema preciosa: la fusión de dos elementos diferentes en uno solo.
6. El matrimonio cristiano se desarrolla con el tiempo.
7. El matrimonio cristiano crece y se fortalece bajo presión.
8. El matrimonio devoto es una fusión que crea unidad.

Capítulo dos

EL MATRIMONIO
ES HONORABLE

Hace algún tiempo, durante un viaje a Alemania, tuve la oportunidad de aconsejar a una pareja que estaba al borde del divorcio. El esposo pasó a buscarme por el aeropuerto, y en las dos horas y media que duró el viaje rumbo a su casa tuvimos tiempo suficiente para hablar. Comenzó a desahogarse y a abrir su corazón, contándome cómo él amaba a su esposa, pero sin embargo parecía que nada funcionaba bien. La presión y la fricción continuas en su relación los había llevado al punto de darla por terminada. La situación se había puesto tan difícil que ya ni siquiera dormían en la misma cama. Este esposo aturdido no podía comprender qué era lo que había funcionado mal entre él y su esposa. Me rogaba que le diera alguna respuesta. Le dije que no podría hablarle a él solamente, porque son dos personas las que están involucradas en un matrimonio. Tendría que hablar con los dos juntos.

Era muy tarde cuando llegamos a la casa, pero en lugar de ir a la cama, los tres nos sentamos y comenzamos a hablar. Cuando terminamos, eran las 4:00. A medida que ellos me revelaron los problemas que afrontaban, compartí con ellos la causa más básica del fracaso matrimonial, que es cuando las personas no entienden que el matrimonio mismo es honorable, más aún que los que están involucrados en él.

El matrimonio es una institución estable, que no cambia, establecida entre dos personas que están en constante cambio mientras crecen y maduran. Esos cambios pueden ser frustrantes y acobardar, y también pueden fácilmente encender conflictos. La honorabilidad y la

25

estabilidad del matrimonio pueden dar, a un marido y su esposa, un ancla sólida que les permita resistir las tormentas de cambio mientras crecen hacia la unidad. En los tiempos de conflicto, reconocer la naturaleza estable del matrimonio como una institución, puede alentarlos a buscar alternativas distintas a la de terminar el matrimonio. El éxito del matrimonio no depende sólo de que los esposos estén comprometidos *uno con el otro*, sino de que estén comprometidos *con el matrimonio*, la institución permanente en la que *de mutuo acuerdo* han entrado.

No es a quién amas, sino qué amas

La Biblia presenta al matrimonio como una institución que debería ser altamente respetada y estimada sobre todas las demás instituciones. Hebreos 13:4 dice: *"Tengan todos en alta estima el matrimonio y la fidelidad conyugal, porque Dios juzgará a los adúlteros y a todos los que cometen inmoralidades sexuales"*. La versión Reina Valera dice: *"Honroso sea en todos el matrimonio..."*. "Honroso" se traduce de la palabra griega *timios*, que también quiere decir "valioso, costoso, honroso, estimado, amado y precioso". "Todos" significa "todos". La palabra griega es *pas*, que quiere decir "todos, cualquiera, cada uno, por entero, cabalmente y quienquiera". El matrimonio, entonces, debería ser valioso y estimado, tenido como el más alto honor en todo tiempo y en todas las cosas, por todas las personas y en todo lugar. Ese es el designio de Dios.

Notemos que en el versículo dice: *"Tengan todos en alta estima el matrimonio"* (énfasis añadido); no dice nada sobre los que están *en* el matrimonio. Una idea común en la mayoría de la gente es que las partes en un matrimonio, el marido y la esposa, deberían honrarse uno al otro y sostenerse uno al otro en alta estima. Ciertamente, esto es verdad pero, en última instancia, no es lo que hace que un matrimonio funcione. Lo más importante es que ellos estimen y honren el *matrimonio mismo*. Afrontémoslo, ninguno de nosotros somos amables todo el tiempo. Hay momentos en que decimos algo odioso o hacemos algo tonto, y dejamos a nuestro esposo dolido o enojado. Tal vez él o ella nos han hecho lo mismo a nosotros. De cualquier manera, sostener en alta estima y honor nuestro matrimonio, nos conducirá a través de esos momentos donde uno o el otro dejan de ser amables o son difíciles de honrar.

Una de las claves para un matrimonio duradero y feliz, es comprender que no se trata de a *quién* amas, sino *qué* amas. Eso es lo importante. Déjeme explicarlo. Consideraremos una pareja promedio; los llamaremos Juan y Sara. Juan y Sara se conocen en una fiesta y comienzan a hablar. Juan tiene 22 años, es apuesto, atlético, de cabello oscuro y tiene un trabajo bien pago. Sara tiene 20, es atractiva, inteligente, con un hermoso cabello y también tiene un buen trabajo. Atraídos uno al otro, enseguida empiezan a salir juntos. La relación crece hasta que una noche Juan dice:

—Sara, te amo.

Y Sara le responde:

—Juan, yo también te amo.

Como Juan y Sara se han enamorado, deciden casarse. Juan le regala a Sara un anillo y comienzan a planear la boda. Juan y Sara están tan felices en su amor que sienten que ese amor los mantendrá juntos para siempre. De algún modo, a lo largo del camino, será mejor que ambos descubran *qué* es lo que aman del otro, o estarán dirigiéndose hacia los problemas en su matrimonio.

Juan necesita preguntarse: "¿Por qué amo a Sara? ¿Qué hay en ella que me impulsa a amarla? ¿La amo por quién es ella, o por alguna otra razón? ¿La amo por su figura atractiva, o por su hermoso cabello, o por su buen trabajo?". Sara tiene 20 años, y tiene todo esto, pero, ¿qué pasará cuando tenga 40? ¿Si a los 40 Sara aumentó de peso y perdió su figura esbelta porque dio a luz tres o cuatro niños? ¿Si ya no tiene ese buen trabajo por quedarse en casa para criar a los niños? Si Juan ama todo lo que Sara es cuando tiene 20, ¿cómo se sentirá cuando ella tenga 40?

Sara necesita hacerse las mismas preguntas sobre Juan. A los 22 años, Juan es seguramente todo lo que ella soñó en un hombre, pero, ¿qué sucederá cuando tenga 42 y comience a perder el cabello? ¿Si perdió mucho de su cuerpo atlético por trabajar todos los días en una oficina, por 20 años? ¿Si la compañía para la que él trabajaba quebró, y el único trabajo que pudo encontrar es como ayudante de albañil, y por la mitad del dinero que ganaba antes?

No es suficiente saber sólo a *quién* amamos; necesitamos saber *qué* amamos. Es preciso conocer *por qué* amamos a la persona que amamos. Esto es de suma importancia para construir un matrimonio feliz y exitoso.

El punto al que intento llegar es este: La persona con la que nos casamos no es la persona con la que viviremos, porque esa persona cambia todo el tiempo. Hoy, mi esposa no es la misma mujer con la que me casé, tampoco yo soy el hombre con el que ella se casó. Ambos sabemos que hemos cambiado en muchas formas y cambiamos cada día. Si nosotros, que estamos en constante cambio, confiamos únicamente uno en el otro para mantener nuestro matrimonio, estamos en un problema. No importa cuánto nos amamos, honramos o estimamos uno al otro, estas cosas no son suficientes para la larga carrera. Respetar y estimar la honorabilidad del matrimonio como una institución inalterable nos ayuda a traer estabilidad a nuestra relación cambiante.

La persona con la que nos casamos no es la persona con la que viviremos. Por esta razón, el matrimonio en sí mismo debe ser honrado y estimado más que las personas que lo forman. La gente cambia, pero el matrimonio es constante. Debemos amar al matrimonio más que a nuestro esposo o nuestra esposa.

El matrimonio es más grande que las dos personas que lo componen

Si el matrimonio en sí mismo debe ser honrado y estimado más que las personas que lo forman, ¿qué quiere decir esto en términos prácticos? Con un propósito ilustrativo, podemos ayudarnos al comparar el matrimonio con un empleo o trabajo. Imaginemos que usted y yo trabajamos en la misma compañía. La compañía es una forma de institución, y nos hemos unido a esa institución al aceptar el empleo en ella. Nos hemos comprometido con la *institución*.

Supongamos que trabajamos uno al lado del otro, en escritorios contiguos. Construimos una buena relación de trabajo y todo marcha bien por un tiempo. Entonces, un día tenemos un fuerte desacuerdo sobre algo e intercambiamos palabras odiosas. Ambos decidimos que no volveremos a hablarnos.

¿Qué sucede entonces? ¿Renunciamos a nuestro trabajo porque simplemente tuvimos una caída? Espero que no. (Algunas personas renuncian por este tipo de cosas, pero casi siempre es signo de inmadurez). No, ambos vamos a casa, estamos enojados y en desacuerdo, pero al día siguiente estamos allí, de nuevo en nuestros escritorios. ¿Por qué? Porque estamos comprometidos con la *institución* más que con la gente *en* la institución. Pasa una semana, y aunque no nos hablamos, allí estamos, para trabajar codo a codo. Puede haber conflictos entre nosotros, pero ambos estamos comprometidos con la institución.

Pasa otra semana, y un día me preguntas:

—¿Me prestas el corrector?

Y yo digo:

—Bueno.

Lentamente, nuestro desacuerdo pasa y comenzamos a comunicarnos otra vez. Y antes de que pasen más días, hablamos y reímos como viejos amigos, salimos a almorzar juntos, y todo vuelve a la normalidad. Nos arreglamos después de nuestro desacuerdo porque vemos a la institución como algo más importante que nuestros sentimientos personales. Este tipo de cosas suceden todo el tiempo en las instituciones. La gente tiene conflictos, pero finalmente reconcilia sus diferencias porque la institución es más grande que sus conflictos.

Esta verdad es una llave para comprender apropiadamente el matrimonio. La institución del matrimonio es más importante que nuestros sentimientos personales. Habrá momentos en los que no estaremos de acuerdo con nuestro esposo, pero eso no tiene nada que ver con el matrimonio. Nunca debemos confundir nuestros sentimientos personales o conflictos con la institución del matrimonio. El matrimonio es honorable, respetable e inalterable, mientras que nosotros, a veces, somos deshonrosos o irrespetuosos y siempre cambiamos. El matrimonio es perfecto, pero nosotros somos imperfectos.

Antes que el compromiso con la persona, el compromiso con el matrimonio es la clave para el éxito. No importa lo que mi esposa dice o me hace, yo me quedo allí, y sé que más allá de lo que yo haga, ella también estará allí. Estamos comprometidos con el matrimonio aun más de lo que estamos comprometidos uno con el otro. Cuando estamos en desacuerdo o discutimos o tenemos otro conflicto, lo resolvemos porque es sólo temporal. No rompemos la institución por ello, porque la institución es más grande que nosotros.

Cuando tienes un conflicto con un compañero de trabajo, lo resuelves por el bien de la institución, la compañía, que es más grande que ustedes dos. Como tienen que trabajar juntos, será mejor que resuelvan sus problemas. La misma actitud debería aplicarse en el matrimonio. Cuando marido y mujer están en conflicto, deberían reunirse y acordar: "Seguramente tenemos nuestras diferencias, y estamos ambos en constante cambio, pero este matrimonio es más grande que nosotros. Estaremos inmersos en él por un largo tiempo, así que arreglemos esto. Hagamos lo que sea necesario para hacer que esto funcione".

El matrimonio es más grande que las dos personas que lo componen, y así debe ser. Dios instituyó el matrimonio; le pertenece a Él, no a nosotros. *El matrimonio consiste en dos personas imperfectas comprometiéndose a sí mismas con una institución perfecta, al hacer votos perfectos desde labios imperfectos ante un Dios perfecto.*

UN VOTO PERFECTO Y LABIOS IMPERFECTOS

Un voto es diferente a una promesa. Una promesa es una prenda, una garantía para hacer o no hacer algo específico, como un padre que promete llevar a su hijo al zoológico. Un voto, por otro lado, es una afirmación o declaración que une a quien hace el voto con una determinada acción, servicio o condición, como un voto de pobreza. Como escribí en mi libro anterior, *Soltero, casado, separado y la vida después del divorcio:*

> Una promesa es un compromiso para hacer algo más tarde, y un voto es una unión comprometida para comenzar a hacer algo ahora y para continuarlo mientras dura el voto. Algunos votos o contratos son para toda la vida; otros son por períodos de tiempo limitado.
>
> Dios se toma los votos muy en serio:
>
> Un voto es válido hasta la muerte, por eso Dios dice: "No lo hagas si no vas a cumplirlo"...
>
> "Hasta la muerte" no significa "hasta nuestra muerte natural". Quiere decir que le damos a Dios el derecho a permitir nuestra muerte si rompemos el voto. Bajo el Antiguo Pacto, si alguien rompía un voto y la gracia de Dios no intervenía, algo serio ocurría.
>
> Un voto no es hecho a otra persona. Los votos son hechos a Dios o ante Dios; en otras palabras, con Dios como testigo.[1]

La actitud de Dios con respecto a los votos es revelada claramente en Las Escrituras. *"Cuando hagas un voto a Dios, no tardes en cumplirlo, porque a Dios no le agradan los necios. Cumple tus votos: Vale más no hacer votos que hacerlos y no cumplirlos"* (Eclesiastés 5:4-5).

El matrimonio es un voto, y romper ese voto es un asunto serio, porque también se rompe la comunión con Dios. El profeta Malaquías del Antiguo Testamento, expresa la perspectiva de Dios en el voto de fidelidad del matrimonio, en las siguientes palabras:

---

1. Myles Munroe, *Soltero, casado, separado y la vida después del divorcio*, Editorial Peniel, Buenos Aires, Argentina, 2011.

Otra cosa que ustedes hacen es inundar de lágrimas el altar del Señor;
lloran y se lamentan porque él ya no presta atención a sus ofrendas ni
las acepta de sus manos con agrado. Y todavía preguntan por qué. Pues
porque el Señor actúa como testigo entre ti y la esposa de tu juventud, a
la que traicionaste aunque es tu compañera, la esposa de tu pacto.

—MALAQUÍAS 2:13-14

El matrimonio es un voto perfecto hecho ante un Dios perfecto por
dos personas imperfectas, por eso, sólo Dios puede hacer que funcione. No
espere la perfección de su esposo. *El **matrimonio** es perfecto, pero las*
***personas** son imperfectas.* Si no crees eso, mírate al espejo. La institu-
ción del matrimonio es constante; nunca cambia. La gente cambia
todo el tiempo. Si quieres tener éxito en tu matrimonio, comprome-
tete con aquello que no cambia. Comprométete con la institución del
matrimonio. Se transformará en tu centro de gravedad y te ayudará a
mantenerte sólido.

CAMBIAR DE INSTITUCIÓN
NO ES LA RESPUESTA

Una vez que comprendemos que el matrimonio es una institución
que debe ser respetada y estimada, el pensamiento sobre el divorcio
nunca entra en nuestras mentes. El respeto por la institución del matrimonio nos ayuda conduciéndonos a través de esos tiempos donde, nuestro esposo o nosotros, actuamos de manera irrespetuosa. No
abandonamos la institución por los conflictos o problemas que surgen.

Uno de los problemas que tiene mucha gente de nuestra sociedad, es la tendencia a mudarse frecuentemente de empleo en empleo,
renunciando cuando algo no se hace a su manera. Esto no sólo es
un signo de inmadurez y de falta de voluntad para resolver los problemas, sino que también erosiona rápidamente su credibilidad a los
ojos de sus potenciales empleadores. Consideremos lo siguiente: usted
va a una entrevista de trabajo y le preguntan: "¿Cuál fue su último

empleo?". Luego de la respuesta, ellos preguntan: "¿Por qué se fue?". El propósito de estas preguntas es determinar su credibilidad. Este empleador quiere saber qué tipo de persona es y si podrá ser o no un empleado útil para la compañía.

Supongamos que responde: "Me fui porque no me gustaba mi jefe", o: "Me fui por algunos problemas que tuve con mis compañeros de trabajo". No se sorprenda si no lo contratan. ¿Por qué pensaría el empleador que usted será diferente al trabajar para él? Si él observa que usted ha tenido diez trabajos en los últimos tres años, seguramente no lo contratará. No querrá transformarse en el número once de su lista.

Cambiar de institución no es la solución del problema. La clave para el crecimiento y la madurez es permanecer aun en los tiempos difíciles y trabajar en los problemas. Esto es tan cierto en el matrimonio como en un empleo. Cuando surgen problemas en una relación matrimonial, mucha gente piensa que estos problemas se irán si simplemente se divorcian y se casan con alguien más. Este no es el caso. Las dificultades matrimoniales casi *nunca* provienen de una sola de las dos partes. Si usted salta, como en paracaídas, del matrimonio antes de resolver todos los temas, entonces los problemas que *trajo* a esa relación los llevará con usted a la próxima. Puede ser que tomen una forma diferente, pero serán los mismos problemas.

Hubo un tiempo, no hace muchos años, cuando el matrimonio y la familia eran tenidos en el más alto honor y respeto en la sociedad occidental. No se escuchaba sobre el divorcio, y cuando ocurría, acarreaba sobre las personas un estigma social muy pesado. Ya no es así. Los conceptos bíblicos del matrimonio y la familia han sido fuertemente atacados en las últimas dos generaciones. Las filosofías humanísticas que tanto prevalecen hoy, han ayudado a quitar el estigma social y moral del divorcio. Como resultado, el divorcio y el segundo matrimonio se han convertido no sólo en algo común, sino en algo aceptable, aun a los ojos de muchos creyentes. Algunas personas han ido todavía más lejos y han sugerido que la medida de hombría o feminidad está determinada por cuántas parejas sexuales han tenido.

Ese concepto está completamente retorcido. Es enfermo y satánico, y refleja lo que sucede actualmente en nuestra sociedad.

Debido a la fuerza penetrante de las filosofías mundanas con respecto al matrimonio y a la familia, muchos creyentes ignoran las pautas de Dios. Necesitamos ver otra vez las palabras de Jesús cuando dijo:

> *Pero al principio de la creación Dios "los hizo hombre y mujer". "Por eso dejará el hombre a su padre y a su madre, y se unirá a su esposa, y los dos llegarán a ser un solo cuerpo". Así que ya no son dos, sino uno solo. Por tanto, lo que Dios ha unido, que no lo separe el hombre.*
>
> —MARCOS 10:6-9

Estos versículos revelan dos verdades importantes para comprender al matrimonio según Dios. Primero, Dios unirá sólo aquello que Él autorice. Dios no puede aprobar el pecado en ninguna forma, y no lo hará. ¿Puedes imaginar a Dios tomando a dos pecadores, uniéndolos y consagrándolos? Hacer eso sería como bendecir y estimular el pecado. Al "principio de la creación", cuando Dios los unió, Adán y Eva eran puros y santos, inmaculados y no corrompidos por el pecado. Antes de la caída, su matrimonio fue el ejemplo de todo lo que Dios pensó. Dios no puede y no bendecirá una relación pecaminosa. Una unión no permitida por Dios puede existir entre no creyentes, en cualquiera que se "case" sin resolver los pecados en sus vidas o en quienes se juntan en circunstancias que son pecaminosas o contrarias a las pautas de Dios.

La segunda verdad en Marcos 10:6-9, es que lo que Dios ha unido, el hombre no debe separarlo. El gobierno civil humano no posee ni la autoridad ni el poder para desunir el matrimonio ordenado por Dios entre dos creyentes. En lo natural, los matrimonios "civiles", establecidos por la ley civil, pueden también ser separados por la ley civil. Las personas que se casan fuera de Dios, pueden también divorciarse fuera de Dios. En lo espiritual, un matrimonio que Dios ha aprobado no puede ser quebrado por decreto de hombres. De esto emerge una pregunta importante. *Si los creyentes vienen al altar del matrimonio para que Dios los una, entonces, ¿por qué muchos de ellos van a una corte para "desunirse"?*

Las cortes humanas no tienen poder para separar lo que Dios ha unido. El estilo de matrimonio de Dios es una fusión, no una unión. Lo que Dios ha unido, sólo Él puede separarlo. No obstante, Él no lo hará, porque para hacerlo violaría sus propias pautas. Para los creyentes, cambiar de institución no es la respuesta.

UN MATRIMONIO PRÓSPERO DEPENDE DEL CONOCIMIENTO

El conocimiento es la respuesta. Un matrimonio próspero tiene poco que ver con el amor. El amor no garantiza el éxito en un matrimonio. El amor es muy importante para la *felicidad* en un matrimonio, pero por sí mismo no puede hacer que el matrimonio funcione. Lo único que puede hacer que el matrimonio funcione es el conocimiento. De hecho, lo único que puede hacer que *cualquier cosa* funcione es el conocimiento. El éxito depende de cuánto *conocemos* o *sabemos* sobre algo, no de cómo nos *sentimos*.

Muchas personas casadas se aman y se sienten bien con el otro, pero muchos no saben cómo comunicarse o relacionarse bien con el otro en forma efectiva. Hay una enorme diferencia entre reconocer los sentimientos y saber cómo enfrentar los conflictos. Algunas personas definen la inteligencia como la habilidad de resolver problemas complejos. Más precisamente, la inteligencia es la habilidad de enfrentar la realidad y lidiar con los problemas sin perder la cordura. Lidiar con los problemas no es necesariamente lo mismo que resolverlos. Algunos problemas no pueden ser resueltos. Una persona inteligente es la que puede mantener su estabilidad y su sentido de dignidad propios bajo cualquier circunstancia, evaluar la situación, lidiar efectivamente con el problema y salir intacto del otro lado.

Hay una gran necesidad hoy de inteligencia y conocimiento con respecto al matrimonio, para compensar la ignorancia propagada sobre este tema. Incluso la Iglesia cristiana, que debería ser la voz de autoridad en el tema del matrimonio, sufre porque muchos creyentes, y aun líderes, son bíblicamente iletrados en lo que concierne al matrimonio y a la familia. En estos días, donde todos los antiguos valores son desafiados a diestra y siniestra tanto en la Iglesia como fuera de ella, mucha gente está confundida, insegura de lo que debe creer. La raíz que causa esta confusión es la falta de conocimiento.

El conocimiento es decisivo para tener éxito y sobrevivir a cualquier cosa. En Oseas 4:6a, Dios dice: *"Pues por falta de conocimiento mi pueblo ha sido destruido"*. Con "mi pueblo" se refiere a los hijos de Dios. También los cristianos necesitan conocimiento; por sobre todas las cosas, de Dios. Proverbios 1:7 dice: *"El temor del Señor es el principio del conocimiento; los necios desprecian la sabiduría y la disciplina"*. (Énfasis añadido). No importa cuán seguido vamos a la iglesia o cuán a menudo adoramos al Señor; sin conocimiento no tenemos ninguna garantía para el éxito.

Una de las cosas que realmente me molestaban como joven cristiano, era escuchar sobre muchos otros cristianos que se divorciaban. Si los seguidores de Cristo fallaban en sus matrimonios, ¿qué esperanza existía para todos los demás? Aquí teníamos personas que supuestamente estaban llenas del Espíritu Santo y conocían al Dios Santo, sin embargo, parecían no poder vivir juntos y arreglárselas. Si esto era verdad, ¡debíamos, más bien, olvidar todo este asunto!

Me llevó algún tiempo aprender que el éxito en el matrimonio no depende sólo de ser salvos, sino de otras cosas más. Se necesita más que estar enamorados. Ser creyentes y estar enamorados son factores importantes en el matrimonio, pero no tienen una garantía automática de éxito matrimonial. Necesitamos conocimiento de los principios bíblicos, los parámetros de diseño que Dios mismo estableció. Los principios bíblicos nunca cambian. Los principios para un matrimonio y una familia prósperos que Dios dio a Adán y Eva, funcionan aún hoy; son universalmente aplicables a todas las edades y en cada cultura. Las dificultades llegan cuando violamos o ignoramos esos principios.

Finalmente, el matrimonio no sobrevivirá sólo con amor o sentimientos. Nacer de nuevo, por sí solo, no es suficiente para garantizar el éxito. *Un matrimonio exitoso tiene su eje en el conocimiento y comprensión de los principios de Dios.*

El matrimonio es honorable. Dios instituyó al matrimonio, y sólo Él tiene el derecho de dictar sus términos. La institución del matrimonio está sujeta a las reglas, regulaciones y condiciones que Dios ha establecido, las cuales ha revelado en su Palabra.

Dios diseñó al matrimonio para el éxito y solamente su consejo puede hacerlo exitoso. Nadie es mejor para hacer funcionar algo que la persona que lo diseñó. Sería un error utilizar repuestos de Toyota para reparar un Ford. Los repuestos de Toyota son diseñados para automóviles marca Toyota, no para Ford. En lugar de eso, debería llevar su automóvil Ford a un representante con licencia de servicio Ford. Nadie conoce mejor los autos Ford que la compañía Ford Motors. ¿Llevaría usted a reparar su Mercedes Benz a un representante de Ford? Si es inteligente, no. Sólo un representante de Mercedes puede garantizar la reparación apropiada. Éxito garantizado quiere decir utilizar el "servicio" correcto. Significa dirigirnos nuevamente al diseñador.

Del mismo modo sucede en el matrimonio. El éxito en el matrimonio significa utilizar el "servicio" o "representante autorizado" correcto, remitiéndonos una vez más al diseñador para que nos guíe. Nadie conoce mejor un producto que el fabricante. Nadie comprende mejor al matrimonio que Dios. Él lo creó, lo estableció, lo ordenó y lo bendijo. Sólo Él puede hacerlo funcionar. El matrimonio es honorable porque es de origen divino, no humano. Si queremos que nuestro matrimonio sea honorable y próspero, debemos conocer, comprender y seguir los principios que Dios ha puesto en su "manual", La Biblia. Esta es la única corrección segura para la ignorancia y la desinformación que caracterizan a muchos puntos de vista del mundo sobre el matrimonio.

Principios

1. El matrimonio es una institución estable, inalterable en la que entran dos personas que están en constante cambio mientras crecen y maduran.
2. La institución del matrimonio es más importante que nuestros sentimientos personales.
3. Antes que el compromiso con la persona, el compromiso con el matrimonio es la clave del éxito.
4. El matrimonio son dos personas imperfectas que se comprometen a sí mismas con una institución perfecta, y hacen votos perfectos desde labios imperfectos.
5. Dios unirá sólo aquello que autoriza.
6. Lo que Dios *ha* unido, el hombre no debe separarlo.
7. El éxito depende de cuánto *conocemos* sobre algo, no de cómo nos *sentimos*.
8. Un matrimonio exitoso tiene su eje en el conocimiento y comprensión de los principios de Dios.

Capítulo tres

¿POR QUÉ CASARSE DE TODOS MODOS?

La gente se casa por muchos motivos, algunos buenos, otros no tan buenos. Muchos matrimonios hoy fracasan porque la pareja no comprende ni el propósito ni los principios de un matrimonio próspero. Les falta *conocimiento*. La confusión de la sociedad moderna sobre el matrimonio, deviene en muchas parejas que se casan por las razones equivocadas, razones que son insuficientes para sostener una relación saludable y para toda la vida.

Nadie debería casarse sin antes hacerse cuidadosa y claramente esta pregunta: "¿Por qué?". La consideración premeditada y deliberada prevendrá muchos problemas, angustias y arrepentimientos más tarde. Saber por qué quieres casarte puede confirmar una buena decisión y ayudarte a evitar una mala decisión.

Debido a que el conocimiento es un factor decisivo para el éxito, es importante, antes que nada, reconocer algunas de las razones nocivas más comunes que la gente utiliza para decidir contraer matrimonio. He realizado una lista de diez razones. Esta lista no está basada en una suposición, sino en la evidencia de estudios estadísticos de matrimonios que fracasaron. No hablamos de ficción, sino de la vida real.

Diez razones nocivas para contraer matrimonio

1. Para molestar a los padres.

Créase o no, algunas personas se casan para molestar o vengarse de sus padres. "¡Estoy tan cansado y me enferma tener que hacer todo lo que ellos me dicen! ¡Les voy a demostrar! ¡Ya no necesito quedarme aquí!". Están resentidos por las reglas de sus padres o se irritan por las disciplinas de ellos. Puede ser que estén enojados por la desaprobación de sus progenitores hacia sus amigos, particularmente, ese novio o novia especial. Ese enojo o resentimiento puede conducirlos a hacer algo imprudente, como casarse sin antes pensarlo bien. Aunque es probable que no conozcan nada sobre el matrimonio, se arrojan en la primera oportunidad porque lo ven como una salida rápida para escapar de las restricciones de sus padres.

Contraer matrimonio para molestar a los padres es una razón absurda. Ese matrimonio va directo hacia las dificultades. La emoción dominante es negativa (enojo, resentimiento, amargura), y no conduce a una relación saludable y duradera. Las cualidades esenciales para triunfar, como el amor, el compromiso y la fidelidad, pueden estar ausentes o tomar un rol secundario después de la motivación principal de rencor. Una persona que se casa por rencor ve a su esposo o esposa no como un amante, compañero o amigo, sino más bien como un escape de sus padres dominantes. Ese es un fundamento insuficiente sobre el cual edificar un matrimonio feliz y próspero.

2. Para escapar de un hogar infeliz.

Esta es similar a la primera razón insalubre. Algunas personas crecen en hogares con situaciones infelices o difíciles, y todo lo que quieren es escapar. Puede ser que estén bajo abuso físico, verbal o sexual. O que uno o ambos padres sean adictos al alcohol o drogas. La vida del hogar tal vez sea una cadena de enojo, gritos, insultos y peleas. Sea cual sea la razón, algunos jóvenes están desesperados por huir de sus hogares, y a menudo ven al matrimonio como una salida. Esto es extremadamente imprudente y necio. El deseo de escapar de un hogar infeliz no es una razón para casarse. Si simplemente *tienes* que escapar, puedes salir a buscar un empleo, conseguir un departamento y mudarte solo. La gente que contrae matrimonio para escapar, difícilmente encuentra lo que buscaba. Al final cambian un tipo de infelicidad por otro.

3. Por una imagen negativa de sí mismo.

Desafortunadamente, algunas personas se casan esperando que eso las haga sentir dignas de atención y dé significado a sus vidas. Su imagen de sí mismos es tan baja que necesitan constantemente a alguien que afirme su valor y les diga que están bien. Un matrimonio que comienza con esta base, está en problemas aun antes de empezar.

Un esposo que llega al matrimonio con una imagen negativa de sí mismo, entra a esa relación como sólo la mitad de una persona. Si ambas personas tienen problemas con su propia imagen, realmente han entrado en un período muy difícil. Un matrimonio saludable trae a dos personas completas, no dos mitades, para formar una unión que es más grande que la suma de sus partes. Dos personas que se juntan, que están seguras de su propio valor y cómodas con su identidad personal, pueden construir un matrimonio feliz, próspero y significativo.

El matrimonio no resolverá el problema de la imagen negativa. El matrimonio magnifica los defectos en nuestro carácter y expone el concepto que tenemos de nosotros mismos. Sólo empeorará las cosas. Todos debemos encontrar nuestro sentido de valor propio en nuestra relación con Cristo, en nuestra identidad como amados hijos de Dios y herederos de su Reino: almas preciosas creadas a la imagen de Dios, por las que Jesús murió. Comprender verdaderamente que somos miembros de la "familia real", afectará nuestra forma de pensar, sentir y actuar. Esa es la cura para la imagen negativa de sí mismo.

4. Por despecho.

Esta razón está muy relacionada con la última. Las personas que han sido heridas en una relación o matrimonio anterior, a menudo se sienten desanimadas y depresivas, con su autoestima muy baja. Se apresuran y se lanzan precipitadamente a una nueva relación con la primera persona que muestra comprensión o preocupación. Por medio de esto esperan no solamente aliviar su dolor, sino probarse a sí mismos que no hay nada de malo con ellos. Usted no debe casarse para probar que está bien; hay otras maneras de hacer eso. Volvemos al tema de la imagen de sí mismo. Si usted está bien, seguirá bien; el matrimonio no cambiará ese estado de ninguna manera.

El problema de contraer matrimonio por despecho, es que no es un matrimonio de amor, sino de conveniencia. Usted está dolido y duda de sí mismo, y entonces aparece alguien que le comprende y le muestra compasión. Ambos pueden confundir eso con el amor verdadero y tomar una rápida decisión de casarse. Sin embargo, la realidad es que no hay amor. Para usted es sólo un matrimonio por conveniencia, una forma "rápida y fácil" de salir del dilema. No caiga en esto. Un matrimonio "despechado" está destinado a problemas.

5. Por miedo a ser excluido.

Este temor afecta tanto a hombres como a mujeres, pero tiende a ser más fuerte en las mujeres, particularmente a medida que son mayores. Aun en nuestra sociedad moderna, el sentido de valor de una mujer está relacionado con el matrimonio, el hogar y la familia en mayor medida que el del hombre. Muchas mujeres comienzan a preocuparse si llegan a los 30 años de edad y todavía no están casadas. A veces cunden en pánico. "¿Qué voy a hacer? ¡Todos se casan excepto yo! Todos mis amigos están casados. Soy la única de mi promoción que no se casó. ¿Qué hay de malo en mí?".

Con este pensamiento, algunas mujeres capturan al primero que aparece y les muestra algo de interés. Puede ser que él no sea bueno para ella, pero eso no importa. Puede ser que él tenga un carácter defectivo, destinado a ser una pérdida para su vida, pero ella no ve eso. ¡Está desesperada! Todo lo que puede ver es que él está interesado en ella. Aunque él solamente tome ventaja de ella, se convence a sí misma de que él la ama y que ella lo ama a él. Cuando él le hace la pregunta, ella dice: "¡Gracias a Dios!", y acepta ansiosamente. El único problema es que Dios no tuvo nada que ver. Su pánico y miedo de transformarse en una "solterona" la impulsó a tomar una mala decisión.

Los hombres cometen el mismo error. Por temor a quedarse solteros toda su vida, algunos se casan con mujeres que no son las correctas para ellos. El temor a ser excluido, dejado de lado, causa que muchos hombres y mujeres se unan en un matrimonio que es menos de lo que podrían haber tenido si hubiesen sido pacientes, y confiado en Dios.

Cuando una persona se casa por miedo a ser dejada de lado, por lo general, sucede una de dos cosas. El matrimonio se rompe, o lo "soportan estoicamente", avergonzados de admitir ante el mundo, y especialmente ante sus amigos y familiares, que cometieron un error. De cualquier modo, la felicidad que buscaron se les escapa y en su lugar todo lo que conocen es dolor y pesar.

6. Por miedo a la independencia.

Algunas personas al crecer son tan dependientes de sus padres que cuando llegan a ser adultos y afrontan la posibilidad de vivir por su cuenta, se casan para tener a alguien de quien depender. Muchas veces los padres son responsables de la dependencia de los hijos. Ya sea de manera deliberada o no, insisten en hacer todo por sus hijos, sin enseñarles cómo pensar o actuar por sí mismos. Algunos padres tienen la tendencia de pensar que sus hijos son "mi bebé", y tratan de tenerlos consigo para siempre.

Los niños que al crecer son dependientes de sus padres, a menudo entran en el matrimonio con el deseo de que su esposa o esposo tenga cuidado de ellos y les provea la misma seguridad que siempre han conocido. La primera vez que deben levantarse y ser independientes, se desmoronan, porque nunca aprendieron cómo hacerlo. Una vez que tienen que enfrentar la necesidad de manejar responsabilidades por las que nunca tuvieron que preocuparse, algunos no pueden soportarlo.

Nadie que tenga miedo a la independencia está listo para casarse. El éxito en el matrimonio requiere que ambos, marido y mujer, estén capacitados y cómodos con la independencia.

7. Por miedo a herir a la otra persona.

Esto sucede más seguido de lo que nos gustaría admitir. Digamos que un joven y una jovencita han salido juntos por un tiempo. Ella comienza a hablar de matrimonio, pero él no está tan seguro. Aunque él se da cuenta de que no la ama y sabe que el matrimonio no es la respuesta, tiene miedo a lo que pasaría si rompe con ella. Tal vez ella ha dicho más de una vez: "Si me dejas, me moriré", o de modo aún más siniestro: "Si alguna vez me dejas, me suicidaré". Como él no sabe cómo dejarla sin herirla, le ofrece casarse. Estos roles también pueden fácilmente estar invertidos, cuando el hombre presiona a su novia, que no está segura de qué hacer. Una razón por la que este problema surge, es porque algunas personas no entienden los diferentes niveles de amistad. El hecho de que un muchacho lleve a una chica a tomar helado, no significa que estén listos para contraer matrimonio. Solo son amigos. Todo debe marchar bien hasta que uno o el otro se entusiasma y comienza a leer más en su relación de lo que realmente hay. Esa persona empieza a aplicar presión hasta que la otra se siente culpable y obligada.

Ningún matrimonio tiene oportunidad si está basado en cualquier tipo de miedo. No contraiga matrimonio simplemente porque teme herir a la otra persona. Es mucho mejor para ambos que pasen por un dolor temporario ahora, antes que casarse y comprometerse ambos en una vida llena de dolor.

8. Para ser el terapeuta o consejero de la otra persona.

Puede sonar descabellado, pero esta es la razón por la que algunas personas se casan. Sienten algún tipo de responsabilidad por alguien que necesita el beneficio de su sabiduría, opinión y consejo. Tenga cuidado. No se entusiasme. Hombre: sólo porque una muchacha viene en busca de tu consejo no quiere decir que debes casarte con ella. Mujer: sólo porque un muchacho busque tu opinión, no significa que debería ser tu esposo. El matrimonio no es un foro propicio para la terapia. Hay otros caminos.

No es de extrañar que las personas en largos períodos de terapia desarrollen sentimientos románticos hacia su terapeuta. La gente insegura es atraída fácilmente hacia aquellos que consideran como figura de autoridad, o incluso como padres sustitutos. Los consejeros profesionales deben observar este tipo de cosas todo el tiempo.

Un matrimonio saludable es la unión de un hombre y una mujer en partes iguales, que están emocionalmente maduros y seguros de la imagen que tienen de sí mismos y de su identidad personal. Si contraes matrimonio con alguien que siempre te busca como consejero, nunca podrás descansar y te consumirá emocionalmente. Al ser inseguro en sus propias capacidades y tener falta de confianza en sí mismo, tu cónyuge te consultará sobre cualquiera y cada una de las pequeñas cosas. Nada te desgastará más velozmente que un cónyuge que no puede pensar por sí mismo, o que no puede tomar ninguna decisión independiente. No quedes atrapado en la trampa. Nadie que necesite consejo continuo está listo para contraer matrimonio.

9. Porque tuvieron sexo.

Hay una vieja enseñanza que dice que un hombre y una mujer que tienen sexo están casados de hecho, si no es por ley. Esto simplemente no es verdad. Ya hemos visto que sexo no es igual a matrimonio. El sexo, por sí mismo, no hace ni deshace un matrimonio. De acuerdo al diseño de Dios, el sexo es apropiado sólo dentro de los límites del matrimonio. Realza y enriquece un matrimonio que ya ha sido establecido sobre otros fundamentos apropiados. Fuera del matrimonio, el sexo es inapropiado y psicológicamente dañino, emocionalmente peligroso y pecaminoso. Tener sexo, sin embargo, no es una razón para casarse; es un motivo para arrepentirse. La abstinencia sexual es el único comportamiento apropiado para los solteros, especialmente para los creyentes.

10. Por un embarazo.

Quedar embarazada no es más razón para casarse que tener sexo. La era del "matrimonio a la fuerza" ya ha pasado hace tiempo. Pero aún hay gente que siente que, aunque el sexo no es una razón suficiente para el matrimonio, el embarazo cambia las cosas. Sin duda, este tema trae aparejados determinados asuntos éticos, morales y legales, particularmente para el padre del niño. No obstante, el hecho de un embarazo es un fundamento insuficiente para casarse. Superficialmente, un embarazo sólo es evidencia de actividad sexual. No necesariamente es indicio de la existencia de amor o compromiso entre el hombre y la mujer que concibieron al niño. Agravar el pecado de un embarazo fuera del matrimonio con el error de un mal matrimonio, es necio e imprudente. Inevitablemente, llevará a las personas involucradas a sufrir angustias y dolor, en especial al niño inocente que quedó atrapado en medio de todo.

Cometer un error no te sacará de la carrera de la vida. Muchos de los que han concebido y dado a luz niños fuera del matrimonio, más tarde llegaron a tener matrimonios felices. Como el sexo, el embarazo en sí, no es una razón para casarse, sino una razón para *arrepentirse*. Aunque nunca contraigan matrimonio con la persona con la que concibieron el niño, Dios puede darles a ambos la gracia y sabiduría de comportarse en forma responsable para la salud y el bienestar de ese niño.

Diez razones saludables para contraer matrimonio

Ahora que hemos identificado algunas razones nocivas comunes para el matrimonio, necesitamos examinar algunas razones saludables. Las diez razones que siguen no deberían ser consideradas como entidades separadas, sino como parte de un todo mayor. En tanto que cada una de ellas es una buena razón para contraer matrimonio, ninguna de ellas por sí *sola* es suficiente. Un matrimonio saludable, próspero y devoto adoptará la mayoría de estas razones, pero no necesariamente todas.

1. Porque es la voluntad de Dios.

Esta es, quizá, la razón más importante. Dios diseñó el matrimonio, y nadie lo conoce mejor que Él. Como creyentes, nuestra prioridad debe ser discernir y obedecer la voluntad de Dios en *todas las cosas*. Esto incluye nuestra elección de pareja. Por alguna razón, ya sea debido a la falta de conocimiento o a la falta de fe, muchos creyentes tienen dificultades para confiar en Dios en esta área de sus vidas. Una pareja que piensa en el matrimonio necesita tomar mucho tiempo para orar juntos, buscar la voluntad de Dios en ese tema. Sólo porque ambos sean creyentes no significa que automáticamente sean el uno para el otro en el matrimonio. Sean pacientes. Confíen en Dios, y honesta y humildemente busquen su voluntad y sabiduría. Si Él los llama para casarse, Él quiere unirlos a alguien con quien puedan construir un hogar fuerte y devoto, lleno de amor y gracia; un hogar que exalte a Jesucristo como Señor y en armonía con una visión y propósito. Si buscas su consejo, Él traerá a la persona correcta a tu vida, y lo sabrás cuando esto suceda.

2. Para expresar el amor de Dios a la otra persona.

El matrimonio es un retrato físico de la unión espiritual y el amor que existe entre el Padre, el Hijo y el Espíritu Santo. También representa el amor de Dios por su pueblo y el amor de Cristo por su Iglesia. El amor divino, o *ágape*, es el amor primario, el original y más alto amor, del cual derivan todas las otras formas de amor. El *ágape* es una *elección*, un acto voluntario. Por su naturaleza, Dios *elige* amarnos aun cuando no tenemos nada en nosotros para ponderar en aquel amor. Pablo, el gran líder y misionero de la Iglesia primitiva, escribió: *"Pero Dios demuestra su amor por nosotros en esto: en que cuando todavía éramos pecadores, Cristo murió por nosotros"* (Romanos 5:8). El amor de Dios es amor incondicional.

Expresado apropiadamente, el amor humano en todas sus formas toma un patrón del ágape divino que proviene del Padre. Como el ágape es el amor que Dios muestra a su pueblo, una persona no tiene que casarse para experimentarlo. Sin embargo, el matrimonio provee una maravillosa vía, a través de la cual un hombre y una mujer pueden expresarse este amor uno al otro de una manera personal y única. El *ágape* es uno de los catalizadores para la "fusión" que caracteriza al verdadero matrimonio. Cuando marido y mujer *eligen* amarse uno al otro incondicionalmente, esa elección los ayudará a pasar los tiempos en los que uno u otro actúen desagradablemente. Un matrimonio próspero y saludable siempre comienza con el *ágape*. Las otras formas de amor crecen y se construyen a partir del fundamento del amor de Dios.

3. Para expresar amor personal a la otra persona.

El amor marital saludable involucra la combinación apropiada de los variados tipos y grados de amor. El primero es el *ágape*, el amor incondicional de Dios que da nacimiento a todas las demás formas. El matrimonio debería ser también una expresión del amor personal entre el esposo y la esposa; un deseo de mostrar un nivel de estima y consideración hacia el otro que no muestran con nadie más. El amor marital incluye el elemento de *phileo*, un concepto griego del amor, mejor conocido como "afecto tierno". Maridos y esposas deberían ser tiernos y afectuosos unos con otros. Una relación matrimonial también se caracteriza por el *eros*, que es el amor físico o sexual. Estas expresiones de amor personal son razones saludables para el matrimonio, pero necesitan ser fundadas apropiadamente en el *ágape*: amor incondicional que viene de Dios.

4. Para alcanzar las necesidades y deseos sexuales de un modo correcto.

El deseo sexual es dado por Dios y, en el lugar correcto, es saludable y bueno. Por sí mismo, el deseo por el sexo es una razón somera y pobre para contraer matrimonio. En conjunto con otras razones, sin embargo, como el amor y el anhelo de compañerismo, el deseo del cumplimiento sexual es una motivación fuerte y natural. El amor que produce en un hombre y una mujer el deseo de comprometerse a una relación de por vida, también genera el deseo de expresar ese amor sexualmente. Los creyentes que toman en serio su compromiso con Cristo, buscarán cumplir sus necesidades y deseos sexuales del modo apropiado. El matrimonio es el vehículo ordenado por Dios para cumplir el deseo sexual dado por Él. Las palabras de Pablo a los creyentes en Corinto proveen un consejo práctico y sabio en la materia:

> *Paso ahora a los asuntos que me plantearon por escrito: "Es mejor no tener relaciones sexuales". Pero en vista de tanta inmoralidad, cada hombre debe tener su propia esposa, y cada mujer su propio esposo. **El hombre debe cumplir su deber conyugal con su esposa, e igualmente la mujer con su esposo.** La mujer ya no tiene derecho sobre su propio cuerpo, sino su esposo. Tampoco el hombre tiene derecho sobre su propio cuerpo, sino su esposa. **No se nieguen el uno al otro, a no ser de común acuerdo,** y sólo por un tiempo, para dedicarse a la oración. No tarden en volver a unirse nuevamente; de lo contrario, pueden caer en tentación de Satanás, por falta de dominio propio (…). A los solteros y a las viudas les digo que sería mejor que se quedaran como yo. **Pero si no pueden dominarse, que se casen, porque es preferible casarse que quemarse de pasión.***
>
> —1 CORINTIOS 7:1-5, 8-9 (énfasis añadido)

5. Por el deseo de comenzar una familia.

El deseo de tener niños es un buen deseo, pero no es una razón primaria ni necesaria para el matrimonio. Hay muchas parejas felizmente casadas que no tienen hijos, ya sea por elección o no. La felicidad y prosperidad marital no dependen de la presencia de los niños. Los hijos son una bendición maravillosa y realzan el matrimonio, y aquellas parejas que desean niños, anhelan algo bueno. El Salmo 127:3-5 dice:

> *Los hijos son una herencia del Señor, los frutos del vientre son una recompensa. Como flechas en las manos del guerrero son los hijos de la juventud. Dichosos los que llenan su aljaba con esta clase de flechas. No serán avergonzados por sus enemigos cuando litiguen con ellos en los tribunales.*

No hay un ambiente mejor en el cual criar a los niños, que un hogar cristiano anclado en un matrimonio cristiano fortalecido.

6. Para compañerismo.

El deseo de compañerismo es una razón digna para contraer matrimonio. Cada uno tiene una necesidad básica de un "amigo del alma" o compañero íntimo. Aunque dicho compañerismo y amistad pueden encontrarse fuera del matrimonio, el compañerismo forjado entre el esposo y la esposa es particularmente rico y recompensado. Los humanos somos seres sociales, creados para disfrutar y enriquecerse con la compañía del otro. Cuando Dios creó el primer hombre, de todas las criaturas no encontró una "ayuda idónea" para él.

Entonces Dios el Señor hizo que el hombre cayera en un sueño profundo y, mientras éste dormía, le sacó una costilla y le cerró la herida. De la costilla que le había quitado al hombre, Dios el Señor hizo una mujer y se la presentó al hombre, el cual exclamó: "Ésta sí es hueso de mis huesos y carne de mi carne. Se llamará 'mujer' porque del hombre fue sacada". Por eso el hombre deja a su padre y a su madre, y se une a su mujer, y los dos se funden en un solo ser.

—Génesis 2:21-24

Un marido debería ser el mejor amigo y compañero de su esposa, y la esposa, de su marido. El matrimonio está diseñado para el compañerismo.

7. Para compartir juntos todas las cosas con la otra persona.

Hay mucho de verdad en el viejo dicho que dice que cuando compartimos nuestro dolor, nuestro dolor es dividido, y cuando compartimos nuestra alegría, nuestra alegría es duplicada. Los tiempos difíciles y de dolor en nuestras vidas son más fáciles de soportar cuando tenemos un alma gemela con quien compartirlos. Nuestro gozo y risa se multiplican cuando tenemos una compañía del alma que se nos une. El amor devoto que atrae a un hombre y una mujer a estar juntos, crea en ellos el deseo de compartir todas las cosas con el otro, especialmente el progreso y la aventura diaria de la vida misma. El matrimonio está diseñado para el hombre y la mujer que han decidido que desean pasar el resto de sus vidas juntos en una relación de amor, respeto y participación mutuos.

8. Para trabajar juntos y alcanzar las necesidades de cada uno.

El amor matrimonial también estimula en un esposo y una esposa el deseo de encontrar las necesidades del otro. Este es un proceso de "dar y recibir" que requiere mucha sensibilidad por parte de ambos. Cada persona nace con una serie de necesidades físicas, mentales, emocionales y espirituales. Está la necesidad de alimento, agua, vestido y abrigo; la necesidad de seguridad y paz mental; la necesidad de estar libre del temor; la necesidad de enriquecimiento estético; la necesidad de paz con Dios e íntima comunión con Él. El matrimonio es una oportunidad hecha a medida para que un hombre y una mujer trabajen juntos para cumplimentar sus necesidades legítimas. Juntos y con una confianza firme en el Señor, podrán enfrentar cualquier desafío y superar cualquier obstáculo. *"Uno solo puede ser vencido, pero dos pueden resistir. ¡La cuerda de tres hilos no se rompe fácilmente!"* (Eclesiastés 4:12).

9. Para maximizar el potencial de cada uno.

La clave para una vida exitosa es darlo todo, para maximizar el potencial y aprender a pensar y actuar más allá de las auto-impuestas limitaciones. En un matrimonio exitoso, ambos están comprometidos a ayudarse mutuamente para alcanzar su potencial completo. El deseo de ayudar a la persona que más amas a ser todo lo que puede ser, es una motivación saludable para un matrimonio. Los lazos de la unión marital proveen un ambiente ideal en el que maridos y esposas pueden esforzarse para expresar todo su potencial personal, espiritual y profesional. Juntos pueden alentarse uno al otro, sostenerse, orar uno por el otro, defenderse, desafiarse, reconfortarse y afirmarse.

10. Para aumentar el crecimiento espiritual.

Debido a que proviene de Dios, el matrimonio está diseñado para creyentes: hombres y mujeres que caminan por fe y no por vista, y viven una relación personal con Jesucristo diaria y creciente. Ambos, marido y mujer, deberían alentarse uno al otro a crecer en el Señor. Deberían adorar juntos, orar juntos, leer y discutir Las Escrituras unánimes y mantenerse uno al otro a cuenta para su caminar espiritual con Cristo. Estructuralmente, *"... el esposo es cabeza de su esposa, así como Cristo es cabeza y salvador de la iglesia..."* (Efesios 5:23a). Por su liderazgo y sumisión a Cristo, el esposo debe establecer el tono y dirección para el crecimiento espiritual de la familia, pero ambos, esposo y esposa, llevan una responsabilidad mutua por la salud espiritual de su matrimonio. Cualquier pareja que toma en serio la edificación de un matrimonio devoto, hará del crecimiento espiritual de cada uno una muy alta prioridad.

Una característica común en las diez razones *nocivas* para el matrimonio, es que esencialmente son *egocéntricas*. El egoísmo nunca será una cualidad sobre la cual es posible intentar construir a un matrimonio. En contraste, las diez razones *saludables* son fundamentalmente *altruistas*. Basadas en la naturaleza generosa del amor de Dios, son razones desinteresadas que se focalizan en las necesidades y el bienestar de la otra persona. Esta es una distinción decisiva que puede marcar la diferencia entre éxito y fracaso, entre felicidad e infelicidad, y entre un matrimonio bueno y uno malo.

Principios

1. Un matrimonio saludable trae a dos personas completas, no dos mitades, para formar una unión que es más grande que la suma de sus partes.

2. Todos debemos encontrar nuestro sentido de valor propio en nuestra relación con Cristo, en nuestra identidad como amados hijos de Dios y herederos de su Reino: almas preciosas creadas a la imagen de Dios, por las que Jesús murió.

3. Diez razones saludables para el matrimonio.

   - Por la voluntad de Dios
   - Para expresar el amor de Dios a la otra persona
   - Para expresar el amor personal por la otra persona
   - Para cumplir las necesidades y deseos sexuales del modo correcto
   - Por el deseo de comenzar una familia
   - Para compañerismo
   - Para compartir juntos todas las cosas con la otra persona
   - Para trabajar juntos y alcanzar las necesidades de cada uno
   - Para maximizar el potencial de cada uno
   - Para aumentar el crecimiento espiritual

4. Debido a que proviene de Dios, el matrimonio está diseñado para creyentes: hombres y mujeres que caminan por fe y no por vista, y viven una relación personal con Jesucristo diaria y creciente.

Capítulo cuatro

Todos deberían tener una boda en el jardín

L a primera boda del mundo tuvo lugar en el jardín del Edén. Allí, Dios ordenó y santificó el matrimonio del hombre y la mujer que había creado. Los capítulos 1 y 2 de Génesis describen al matrimonio en su estado ideal, como Dios lo diseñó, en el cual Adán y Eva disfrutaban de una relación caracterizada por la paz, armonía e igualdad, así como la comunión continua e inquebrantable con su Creador. Génesis, capítulo 3, presenta un cuadro absolutamente diferente: el pecado ha arruinado la armonía que había en la relación humana de la pareja, y ha destruido su comunión con Dios. Los capítulos 1 y 2 retratan a un matrimonio "dentro del jardín", en tanto que el capítulo 3 muestra al matrimonio "fuera del jardín". El único lugar donde es posible experimentar un matrimonio de Dios es "dentro del jardín". Cualquier matrimonio "fuera del jardín" no es un matrimonio de Dios.

Génesis, capítulos 1 y 2, describen al matrimonio antes de la caída, como Dios lo diseñó. El capítulo 3 revela en qué se convirtió el matrimonio después de la caída, cuando el mundo lo corrompió. En términos prácticos, esto quiere decir que ninguna de las condiciones, bendiciones o promesas que acompañan al matrimonio "dentro del jardín" de los capítulos 1 y 2, están garantizadas para el matrimonio "fuera del jardín" del capítulo 3. Dentro del jardín, Adán y Eva gozaban del mutuo amor, respeto e igualdad; fuera del jardín, ponen excusas, se culpan y le mienten a Dios uno sobre el otro. Dentro del jardín comparten el mismo espíritu, el Espíritu de Dios; fuera del jardín ese

Espíritu se ha ido y ellos son como extraños para el otro. En el jardín están unidos en espíritu *y* en la carne; fuera del jardín todo lo que tienen es la carne.

El modelo de matrimonio de Dios está basado en las cualidades que tenía dentro el jardín. Nadie puede proclamar verazmente que Dios ha unido a quienes no han venido al altar en el contexto del jardín. Debido a que está diseñado para creyentes, el verdadero matrimonio no se trata tanto de la unión de espíritus, como de la unión en la carne. En el jardín del Edén, no había necesidad de que Adán y Eva se unieran en espíritu porque ellos ya compartían el mismo espíritu. Sus espíritus ya estaban *fusionados*. En la carne, sin embargo, eran personas separadas. El matrimonio "dentro del jardín" era para unirlos físicamente, para *fusionarlos* en "una carne", porque ya eran "un espíritu".

Cada día, miles de parejas en todo el mundo se casan y asumen que Dios los ha unido. En la mayoría de los casos, simplemente, esto no es verdad, porque no se han casado en el contexto del jardín. No comparten el mismo espíritu porque, uno de ellos o ambos, no han nacido de nuevo en el Espíritu de Dios. Por eso, no tienen garantía de prosperidad, no están a salvo contra las fuerzas destructivas que intentarán separarlos.

Las promesas de Dios en Las Escrituras, se aplican a todos los que creen y le obedecen a Él, aquellos que son llamados hijos de Dios y que comparten su Espíritu. Ninguno que esté fuera del Espíritu de Dios, tiene garantía alguna de recibir sus promesas. En lo que concierne al matrimonio, el éxito o fracaso dependen en gran medida de si ese matrimonio existe en el contexto del jardín o no.

El conocimiento es una clave crítica para el éxito en cualquier cosa, y el matrimonio no es la excepción. Aun los creyentes llenos del Espíritu pueden fallar en el matrimonio a menos que sepan y entiendan las diferencias fundamentales entre el matrimonio "dentro del jardín" y el matrimonio "fuera del jardín". Aunque son nacidos de nuevo, muchos creyentes tienen problemas en sus matrimonios porque, sin saberlo, han adoptado los valores y la mirada del mundo en lugar de los valores de Dios. Necesitan aprender cómo buscar al Espíritu Santo para encontrar la sabiduría y el conocimiento que lleve a sus matrimonios "dentro del jardín".

IGUAL AUTORIDAD, IGUAL DOMINIO

Los primeros dos capítulos de Génesis, contienen importantes claves para ayudarnos a entender para qué fue hecho el matrimonio y cuál es la relación que debería haber entre el marido y la esposa. En el sexto y último día de la creación, después de que los cielos y la Tierra fueron puestos en su lugar, y la tierra rebosaba de plantas, animales y vida en el mar, Dios llegó al clímax en su actividad creativa cuando hizo al hombre. La humanidad, hombre y mujer, fue el ápice, la coronación de gloria de la creatividad de Dios. Él tenía un lugar especial y un plan para ésta, la más grandiosa de sus criaturas:

> *Y dijo: "Hagamos al ser humano a nuestra imagen y semejanza. Que* **tenga** *dominio sobre los peces del mar, y sobre las aves del cielo; sobre los animales domésticos, sobre los animales salvajes, y sobre todos los reptiles que se arrastran por el suelo." Y Dios creó al ser humano a su imagen; lo creó a imagen de Dios.* **Hombre y mujer los creó, Y los bendijo con estas palabras:** *"Sean fructíferos y multiplíquense; llenen la tierra y sométanla; dominen a los peces del mar y a las aves del cielo, y a todos los reptiles que se arrastran por el suelo".*
> —GÉNESIS 1:26-28 (énfasis añadido)

Note que la autoridad para gobernar sobre el orden creado, y llenar y someter la Tierra, fue dada al hombre y a la mujer *juntos*. Hombre y mujer, *ambos*, fueron creados a la imagen de Dios, cada uno fue diseñado para completar perfectamente y realzar al otro. Ambos fueron dotados con la capacidad y la autoridad para gobernar sobre el reino físico como vicegobernadores. Note también que su autoridad para gobernar se extiende sobre todas las criaturas inferiores: peces, aves y animales de la Tierra, pero no uno sobre el otro. De acuerdo al diseño original de Dios, el hombre y la mujer debían ejercer *igual* autoridad e *igual* dominio.

El mandato de Dios de someter y gobernar, se aplica igualmente a ambos, hombre y mujer. En el jardín del Edén, Adán y Eva tenían el mismo espíritu, actuaban con la misma autoridad y ejercían el mismo poder. Tenían dominio sobre *"toda criatura viviente que se mueve sobre la tierra"*. Esto incluye la serpiente. El capítulo 3 de Génesis deja en claro que Satanás, el ángel caído, el tentador y acusador, estaba presente en el jardín, en la forma de una serpiente. Debido a que Adán y Eva representaban la más grande creación de Dios, y debido a que Satanás estaba en el Reino, también estaba bajo su jurisdicción. Adán y Eva poseían la autoridad y el poder para someter al diablo. Su falla en esto los llevó al desastre.

El segundo capítulo de Génesis también revela que en el jardín Adán y Eva eran iguales en personalidad y autoridad. Génesis 2:18-24 describe cómo Dios hizo a Eva de una de las costillas de Adán, para que sea una "ayuda adecuada" para él; alguien perfecta y completamente compatible con él físicamente. La palabra hebrea que corresponde a "costilla", también puede traducirse como "costado". Eva fue formada de una parte del costado de Adán. Ella era "lo mismo" que Adán: el mismo espíritu, la misma mente, la misma esencia y la misma imagen divina. Ella era hueso de sus huesos y carne de su carne, en todos los aspectos, esencial y fundamentalmente su igual. Un antiguo proverbio hebreo fundado en el Talmud, la colección autorizada de tradiciones judías, dice: "Dios no creó a la mujer de la cabeza del hombre, para que él no se le imponga, ni la creó de sus pies, para que ella sea su esclava, sino de su costado, para que esté cerca de su corazón".

Uno en el espíritu y uno en la carne, en el jardín, el hombre y la mujer ejercían igual poder y autoridad; ejercían juntos el dominio físico y terrenal que Dios les había dado.

LA DIRECCIÓN DEL HOMBRE ESTÁ
BASADA EN EL CONOCIMIENTO

La igualdad de personalidad, poder y autoridad, no significa que no había prioridad de liderazgo en el jardín entre Adán y Eva. Una cosa que el capítulo 2 de Génesis deja en claro, es que Dios posicionó al hombre como la cabeza de la unidad familiar. En el diseño de Dios, la dirección del matrimonio es responsabilidad del hombre. Tan pronto como Dios puso a Adán en el jardín del Edén, estableció los parámetros bajo los cuales el hombre debería vivir y trabajar.

Dios el Señor tomó al hombre y lo puso en el jardín del Edén para que lo cultivara y lo cuidara, y le dio este mandato: "Puedes comer de todos los árboles del jardín, pero del árbol del conocimiento del bien y del mal no deberás comer. El día que de él comas, ciertamente morirás".

—GÉNESIS 2:15-17

Ser responsable por el cuidado del jardín, dio a Adán un trabajo fructífero y productivo para hacer. Al mismo tiempo, Dios le dio libre reinado en todo su entorno. La única restricción sobre la libertad de Adán, fue la prohibición de Dios con respecto a comer del árbol del conocimiento del bien y del mal.

Es importante notar que Adán recibió estas instrucciones antes de que Eva entrara en escena. Debido a que él fue creado primero, Adán recibió en privado la información de Dios que Eva no tenía. Era responsabilidad de Adán pasar esa información a su esposa. Como "cabeza" de la unidad, Adán era la protección para su familia. Esa protección estaba basada en su responsabilidad.

¿Por qué Adán fue hecho cabeza de la familia? ¿Fue porque era físicamente más fuerte? No. Hoy es comúnmente sabido que hombres y mujeres son esencialmente iguales en fortaleza física, pero en formas diferentes. Generalmente los hombres son más fuertes de la cintura para arriba, mientras que las mujeres son más fuertes de la cintura para abajo. El cuerpo de una mujer está específicamente diseñado para soportar el estrés y la presión física del parto. Muy pocos hombres podrían manejar ese tipo de dolor. La posición de ser cabeza de Adán no se debía a la fortaleza física.

¿Era por su apariencia física? No lo creo. Físicamente, las mujeres, en general, son más atractivas que los hombres. Alguien una vez dijo irónicamente que, debido a que el hombre fue hecho primero, era la "copia en bruto", mientras que la mujer fue el producto terminado más refinado.

¿Adán era más inteligente? No. Hombres y mujeres tienen la misma capacidad intelectual. ¿Adán era más espiritual? No. Adán y Eva compartían el mismo espíritu.

Parece que ser cabeza, para Adán, tenía más que ver con una cuestión de tiempo, que con otra cosa. Adán era la cabeza porque fue creado primero y poseía información que Eva no tenía. La dirección de Adán estaba basada en el *conocimiento*. Este hecho tiene serias implicancias para entender lo que significa dirección. El esposo es la cabeza de su esposa (ver Efesios 5:23), pero esto *no* quiere decir que él gobierna sobre ella como su jefe. *Dirección no es gobierno, es liderazgo.* Como cabeza, el hombre debe proveer liderazgo y guía espiritual a la familia. Se supone que debe trazar el curso. Su temperatura espiritual debería establecer el clima de su hogar entero.

Muchos matrimonios hoy, incluyendo a matrimonios cristianos, sufren porque los maridos no comprenden o llevan sus responsabilidades apropiadamente como cabeza de sus familias. Con demasiada frecuencia, su dirección se torna en un régimen autoritario que domina tanto a la esposa como a los hijos. A veces abdican a su liderazgo completamente, de modo que la dirección recae sobre sus esposas, si no nominalmente, al menos en la práctica.

Cuando ambos, marido y esposa, conocen claramente este tema de la dirección, ese entendimiento promueve la armonía y la prosperidad matrimonial. El marido decide hacia dónde va la familia, mientras que la esposa decide cómo van a llegar allí. El marido provee dirección; la esposa, mantenimiento. A dónde va el marido tiene mucho que ver con lo que hace su esposa, y lo que hace la esposa tiene mucho que ver con dónde va su marido. Ambos son necesarios, y ambos trabajan juntos. La dirección es el primer paso, y la acción es el segundo.

En su dirección, Adán tenía información vital de Dios de la cual dependía la seguridad y el bienestar de Eva. Él era responsable de instruirla sobre la orden de Dios en cuanto al árbol del conocimiento del bien y del mal. La dirección del hombre, por lo tanto, está basada en el *conocimiento* e involucra primeramente enseñar e instruir a su familia en los caminos de Dios y todo otro asunto espiritual en general.

DEJAR EL JARDÍN

En la hermosura del jardín del Edén, Adán y Eva ejercían dominio sobre el orden creado, disfrutaban una completa dicha y armonía matrimonial, y estaban comprometidos en una comunión inquebrantable con su Creador. Estas condiciones idílicas fueron arruinadas por los planes sutiles y astutos del adversario. Manifestado con el aspecto de una serpiente, este archienemigo de Dios puso su mirada en destruir la pureza, la inocencia y el orden de la vida en el jardín. La mujer era su objetivo, y la duda era su arma.

La serpiente era más astuta que todos los animales del campo que Dios el Señor había hecho, así que le preguntó a la mujer:
—¿Es verdad que Dios les dijo que no comieran de ningún árbol del jardín?
—Podemos comer del fruto de todos los árboles —respondió la mujer—. Pero, en cuanto al fruto del árbol que está en medio del jardín, Dios nos ha dicho: "No coman de ese árbol, ni lo toquen; de lo contrario, morirán."
Pero la serpiente le dijo a la mujer:
—¡No es cierto, no van a morir! Dios sabe muy bien que, cuando coman de ese árbol, se les abrirán los ojos y llegarán a ser como Dios, conocedores del bien y del mal. La mujer vio que el fruto del árbol era bueno para comer, y que tenía buen aspecto y era deseable para adquirir sabiduría, así que tomó de su fruto y comió. Luego le dio a su esposo, y también él

comió. En ese momento se les abrieron los ojos, y tomaron conciencia de su desnudez. Por eso, para cubrirse entretejieron hojas de higuera.

—GÉNESIS 3:1-7

Debido a que Eva no expresó sorpresa alguna cuando la serpiente le habló, es razonable concluir que, probablemente, esta no era su primera conversación. En su inocencia con respecto al conocimiento del bien y del mal, Eva no tenía razones para desconfiar de las palabras de la serpiente o sospechar de una trampa. Las preguntas eran muy sutiles, y sembraban hábilmente en su mente una semilla de duda con respecto a la integridad de Dios: *"¿Es **verdad** que Dios les dijo que no comieran de ningún árbol del jardín?"* (énfasis añadido). Este es el modo en que opera el adversario. El archienemigo de Dios, identificado en Las Escrituras judío-cristianas como el diablo o Satanás, procura minar el carácter de Dios en las mentes de la gente a través de la insinuación y la duda, y busca torcer la verdad.

La respuesta de Eva a la pregunta de la serpiente, revela que Adán había cumplido con su responsabilidad de informarle sobre el mandato de Dios con respecto al árbol del conocimiento del bien y del mal. Cuando ella dijo que comer o tocar el árbol significaba la muerte, la serpiente categóricamente contradijo a Dios: *"No es cierto, no van a morir, [sino que] se les abrirán los ojos y llegarán a ser como Dios, conocedores del bien y del mal".* Una de las tácticas principales del adversario es hacernos dudar de quiénes somos. ¿A la imagen de quién fueron creados Adán y Eva? A la imágen de *Dios.* No necesitaban comer del fruto del árbol del conocimiento del bien y del mal para ser como Dios; *¡ya eran como Él!* La semilla de duda creció en la mente de Eva hasta que quedó confundida sobre quién era y sobre lo que Dios había dicho. En su confusión, y debido a que el fruto del árbol se veía apetecible, decidió comerlo. ¿Dónde estaba Adán mientras todo esto sucedía? De acuerdo al versículo 6, él estaba *con ella,* al menos en el momento en que ella comió del fruto, porque le dio a probar y él también comió. El pasaje no nos dice dónde estaba durante la conversación de Eva con la serpiente. Sin embargo, no hay pausas en la narrativa; la decisión de Eva de comer el fruto, no necesariamente ocurrió después de la conversación. Puede haber pasado algún tiempo mientras su duda crecía y la tentación se volvía más fuerte.

Parecería que Adán no estaba cerca cuando Eva y la serpiente hablaron. Por esta ausencia, Adán falló en su responsabilidad de proteger y cubrir a su esposa. No obstante, ambos poseían la autoridad para gobernar sobre la serpiente, pero cedieron esa autoridad al escucharla, y la serpiente ganó el control sobre ellos. Eva fue engañada, pero Adán pecó con los ojos bien abiertos. El "conocimiento" que recibieron después de todo este problema fue la conciencia de que habían pecado, y que el Espíritu de Dios los había dejado. De pronto, fueron extraños uno para el otro, así también como extraños para Dios. La "luna de miel" se había terminado. Por su desobediencia a Dios, su matrimonio se mudó "fuera del jardín".

ADÁN, ¿DÓNDE ESTÁS?

Después de que Adán y Eva desobedecieron a Dios en el jardín, Él los confrontó con su pecado, y el modo en que lo hizo revela una importante verdad sobre su diseño para el matrimonio.

Cuando el día comenzó a refrescar, oyeron el hombre y la mujer que Dios andaba recorriendo el jardín; entonces corrieron a esconderse entre los árboles, para que Dios no los viera. Pero Dios el Señor llamó al hombre y le dijo:
—¿Dónde estás?
El hombre contestó:
—Escuché que andabas por el jardín, y tuve miedo porque estoy desnudo. Por eso me escondí.
—¿Y quién te ha dicho que estás desnudo? —le preguntó Dios—. ¿Acaso has comido del fruto del árbol que yo te prohibí comer?
Él respondió:

—La mujer que me diste por compañera me dio de ese fruto, y yo lo comí.
Entonces Dios el Señor le preguntó a la mujer:
—¿Qué es lo que has hecho?
—La serpiente me engañó, y comí —contestó ella.

—GÉNESIS 3:8-13

Note que aunque Eva fue la que escuchó a la serpiente, quien fue engañada por ella, y quien primero tomó el fruto prohibido y lo comió, cuando Dios los confrontó se dirigió a *Adán. "Pero Dios el Señor llamó al hombre y le dijo: '¿Dónde estás?'"*. Esta no era una pregunta sobre ubicación, sino de condición. Dios ya sabía dónde estaba Adán y lo que había hecho. La intención de su pregunta era que Adán reconociera su pecado y tomara la responsabilidad por sus acciones. El Señor le decía a Adán: "¿Cómo llegaste a este estado en el que te encuentras? Has caído y mi Espíritu te ha dejado. Ya no hay más comunión entre tú y yo. ¿Cómo llegaste a esta posición?".

Si Eva era la instigadora, la primera en desobedecer al comer del fruto prohibido, entonces, ¿por qué Dios buscó a Adán? Hay al menos dos razones. Por un lado, aunque Eva pecó primero, Adán era tan culpable como ella porque también comió el fruto. Pudo rehusarse, pero no lo hizo. Y aún más importante, sin embargo, es que Dios vino a Adán porque, como cabeza de la familia, Adán era el responsable. Adán cargaba con la responsabilidad no sólo de decirle a su esposa lo que Dios dijo, lo que aparentemente había hecho, sino de vigilarla y guardarla. Se suponía que él debía cubrirla. ¿Dónde estaba durante el encuentro de su esposa con el adversario? Debido a que él no estaba donde se suponía que debía estar, ni hacía lo que se suponía que debía hacer, Adán cargó con la responsabilidad directa por su falla.

La respuesta de Adán a la pregunta del Señor pone en claro que habían ocurrido algunos cambios fundamentales en su relación. *"Escuché que andabas por el jardín, y tuve miedo porque estoy desnudo. Por eso me escondí"*. Cuando una persona pierde la comunión con Dios, suceden varias cosas significativas. Primero, su sentido de separación de Dios causa que huyan de Él. Adán se escondió. Segundo, se vuelven temerosos. Adán tenía miedo. Nunca había conocido el miedo hasta que desobedeció a Dios. Ahora el miedo lo seguía en cada paso.

El temor y la separación no son parte del plan o el deseo de Dios para nosotros. Nos creó para que le amemos y disfrutemos una comunión permanente con Él. El temor es un elemento extraño en esa relación. Interfiere en la libre expresión del amor. En su segunda carta a Timoteo —su joven protegido—, Pablo, el gran misionero y maestro del primer siglo, escribió: *"Pues Dios no nos ha dado un espíritu de timidez, sino de poder, de amor y de dominio propio"* (2 Timoteo 1:7). Otra palabra para timidez es *temor*. Juan, un escritor del Nuevo Testamento y uno de los discípulos especiales de Jesús, escribió: *"Dios es amor. El que permanece en amor, permanece en Dios, y Dios en él (...) En el amor no hay temor, sino que el amor perfecto echa fuera el temor. El que teme espera el castigo, así que no ha sido perfeccionado en el amor"* (1 Juan 4:16-18).

El amor y el temor no pueden coexistir. Donde abunda el amor, el temor desaparece; donde se levanta el temor, el amor disminuye. Debido a su pecado, Adán y Eva perdieron el amor, la paz, la armonía y la comunión que habían disfrutado con el Señor y entre ellos, y encontraron que la culpa y el miedo los habían reemplazado. Este cambio afectó cada área de sus vidas, también su matrimonio. Un matrimonio sin amor es esclavo del temor y la división. Esas son las características comunes del matrimonio "fuera del jardín".

JUGAR AL JUEGO DEL CULPABLE

Otro signo del cambio fundamental que trajo el pecado a su relación, es que Adán y Eva comenzaron a jugar el juego del culpable. Las culpas florecen cuando el amor está ausente. Adán culpó a Eva, Eva culpó a la serpiente, y ninguno quería aceptar la responsabilidad personal por sus acciones. La gente, a menudo, dice y hace cosas ridículas cuando tratan de evitar tomar responsabilidades. Consideremos lo que dijo Adán: *"La mujer que me diste por compañera me dio de ese fruto, y yo lo comí".* Lo hace sonar como si él estuviera completamente desvalido. En efecto, Adán le dice a Dios: "Es la culpa de esta mujer que *tú* me diste. Se me tiró encima, me sujetó la cabeza, me abrió la boca, metió la fruta adentro y movió mi mandíbula y dijo: 'vamos, mastícalo'".

Dicho simplemente, Adán no quería tomar responsabilidad por lo que le sucedió a su familia. Ni tampoco Eva. Cuando Dios preguntó: *"¿Qué es lo que has hecho?",* ella trató de pasar la responsabilidad a otro. *"La serpiente me engañó, y comí".* Superficialmente, lo que dijo es verdad; la serpiente *la engañó.* No obstante, eso no la excluye de la responsabilidad. Ella sabía lo que había dicho Dios, y eligió desobedecer.

Rehusarse a asumir responsabilidades es un problema muy común en nuestra sociedad moderna: un síntoma de la pecaminosidad de la raza humana en rebelión contra nuestro Creador. La psicología "popular" nos dice que somos todos "víctimas". Si somos un desastre, es por culpa de nuestro ambiente, o porque hemos sido abusados en nuestra infancia, o porque fuimos social o económicamente privados, o un gran número de otras excusas. No llevamos responsabilidades por nuestras acciones o por cómo hemos resultado. No importa lo que suceda, es siempre culpa de alguien más: nuestro marido, nuestra esposa, nuestros hijos, nuestro jefe, cualquiera excepto nosotros mismos.

Esta misma actitud caracteriza al matrimonio "fuera del jardín". Cuando nadie está dispuesto a tomar la responsabilidad, todos sufren. La gente puede volverse francamente ilógica cuando quiere evitar responsabilidades. Como un esfuerzo por justificar una conducta irresponsable, comienzan a buscar excusas que no tienen sentido y las dicen como si fuesen leyes irrefutables. El diseño del matrimonio del mundo es el opuesto al diseño de Dios. El matrimonio "fuera del jardín" es el matrimonio de la culpa, la actividad irresponsable, la transferencia y el pase de la responsabilidad a otro; y de los hombres que fallan en tomar su lugar correcto y responsable como cabeza del hogar. En el sistema del mundo, el matrimonio puede ser desechado cuando las cosas se ponen difíciles.

Una característica adicional del matrimonio "fuera del jardín" son los maridos que ejercen un mandato autoritario sobre sus esposas.

Esta es una consecuencia del pecado de Eva. Dios le dijo: *"Multiplicaré tus dolores en el parto, y darás a luz a tus hijos con dolor. Desearás a tu marido, **y él te dominará**"* (Génesis 3:16, énfasis añadido). Es importante notar que esto no es parte del diseño original de Dios para la relación del marido y su esposa, sino una descripción de la situación que existe ahora debido al pecado.

En la clase de matrimonio de Dios, el marido no *domina* a la esposa, sino que ejerce el *liderazgo*. Le da liderazgo y dirección, y dominan juntos. El marido lleva toda la responsabilidad por la salud y el bienestar de su esposa y su familia, pero no es el "jefe". Como cabeza de la familia, lidera a la familia, no como un tirano o dictador, sino con amor, gracia, sabiduría y conocimiento bajo el señorío de Cristo.

Principios

1. De acuerdo con el diseño original de Dios, el hombre y la mujer debían ejercer *igual* autoridad e *igual* dominio.
2. En el diseño de Dios, la dirección en el matrimonio es responsabilidad del hombre.
3. Dirección no es gobierno; es *liderazgo*.
4. La dirección del hombre está basada en el *conocimiento* y primeramente implica enseñar e instruir a su familia en los caminos de Dios y en todo asunto espiritual en general.
5. El matrimonio "fuera del jardín" es el matrimonio de la culpa, la actividad irresponsable, la transferencia y el pase de la responsabilidad a otro; y de los hombres que fallan en tomar su lugar correcto y responsable como cabeza del hogar.
6. Como cabeza de la familia, el hombre lidera a la familia, no como un tirano o dictador, sino con amor, gracia, sabiduría y conocimiento bajo el señorío de Cristo.

Capítulo cinco

UN MATRIMONIO FELIZ
NO ES UN ACCIDENTE

Un matrimonio feliz no es un accidente. Como en cada una de las otras áreas de la vida, el éxito en el matrimonio no sucede automáticamente. El secreto para el éxito en cualquier tentativa es el *planeamiento*, y el planeamiento exitoso depende del *conocimiento*. Sólo cuando tenemos la información acertada y adecuada, es cuando podemos planear para el éxito.

Muchos de nosotros estamos deseosos de pasar años en la escuela, y de recibir una educación que, creemos, nos preparará para ser exitosos en la carrera o profesión que elijamos. Aspiramos a una educación porque ésta nos hace versátiles, y la versatilidad incrementa nuestro potencial de mercado. Ese potencial incrementado intensifica nuestra probabilidad de éxito. En vez de dejar el éxito librado al azar, planificamos con cuidado para alcanzarlo.

Hubo un tiempo en el que una persona que entraba al sector laboral a la edad de 18 ó 21, pasaba todo el resto de su vida laboral con el mismo empleador. Hoy no llama la atención que los trabajadores cambien de trabajo o de empleador cuatro, cinco o más veces durante sus carreras. El hecho de que los cambios frecuentes de carrera se hayan transformado en algo normal en la sociedad moderna, hace que la educación y el conocimiento sean aún más importantes para el éxito.

Si somos tan cuidadosos como para planear el éxito en nuestras carreras, ¿por qué no somos igualmente cuidadosos para planear el éxito de nuestro matrimonio? Después de todo, invertimos años preparándonos para una carrera que puede cambiar en cualquier momento, y dedicamos muy poco tiempo a prepararnos para una relación que se supone que durará para toda la vida. Si no tenemos cuidado, podemos perder mucho tiempo preparándonos para algo equivocado. No hay nada malo en ir a la escuela para tener una educación, o planear deliberadamente el éxito para alcanzar las metas de nuestra carrera. El problema es que hay mucha gente que tiene una carrera exitosa pero fracasan en su matrimonio, porque pasan mucho tiempo en aprender cómo llevarse bien con el jefe, y nada de tiempo en aprendiendo a llevarse bien con su cónyuge. Invertimos más en la preparación para vivir que en vivir la vida efectivamente.

Como en cualquier otra iniciativa en la vida, la prosperidad del matrimonio depende de la información y el planeamiento. El matrimonio es una inversión, y el éxito es directamente proporcional a la cantidad de conocimiento y tiempo invertidos en él. El éxito no es un regalo, sino el resultado de una deliberada y cuidadosa preparación. Está directamente relacionado a la inversión: cuando invierta en tiempo y pasión, será más probable que lo logre.

Nadie que tenga la esperanza de construir una casa nueva, aborda un proyecto al azar. El éxito en tal emprendimiento demanda comprar la propiedad correcta, asegurar los servicios de un arquitecto calificado y certificar que hay suficiente financiación disponible para llevar el proyecto completo a término. Es importante planear hasta el *final* antes de comenzar, calcular el costo total y tratar de prever los problemas y las dificultades que ocurrirán a lo largo del camino.

Jesús enfatizó la importancia de este tipo de planeamiento por adelantado, cuando dijo:

> *Supongamos que alguno de ustedes quiere construir una torre. ¿Acaso no se sienta primero a calcular el costo, para ver si tiene suficiente dinero para terminarla? Si echa los cimientos y no puede terminarla, todos los que la vean comenzarán a burlarse de él, y dirán: "Este hombre ya no pudo terminar lo que comenzó a construir".*

> —LUCAS 14:28-30

A pesar de que aquí Jesús hablaba específicamente de calcular el costo de seguirlo a Él como discípulos, sus palabras nos proveen un sabio consejo con respecto a cualquier iniciativa que emprendamos. Debemos *planear* para el éxito. Debemos darle la misma atención a la construcción de un hogar que a la construcción de la casa. Muchas casas hermosas no son realmente hogares.

CONOCIMIENTO Y REVELACIÓN

El matrimonio no es diferente; se le aplica el mismo principio. Un matrimonio feliz no puede ser librado al azar. Al igual que la construcción de una casa, un matrimonio exitoso es el producto del planeamiento cuidadoso, el diseño deliberado, el uso de los materiales correctos, el buen asesoramiento y la contratación de profesionales calificados.

Muchos creyentes cometen el error de asumir que debido a que conocen al Señor y a que tienen el Espíritu Santo, un matrimonio exitoso está garantizado. Proverbios 1:7 dice: "*El temor del Señor es el principio del conocimiento; los necios desprecian la sabiduría y la disciplina*". El temor del Señor es el *lugar donde comienza* el conocimiento. No importa cuán inteligentes o educados somos, hasta que conocemos al Señor no tenemos verdadero conocimiento. Allí es donde debemos comenzar.

Uno de los ministerios del Espíritu Santo en nuestras vidas es traernos al conocimiento de la verdad. Jesús dijo: "*Pero el Consolador, el Espíritu Santo, a quien el Padre enviará en mi nombre, **les enseñará** todas las cosas y **les hará recordar** todo lo que les he dicho*" (Juan 14:26, énfasis añadido). El Espíritu Santo no puede enseñarnos si no nos sentamos para aprender, y no puede hacernos recordar algo que nunca hemos aprendido, para comenzar. Debemos ser estudiantes de La Palabra de Dios, conocer fluidamente los principios espirituales que gobiernan la vida. Sólo entonces, el Espíritu Santo podrá enseñarnos y hacernos recordar.

Cuando se trata del matrimonio, no tenemos garantía de éxito si no conocemos los principios para el éxito. No podemos esperar que el

Espíritu de Dios nos "recuerde" los principios o verdades que nunca aprendimos, en primer lugar. Si nunca aprendemos cómo comunicarnos con nuestra esposa, si nunca aprendemos cómo relacionarnos apropiadamente o cómo lidiar con los conflictos, el Espíritu Santo no tiene nada para "recordarnos". Esa es la razón por la que el conocimiento es tan importante. Al mismo tiempo, el conocimiento por sí mismo no es suficiente. El conocimiento solo, puede llevarnos a conclusiones erróneas. Cuando está iluminado por el Espíritu Santo, el conocimiento se transforma en revelación. Necesitamos la sabiduría del Espíritu que nos permita comprender apropiadamente y aplicar nuestro conocimiento.

EL CONOCIMIENTO VENCE EL ANALFABETISMO MATRIMONIAL

Uno de los más grandes desafíos que enfrentan las parejas hoy, ya sean casadas o no, es el analfabetismo matrimonial. Muchos matrimonios fracasan o fallan en alcanzar todo su potencial, porque las parejas nunca aprenden de qué se trata realmente el matrimonio. La comprensión que realmente tienen es muy inferior o está formada por la filosofía del mundo antes que por los principios de Dios, o ambas. La probabilidad de éxito aumenta enormemente cuando las ideas falsas de ignorancia son disipadas por la luz de la verdad y el conocimiento.

La relación matrimonial es una escuela, un ambiente de aprendizaje en el cual ambos participantes pueden crecer y desarrollarse con el tiempo. El matrimonio no demanda perfección, pero se le debe dar prioridad. Es una institución poblada exclusivamente por pecadores, y encuentra su gloria más grande, cuando esos pecadores la ven como el modo que Dios usa para guiarlos a través de su plan de estudios de amor y rectitud.

El matrimonio tiene el potencial de expresar el amor de Dios en su grado más completo posible sobre la Tierra. La voluntad de la pareja es un factor crítico. Una relación matrimonial expresará el amor de

Dios sólo en la medida en que ambos estén deseosos de permitir que el Señor obre realmente en ellos y a través de ellos. Este es un amor totalmente desinteresado, en el que el marido y la esposa se *"someten unos a otros, por reverencia a Cristo"* (Efesios 5:21). Se necesita que *"la esposa respete a su esposo"* (v. 33) y se *"someta a su propio esposo como al Señor"* (v. 22) y que, por su parte, el esposo *"ame también a su esposa como a sí mismo"* (v. 33), *"así como Cristo amó a la iglesia y se entregó por ella"* (v. 25). Cuando dos personas totalmente diferentes se juntan, viven y trabajan como una, y entregar desinteresadamente todo de sí mismo: amar, perdonar, comprender, y se soportan uno al otro, cualquiera que los observe desde afuera verá al menos un poco de lo que se trata el amor de Dios.

Un matrimonio cristiano es el compromiso total mutuo entre un marido y su esposa, y la entrega individual de cada uno con la persona de Jesucristo; compromiso que no está sostenido por ningún reino natural o espiritual. Es un voto de recíproca fidelidad, una sociedad de subordinación mutua. El matrimonio es uno de los procesos de refinamiento por el cual Dios da forma a hombres y mujeres para que lleguen a ser quienes Él quiere que sean.

CONSTRUIR SOBRE UN FUNDAMENTO FIRME

Para que algo tenga una naturaleza durable debe ser construido sobre un fundamento firme y sólido; en el matrimonio esto no es diferente. El único fundamento seguro de vida es La Palabra de Dios. En una de sus más famosas enseñanzas, Jesús ilustró vívidamente el peligro de intentar construir una vida sobre un fundamento inadecuado:

> *Por tanto, todo el que me oye estas palabras y las pone en práctica es como un hombre prudente que construyó su casa sobre la roca. Cayeron las lluvias, crecieron los ríos, y soplaron los vientos y azotaron aquella casa; con todo, la casa no se derrumbó porque estaba cimentada sobre la roca. Pero todo el que me oye estas palabras y no las pone en práctica es*

como un hombre insensato que construyó su casa sobre la arena. Cayeron
las lluvias, crecieron los ríos, y soplaron los vientos y azotaron aquella
casa, y ésta se derrumbó, y grande fue su ruina.

—MATEO 7:24-27

Del mismo modo que una casa edificada sobre un fundamento débil será derribada en una tormenta, el matrimonio muy difícilmente pueda sobrevivir las tempestades de la vida, a menos que esté firmemente establecido sobre la roca de los principios espirituales. Consideremos diez piedras fundamentales sobre las cuales construir un matrimonio feliz y exitoso.

1. Amor.

El amor puede ser descrito en muchas y diferentes formas, pero aquí nos ocuparemos del ágape, el amor que define la pura naturaleza de Dios. Ágape es negarse a sí mismo, brindarse, es amor que se sacrifica, del que Pablo, uno de los escritores del Nuevo Testamento, habló cuando escribió:

El amor es paciente, es bondadoso. El amor no es envidioso ni jactancioso
ni orgulloso. No se comporta con rudeza, no es egoísta, no se enoja fácil-
mente, no guarda rencor. El amor no se deleita en la maldad sino que se
regocija con la verdad. Todo lo disculpa, todo lo cree, todo lo espera, todo
lo soporta. El amor jamás se extingue.

—1 CORINTIOS 13:4-8A

El amor en el matrimonio es más que un sentimiento o una emoción; es una elección. El amor es una decisión que tomas nuevamente cada día con respecto a tu esposo. Cuando te levantas por la mañana, te acuestas por la noche o atraviesas las situaciones del día, eliges continuamente amar a ese hombre o a esa mujer con quien te casaste.

Comprender que el amor es una decisión le ayudará a mantenerse fuera de los problemas cuando llegue la tentación (y llegará). Saber que has tomado la decisión de amar a tu esposo o esposa te ayudará en aquellos momentos en los que te ha hecho enojar, o cuando mires a un atractivo compañero de trabajo en la oficina. Podrías haber contraído matrimonio con alguien más, pero ese no es el punto. El punto es que tomaste una decisión. Cuando te casaste con tu esposa, elegiste amarla y cuidarla por el resto de tu vida. Ese amor debe ser refrescado diariamente.

Una de las más importantes piedras fundamentales para un matrimonio feliz es el sacrificio de amor por el cónyuge, que elegimos renovar cada día.

2. Verdad.

La verdad es fundamental en el matrimonio. Un matrimonio que no está basado en la verdad se dirige directamente a los problemas. La fuente de verdad más importante y confiable es La Biblia, que es La Palabra de Dios, quien en sí mismo es la verdad, y el que diseñó e instituyó al matrimonio. Cada marido y cada esposa concienzudos deberían medir su matrimonio de acuerdo a los patrones de los principios encontrados en La Palabra de Dios, que no cambian. La Biblia es una guía verídica y confiable para cada área de la vida.

La veracidad entre el marido y la esposa es una parte indispensable de un matrimonio exitoso. Los intereses de ninguno de los dos estarán cumplidos si los esposos no son honestos entre ellos. La honestidad, templada y sazonada con amor, promueve un entorno de confianza.

3. Confianza.

La confianza está muy relacionada con la verdad. Si el marido y la esposa desean que su matrimonio sea feliz y exitoso, deben estar dispuestos a confiar uno en el otro implícitamente. Nada daña más a un matrimonio que la confianza quebrada. Es difícil crecer y prosperar en una atmósfera de amargura, resentimiento y sospecha. Por eso, ambos deberían tener mucho cuidado y asegurarse de no decir o hacer nada que pueda darle al otro una razón para dudar o desconfiar. La confianza permite a una pareja disfrutar de una relación caracterizada por la franqueza y la transparencia, sin secretos o "espacios cerrados", que queden escondidos o fuera de los límites del otro. La confianza es también un elemento esencial para el compromiso.

4. Compromiso.

El compromiso es una palabra que espanta a muchas personas en nuestra sociedad hoy. Tienen miedo a quedar encerrados o atados a cualquier clase de arreglo a largo plazo. Esa es la razón por la que muchos matrimonios no permanecen. Un hombre y una mujer llegan al altar del matrimonio e intercambian sus votos, pero solamente experimentan movimientos, y dan sólo palabrería al compromiso. Su idea de matrimonio es permanecer juntos hasta que el camino se hace difícil, entonces pueden separarse. Si su matrimonio "funciona", bien, y si no, bueno. Pocas personas que se casan, planean el fracaso de sus matrimonios, pero tampoco planifican específicamente para el éxito. Aquellos que no hacen planes para el éxito, están virtualmente garantizados para fallar.

El compromiso es la sangre vital del matrimonio. Parte de nuestro problema es que no entendemos la naturaleza de un convenio. El matrimonio es una clase de "convenio de sangre", y como los convenios de sangre antiguos, dura toda una vida. Un convenio de sangre no puede ser establecido ni roto en forma ligera. La violación de un convenio de sangre trae serias consecuencias. El matrimonio conlleva un compromiso tan serio como ese. Antes que nada, es un compromiso con la institución del matrimonio, y en segundo lugar, un compromiso exclusivo con esa persona que hemos elegido para amar y cuidar toda la vida.

5. Respeto.

Toda relación saludable, incluido el matrimonio, debe ser construida sobre el respeto mutuo. Respetar a alguien quiere decir valorar a esa persona, considerarla digna de alta estima. Las esposas deberían respetar a sus maridos, y estos deberían respetar a sus esposas. Una razón por la que muchos matrimonios tienen problemas, es debido a que el marido no ha aprendido a valorar a su esposa con el respeto apropiado. Muchos hombres consideran a las mujeres como un poco más que objetos sexuales, que pueden ser poseídos y usados a voluntad. Al no haber aprendido algo diferente, traen este mismo punto de vista ignorante al matrimonio.

Dios creó al hombre, masculino y femenino, a su propia imagen. Los creó iguales en cada punto significativo. Los maridos y esposas que se vean uno al otro como hechos a la imagen de Dios, nunca tendrán inconvenientes con el respeto. Quien *desea* respeto debe *mostrar* respeto hacia otros y vivir de una manera digna de respeto. Para que alguien sea respetado debe ser respetable.

6. Sumisión.

Los matrimonios saludables están edificados no sólo en el respeto mutuo sino también en la sumisión mutua. Escuchamos tan a menudo que las esposas deberían someterse a sus maridos, que olvidamos que la sumisión debe ir en ambos sentidos. *"Sométanse unos a otros, por reverencia a Cristo. Esposas, sométanse a sus propios esposos como al Señor (...) Esposos, amen a sus esposas, así como Cristo amó a la iglesia y se entregó por ella"* (Efesios 5:21-22, 25). Jesús, al entregarse a sí mismo a la muerte por amor a su Iglesia, hizo un acto de sumisión extrema. Efesios 5:25 dice que los maridos deberían amar a sus esposas de esa misma manera: un amor caracterizado por la sumisión desinteresada y sacrificada. Correctamente entendida, no hay bajeza alguna en la sumisión. Es elegida libremente, no impuesta desde afuera. Esencialmente, la sumisión es la buena voluntad de dejar de anteponer nuestros derechos y renunciar por libre decisión a nuestro continuo intento de hacer todo a nuestra propia manera. Sumisión es priorizar las necesidades, derechos y bienestar de otra persona antes que los nuestros. Un matrimonio construido en este tipo de sumisión, crecerá saludable, fuerte y completo.

7. Conocimiento.

Sería casi imposible enfatizar de más la importancia del conocimiento como un fundamento firme para el matrimonio. Muchos matrimonios se llevan mal o fracasan por la falta de conocimiento. Muchas parejas entran a la vida de casados sin tener idea de qué es o qué no es un matrimonio. Cargan con expectativas poco realistas e irrazonables de sí mismos, de sus esposos y de su relación en general. Por eso es tan importante un período previo de noviazgo y compromiso, así como es indispensable el asesoramiento prematrimonial. Las parejas que consideran casarse necesitan tiempo para conocerse y para hablar de sus sueños, deseos y expectativas. Necesitan tiempo para estudiar y aprender los fundamentos y principios espirituales para el matrimonio, que Dios ha dado en su Palabra. Con todos los recursos que están actualmente disponibles y debido a que hay tanto en juego, hoy no hay excusas para la ignorancia o el analfabetismo matrimonial.

8. Fidelidad.
La fidelidad guarda una relación directa con el compromiso y también tiene mucho que ver con la confianza. Cuando hablamos de fidelidad en el matrimonio, a menudo tenemos en mente las relaciones sexuales. Los compañeros fieles serán puros, y reservarán su expresión sexual exclusivamente para el otro. Esta es la razón por la que muchas parejas casadas, que fueron sexualmente activas antes del matrimonio, frecuentemente tienen problemas en sus relaciones. El elemento básico de la fidelidad se ha perdido. Aunque hayan hecho votos de fidelidad uno al otro, siempre hay una sombra de duda. No hace falta demasiado para que aquella sombra se transforme en una nube oscura de tormenta y cubra todo.

Sin embargo, la fidelidad matrimonial involucra más que la mera fidelidad sexual. Ser fiel a la esposa es defenderla y afirmar su belleza, inteligencia e integridad en todo tiempo, particularmente ante otras personas. Fidelidad al marido es hacer que sobresalga, edificándolo y nunca derribándolo. La fidelidad matrimonial quiere decir que la salud, felicidad, seguridad y bienestar de tu cónyuge toman el lugar más importante de todos en tu vida, exceptuando tu propia relación con el Señor.

9. Paciencia.

La paciencia es otra piedra fundamental para edificar un matrimonio feliz y exitoso. ¿Por qué? El matrimonio pone juntas a dos personas totalmente distintas, con experiencias, trasfondos, temperamentos, gustos y, a veces, aun culturas diferentes. Por causa de esas diferencias, ambos tendrán que hacer muchos ajustes en sus vidas y sus actitudes si quieren que su matrimonio prospere. Algunos golpes y moretones son inevitables en el camino. Puede ser que ella lleve su cabello en un modo que a él no le gusta. Él puede ponerla entre la espada y la pared con su hábito de dejar su ropa sucia tirada por todas partes. Pueden tener conflictos con respecto a las expectativas, la administración del dinero, el uso del tiempo libre, el sexo, los parientes, y un gran número de cosas. La clave más importante para lidiar con los conflictos y ajustes de esas diferencias es la paciencia. ¡Ambos la necesitarán en grandes cantidades!

10. Estabilidad financiera.

La estabilidad financiera es una de las piedras fundamentales que más a menudo es pasada por alto en el matrimonio. Muchas parejas jóvenes que planean casarse, piensan muy poco en la importancia de entrar al matrimonio con una base financiera bien establecida. No podría contar el número de veces que he visto esto por mí mismo. Una joven pareja viene a decirme:

—Nos gustaría casarnos.

—¿Alguno de ustedes trabaja?

—No.

—Entonces, ¿cómo esperan lograrlo?

—Estamos enamorados. Lo lograremos. El amor encontrará la forma.

El amor es ciertamente importante y crucial, pero seamos prácticos. El amor no pagará el alquiler ni pondrá comida sobre la mesa. Ajustarse a la vida matrimonial ya es suficientemente difícil y desafiante. Lo último que necesita una pareja es llegar al matrimonio con faltantes. La estabilidad financiera es uno de los más grandes faltantes. Si tienen problemas de dinero *antes* de casarse, ¿qué les hace pensar que esos problemas se irán *después* de que estén casados?

El momento para pensar sobre las finanzas es *antes* de la boda, mucho antes. Una pareja debería discutir el tema franca y honestamente y tener un claro plan financiero en su lugar, antes de tomar sus votos. Debería haber una fuente estable y seria de ingreso. Al menos, el hombre debería tener un empleo estable. Ninguna mujer, aunque tenga su propia carrera y planee continuar con su trabajo, debería casarse con un hombre que no tiene empleo. Si lo hace, es muy seguro que ella termine manteniéndolo, algo opuesto a como debería ser.

La dificultad financiera es una de las principales causas de fracaso matrimonial. *Nunca* desestime la importancia de la estabilidad financiera para un matrimonio exitoso.

COMPROBAR LOS RASGOS DE SU "CAPACIDAD MATRIMONIAL"

Además de estas piedras fundamentales, existen varios rasgos de las "capacidades matrimoniales" que deberíamos considerar: cualidades de personalidad y carácter que intensificarán la edificación de un matrimonio fuerte. Comprobaremos las siguientes y veremos en qué punto usted se encuentra. He realizado una lista con ocho rasgos.

1. Adaptabilidad. Es simplemente la capacidad de adaptarse a condiciones de cambio. No importa cuán cuidadosamente nos hemos preparado para el matrimonio, no podemos predecir todo. Las situaciones inesperadas surgirán con una molesta frecuencia, forzándonos a cambiar nuestros planes. El simple hecho de que dos personas completamente diferentes se junten como una, es ya un llamado a la flexibilidad. Sea adaptable. Espere lo inesperado. Considérelo como una oportunidad de crecer, de moverse en una dirección que de otra manera nunca habría pensado.

2. Empatía. Esto es, sensibilidad a las necesidades, heridas y deseos de otros; la capacidad de sentir con ellos y experimentar el mundo desde sus perspectivas. Muchos conflictos y malentendidos entre los esposos pueden ser evitados si simplemente intentan aumentar su capacidad de empatía el uno con el otro y caminar en sus zapatos por un rato.

3. Capacidad de trabajar en medio de problemas. Esto no es lo mismo que resolver problemas. Algunos problemas no pueden ser resueltos, pero las parejas casadas necesitan la capacidad de identificar y analizar los problemas, proponer y elegir una posible solución, y seguirla. Serán capaces de resolver la mayoría de los problemas de esta manera, y aprenderán a trabajar con aquellos que no puedan resolver. Lo importante es estar comprometidos a lidiar con los problemas, y no a huir de ellos.

4. Capacidad de dar y recibir amor. Esto no es tan fácil como suena, particularmente para la mayoría de los hombres. Dar y recibir amor es más natural para las mujeres. A los hombres, por otro lado, la sociedad les ha enseñado que ser viril o "macho" es igual a no mostrar abiertamente su lado sensible. Como resultado, muchos hombres tienen problemas para expresar sus verdaderos sentimientos. El matrimonio es un constante dar y recibir, y esto incluye la expresión del amor.

5. Estabilidad emocional. Es ser capaz de controlar nuestras emociones y no dejarlas huir de nosotros. Esto quiere decir refrenar nuestro carácter y no poner excusas para arrebatos emocionales inmaduros. La pérdida de control es humana, pero un patrón así revela un problema más profundo. Alguien que constantemente pierde los estribos y luego dice: "No puedo evitarlo", no es honesto. Si ese es *verdaderamente* el caso, entonces esa persona necesita ayuda profesional. Sin embargo, por lo general, esto no es un asunto de incapacidad, sino de no estar dispuesto. La estabilidad emocional es estar dispuesto y ser capaz de aceptar la responsabilidad de nuestros sentimientos, palabras y acciones.

6. Capacidad para comunicarse. La verdadera comunicación no es fácil, y raramente sucede. La comunicación es la capacidad de asegurar que la gente comprende no sólo lo que decimos, sino también nuestra intención. Es también la habilidad para escuchar y entender a otros. Desarrollar estos dos aspectos de la comunicación requiere mucho tiempo, paciencia y trabajo duro.

7. Similitudes entre los cónyuges. Todo matrimonio conlleva la unión de dos personas totalmente diferentes, pero deberían existir algunas similitudes también: intereses, aficiones, una fe en común, o puntos de vista políticos similares, por ejemplo. Tiene que haber algún terreno común de encuentro entre los dos.

8. Entorno familiar similar. Aunque no es un factor muy crítico (gente de diferentes trasfondos construyen matrimonios exitosos todos los días), el entorno familiar similar es siempre una ayuda. Una pareja debería comenzar un matrimonio con todas las ventajas posibles, y la similitud del entorno familiar es definitivamente una de ellas.

A pesar de ser tan importantes, las piedras fundamentales por sí mismas están incompletas. Forman meramente la base sobre la cual debe ser construida la estructura completa. Las piedras fundamentales de amor, verdad, confianza, compromiso, respeto, sumisión, conocimiento, fidelidad, paciencia y estabilidad financiera, no son fines en sí mismos. Antes bien, son bases sobre las cuales edificar y exponer la hermosa joya que llamamos matrimonio: una fusión de dos personas distintas en una sola carne, alma y espíritu. El éxito y la felicidad no son accidentales, sino el resultado y la recompensa del planeamiento deliberado, el seguimiento diligente y el crecimiento paciente.

Principios

1. El matrimonio es una inversión, y el éxito es directamente proporcional a la cantidad de conocimiento y tiempo invertidos en él.
2. Un matrimonio es el producto del planeamiento cuidadoso y el diseño deliberado.
3. Diez piedras fundamentales firmes para edificar un matrimonio exitoso:

   - Amor
   - Verdad
   - Confianza
   - Compromiso
   - Respeto
   - Sumisión
   - Conocimiento
   - Fidelidad
   - Paciencia
   - Estabilidad financiera

4. Ocho rasgos importantes de "capacidad matrimonial":

   - Adaptabilidad
   - Empatía
   - Capacidad de trabajar en medio de problemas
   - Capacidad de dar y recibir amor
   - Estabilidad emocional
   - Capacidad para comunicarse
   - Similitudes entre los cónyuges
   - Entorno familiar similar

Capítulo seis

SOLTAR LOS LAZOS
QUE NOS ATAN

Cualquier consejero con experiencia le dirá que los problemas matrimoniales superan en número a todos los problemas de relaciones y de la vida combinados. Surgen más problemas de un matrimonio que de las drogas, el crimen, temas financieros o trastornos emocionales o psicológicos. Es una señal muy seria en nuestros tiempos, que una institución tan crítica para nuestra cultura y civilización como lo es el matrimonio se encuentre en tal crisis.

Uno de los desafíos más duros que las parejas recién casadas enfrentan al ajustarse a la vida del matrimonio, es aprender a cómo relacionarse con sus padres y sus familias de origen a la luz de las nuevas circunstancias. El matrimonio causa cambios fundamentales en las relaciones que existen entre una pareja y las familias en las cuales crecieron. Muchos recién casados tienen problemas al soltar los lazos que los atan a sus padres y el modo de vivir que conocían como adultos solteros. A menudo se debaten entre su responsabilidad con su nuevo esposo y su percepción de la responsabilidad hacia sus padres. Esta tensión crea conflictos en el matrimonio, particularmente cuando a uno de los dos le resulta más difícil soltarse que al otro.

Los ajustes a la vida de casados pueden ser tan difíciles para los padres de los recién casados como para la pareja misma. A veces los padres agravan el problema al tratar de retener a sus hijos casados, al menos emocionalmente. Ya sea consciente o subconscientemente, muchos padres tratan de hacer que sus hijos se sientan culpables por intentar emanciparse. Luchan con la idea de su "bebé" que abandona el nido. Si han tenido que depender de ese hijo emocional o financieramente, temen los cambios que pueden suceder en su relación, debido a esta nueva persona en la vida de su hijo.

Más allá de la dirección de donde provenga, la confusión sobre cómo una pareja recién casada debería relacionarse con sus padres y familias, causará estrés en su matrimonio. A no ser que aprendan cómo lidiar con eso, los "lazos que atan" pueden convertirse en una soga que ahoga la vida de su relación.

EL MATRIMONIO ES LA PRINCIPAL RELACIÓN HUMANA

De acuerdo con La Biblia, la máxima y más importante relación de todas es aquella entre un individuo humano y Dios. Esta es la relación espiritual fundamental y esencial. En el reino natural, y sólo en segundo lugar después de la relación divino/humana, se encuentra la relación matrimonial entre un hombre y una mujer. La relación marido/esposa es la principal relación humana. Los problemas surgen cuando cualquiera de estas relaciones es removida de su posición de prioridad. Uno de los principales desencadenantes de problemas en la vida se da cuando la gente coloca a una persona o cosa más alto en sus prioridades, por encima de Dios o de su cónyuge.

La relación entre marido y esposa es primordial porque Dios la estableció primero como la más básica relación humana.

Entonces Dios el Señor hizo que el hombre cayera en un sueño profundo y, mientras éste dormía, le sacó una costilla y le cerró la herida. De la costilla que le había quitado al hombre, Dios el Señor hizo una mujer y se la presentó al hombre, el cual exclamó: "Ésta sí es hueso de mis huesos y carne de mi carne. Se llamará 'mujer' porque del hombre fue sacada".

Soltar los lazos que nos atan

Por eso el hombre deja a su padre y a su madre, y se une a su mujer, y los dos se funden en un solo ser.

—GÉNESIS 2:21-24

Notemos que cuando Dios creó a la raza humana, comenzó con un marido y una esposa, no con un padre y un hijo. Por el diseño de Dios, la relación marido/esposa precede y tiene prioridad sobre la relación padre/hijo. El versículo 24 dice que un hombre deja a su padre y a su madre, y se une a su mujer. La palabra "deja" sugiere un estado temporario, en tanto que la palabra "une" indica una condición permanente. En el matrimonio, la responsabilidad primaria del marido y la esposa son ellos mismos, no sus padres ni sus hermanos.

La relación de marido y mujer es fundamental, y es la llave para toda otra relación en la vida. Adán y Eva fueron marido y mujer antes de ser padres. Una razón por la que la relación matrimonial tiene prioridad sobre la relación padre/hijo, es porque el marido y la esposa hacen un convenio, prometen satisfacer las necesidades de compañerismo de cada uno para toda la vida. No existe tal convenio entre los padres y sus hijos. Los padres tienen la responsabilidad de amar y cuidar a sus hijos, y satisfacer sus necesidades físicas, emocionales y espirituales, pero esto es fundamentalmente diferente de la "unidad" que comparten como marido y esposa.

Esencialmente, la relación padre/hijo es temporaria y debe ser quebrada, mientras que la relación marido/esposa es permanente y no debe ser quebrada. Los padres deberían criar a sus hijos con el objetivo de verlos crecer hasta la madurez, hasta que sean adultos *independientes*. Cuando los hijos crecen y están por su cuenta, ocurre un cambio fundamental en su relación con sus padres. Este cambio es más pronunciado cuando los hijos se casan. Aunque los padres siempre deben ser amados, honrados y respetados, ya no tienen el lugar predominante en las vidas o las prioridades de sus hijos. Estos hijos casados tienen una nueva prioridad que tiene precedencia sobre sus padres: su cónyuge. Así es como debe ser. La relación temporaria padre/hijo da lugar a la relación permanente marido/esposa.

MATRIMONIO SIGNIFICA DEJAR EL HOGAR

En algunas culturas se acostumbra a pensar en el matrimonio como la unión de dos familias en una. El marido representa a su familia de origen, la esposa representa a la suya, y juntos, ellos y todos sus parientes, forman parte de una gran familia feliz. Tan común como sea en algunos lugares, esta mentalidad es incorrecta y no es bíblica. *El matrimonio no combina dos familias, sino que crea una tercera familia.* Cuando un marido y la esposa se unen, forman una unidad familiar distinta, separada, completa e individual, que es independiente de sus respectivas familias de origen. Por eso Génesis 2:24 dice: *"Por eso el hombre **deja a su padre y a su madre**, y se une a su mujer, y los dos se funden en un solo ser"* (énfasis añadido). En el matrimonio, un hombre y una mujer, de familias separadas, se unen para formar una tercera familia que está separada de las otras dos.

Aunque este versículo habla específicamente del marido, también incluye a la esposa. ¿Cómo puede un hombre estar unido a su mujer si ella no deja su hogar también? Sólo cuando ambos dejen a sus padres, podrán establecer exitosamente su hogar propio. Este versículo hace énfasis en el hombre porque él será la cabeza de la nueva familia, la nueva unidad de toma de decisiones establecida por este matrimonio.

Uno de los caminos más rápidos hacia el conflicto en un matrimonio, es cuando el marido tiene que competir con los padres de su esposa por la prioridad de la relación. Lo mismo le ocurre a la mujer cuyo marido tiene inconvenientes para cortar los lazos. Esta es la razón por la que la instrucción de Las Escrituras es tan fuerte y tan específica cuando dice que deben *dejar* a su padre y a su madre y unirse uno al otro.

Dejar el hogar es un principio fundamental del matrimonio. La primera instrucción fundada en La Biblia para la relación matrimonial es el mandato "dejar". Aunque el pensamiento principal es el de dejar el hogar, en la idea hay más que sólo la partida física. Cuando un hombre y una mujer se casan, deben dejar sus familias de origen no sólo física, sino también mental, financiera y emocionalmente. Esto no significa que corten toda futura conexión con sus familias, sino que sus familias no deben jugar un rol significativo en las decisiones que toman como pareja o en el modo en que edifican su hogar y matrimonio. Dejar, quiere decir, que una pareja casada no carga con sus padres ni es carga para ellos.

La palabra *dejar* implica que la familia de origen puede o no querer dejarlos ir. Muchos padres luchan con esto, y encuentran muy difícil dejar ir a sus hijos y permitirles vivir sus propias vidas como adultos maduros e independientes. Dios en su sabiduría no deja esa opción a los padres por esa razón. Cuando un hijo adulto se casa y deja el nido, dice: "Ahora estoy listo para vivir mi propia vida. He elegido a esta persona para pasar el resto de mi vida con ella. Te amo, pero tengo que tomar mis propias decisiones. No importa cómo te sientas, me voy. Tu opinión me importa, pero no puedo dejar que sea un factor determinante en lo que hago. Tengo que elegir lo que está bien para mí".

Mucha gente joven preferirá no dejar el hogar hasta tener el consentimiento de sus padres. Si bien este no es un requerimiento bíblico, ciertamente no hay nada de malo en ello. Dejar el hogar con la bendición de los padres siempre es bueno, pero está bien también dejar el hogar sin ella. La consideración principal es hacer la voluntad de Dios. Es más importante obedecer a Dios que los anhelos de los padres. Quedarse en el hogar para satisfacer sus deseos después de que Dios te ha dicho que lo dejes, es desobedecer a Dios.

CULTIVAR EL COMPAÑERISMO

Hay muchas razones por las cuales es esencial que las jóvenes parejas casadas dejen el hogar física y emocionalmente. Una de las más importantes es darles la oportunidad, desde el comienzo del matrimonio, para cultivar el compañerismo entre ellos. El compañerismo es la base para todo matrimonio exitoso. La relación padre/hijo es establecida por nacimiento o adopción, pero la relación marido/esposa es establecida por convenio, y hay una diferencia. Debido a que el matrimonio es un convenio establecido por Dios y sellado por el Espíritu Santo, se antepone a los lazos de sangre.

La sangre puede ser más espesa que el agua, pero no es más gruesa que una promesa.

En el matrimonio, nuestro esposo es más importante que cualquier otra persona en la Tierra. Después del Señor, nadie, y esto quiere decir *nadie*, debería tomar precedencia sobre nuestro marido o esposa, ya sea en nuestra atención o afecto. Deberían considerarse uno al otro delante de los padres, hermanos o cualquier otro lazo de sangre o familia. Las opiniones, deseos o demandas de los miembros de la familia ya no dominan más. Los esposos deben darse uno al otro el primer lugar. Necesitan tomarse el tiempo para estar solos juntos, llegar a conocer uno al otro no sólo como esposos y amantes, sino también como amigos y compañeros de toda la vida. El compañerismo en el matrimonio es más importante que las circunstancias de sangre o nacimiento.

Como cualquier otro esfuerzo que valga la pena, construir el compañerismo requiere paciencia, tiempo y mucho trabajo. El compañerismo debe ser cultivado. Alguien que desea tener un jardín hermoso debe estar dispuesto a tomarse el tiempo para remover y preparar la tierra, añadir el fertilizante, plantar las semillas, irrigar con cuidado, quitar las malezas con diligencia y dar atención paciente y diaria a las nuevas plantas. El compañerismo en el matrimonio debe ser nutrido con el mismo grado de cuidado. No se desarrollará de la noche a la mañana o por casualidad. Cualquier "maleza" capaz de ahogar la flor en desarrollo del compañerismo, debe ser arrancada de raíz.

Una de aquellas "malezas" que causa problemas a demasiados matrimonios, es la bien intencionada pero inapropiada interferencia de los miembros de la familia en los asuntos diarios de la vida de la pareja y la relación. Una vez que un hombre y una mujer se han casado, la única cosa que deberían recibir de sus padres es consejo y asesoramiento, y eso, *solamente* cuando ellos lo pidan. Los padres no deberían ofrecer opiniones o consejos sin ser requeridos. Hacerlo minaría el desarrollo del liderazgo y la autodeterminación de la pareja. Cuando ellos se casaron, las responsabilidades del liderazgo y toma de decisiones fueron transferidas de sus antiguos hogares al nuevo hogar que construyen juntos. Ahora les corresponde todo el liderazgo. Ellos son responsables de tomar sus propias decisiones. Parte de cultivar el compañerismo es aprender a ejercer juntos estas responsabilidades con eficacia.

¿Cuán crítico es este principio de independencia para el éxito de un nuevo matrimonio? Es tan vital, que la pareja, aun a riesgo de parecer groseros o de dañar los sentimientos, debe hacer lo que sea necesario para prevenir que sus padres u otros miembros de familia impongan sus opiniones o consejos no solicitados. Puede no ser fácil, pero es necesario para ser obediente a La Palabra de Dios.

¿DEBERÍAN LOS HIJOS MANTENER A SUS PADRES?

Muchas parejas jóvenes que comienzan sus vidas de casados, luchan al tratar de entender qué responsabilidades tienen ahora con respecto a sus padres. En Bahamas, donde yo vivo, es común que los padres esperen que sus hijos crezcan, aun aquellos casados, y los mantengan económicamente y de otras maneras, de forma progresiva. Después de todo, es correcto que los hijos "reembolsen" a sus padres, de esta manera, por criarlos y cuidarlos. Esta actitud no sólo existe en Bahamas o en el tercer mundo. A un mayor o menor grado, la encontramos en cada cultura, particularmente en familias o grupos étnicos donde los lazos generacionales tradicionales son muy fuertes.

¿Es correcta esta actitud? ¿Son responsables los hijos casados de mantener a sus padres? Para encontrar la respuesta necesitamos buscar en La Biblia, La Palabra del Dios que originalmente diseñó al matrimonio y a la familia. Consideremos lo que Pablo, el misionero cristiano, teólogo y escritor del primer siglo, tenía para decir:

Miren que por tercera vez estoy listo para visitarlos, y no les seré una carga, pues no me interesa lo que ustedes tienen sino lo que ustedes son. Después de todo, no son los hijos los que deben ahorrar para los padres, sino los padres para los hijos.

—2 CORINTIOS 12:14

Aunque en el contexto Pablo se refería a los creyentes de la iglesia de Corinto como sus "hijos" espirituales, el principio se aplica también en el reino de las relaciones de la familia humana: *"no son los hijos los que deben ahorrar para los padres, sino los padres para los hijos"*. Pablo prometió a la iglesia de Corinto que no sería una carga para ellos cuando los visitara. De la misma manera, los padres no deberían ser una carga para sus hijos ni económicamente ni en cualquier otro aspecto. Por el contrario, en el versículo dice que los padres deberían "ahorrar" para sus hijos. Los padres tienen la responsabilidad de mantener a sus hijos y de hacer todo lo que esté a su alcance, preparándoles el camino para ser adultos maduros, productivos e independientes. La verdadera independencia obra en ambos sentidos: los hijos no son dependientes de los padres, y los padres no son dependientes de los hijos.

Ajustarse a la vida de casados es suficientemente desafiante sin que la pareja sienta la presión de la culpa o la costumbre de mantener a sus padres. Necesitan libertad para constituir su propio hogar, establecer su propio presupuesto y determinar sus propias prioridades. Esto no quiere decir que no deben preocuparse por el bienestar de sus padres. Si sus padres están verdaderamente en necesidad, y si la pareja tiene la intención genuina de ayudar, está bien. Sin embargo, la decisión de ayudar debe ser una elección hecha libremente por la pareja en unidad, y no debe ser impuesta desde afuera como una costumbre o expectativa.

Al mismo tiempo, La Biblia indica que los hijos sí llevan alguna responsabilidad por el bienestar de los padres, particularmente aquellos que son viudos o no tienen modo de valerse por sí mismos. Jesús mismo, aun clavado en la cruz, lo demostró como el hijo mayor de su familia terrenal, al dejar a su madre al cuidado de Juan, su discípulo y amigo cercano (ver Juan 19:26-27). Santiago habla de la responsabilidad de los creyentes de *"atender a los huérfanos y a las viudas en sus aflicciones"* (Santiago 1:27b). Los huérfanos y las viudas representaban la clase más baja y pobre de la sociedad en aquellos días; gente que no tenía a nadie que hablara por ellos. Aunque las instrucciones de Santiago eran en un todo para la Iglesia, indudablemente algunos de aquellos huérfanos y viudas tenían hijos u otros parientes en la Iglesia.

En el quinto capítulo de 1 Timoteo, Pablo provee un consejo práctico para tratar con la situación específica que involucra a las viudas:

Reconoce debidamente a las viudas que de veras están desamparadas. Pero si una viuda tiene hijos o nietos, que éstos aprendan primero a cumplir sus obligaciones con su propia familia y correspondan así a sus padres y abuelos, porque eso agrada a Dios (...) El que no provee para los suyos, y sobre todo para los de su propia casa, ha negado la fe y es peor que un incrédulo.

—1 TIMOTEO 5:3-5, 8

La Iglesia, en este caso, tenía la responsabilidad y el ministerio de cuidar de las viudas que estaban "realmente en necesidad". Eran mujeres que, sin un marido, no tenían a nadie más que las cuidara. Muchos de esos hombres podrían haber muerto como mártires por su fe. La persecución había aumentado tan enormemente el número de viudas que necesitaban ayuda, que los recursos de la Iglesia estaban severamente agravados. Pablo dijo que la responsabilidad primaria de la Iglesia estaba con aquellas viudas que no tenían a nadie, ni aun hijos o nietos, que cuidara de ellas. Las viudas que tenían hijos o nietos en la Iglesia, eran responsabilidad de esos hijos o nietos.

En otras palabras, los hijos o nietos son responsables delante de Dios de cuidar de los padres o abuelos que, debido a la salud, indigencia u otras razones, *no pueden cuidarse solos*. Los padres que tienen salud y poseen los medios para mantenerse por sí mismos, no deben ser una carga para sus hijos. Los hijos, por otro lado, tienen la responsabilidad de proveer el bienestar de los padres que ya no pueden hacerlo por sí mismos.

ESTABLECER PARÁMETROS DE RELACIÓN

Muchos conflictos y discusiones entre la pareja y sus respectivas familias podrían ser evitados simplemente tomándose un tiempo, desde un principio, para establecer parámetros claros sobre cómo se relacionarán entre sí esas familias, y asegurándose que todos los involucrados entiendan dichos parámetros. Este es un propósito importante del período de compromiso. El compromiso no es sólo proveer un tiempo para que la pareja se conozca y planee su boda, sino para permitirles a los miembros de las dos familias involucradas que puedan conocerse también.

Durante el compromiso la pareja debe discutir a fondo sus filosofías de vida y acordar los principios que guiarán su matrimonio. Deben compartir sus sueños, identificar sus metas y planear estrategias para realizar esos sueños y metas. Deben llegar a un entendimiento mutuo con respecto al planeamiento financiero, que incluye inversiones, ahorros y presupuestos en curso del hogar. Todo lo que hace la pareja durante el período de planeamiento debe realizarse con el propósito de establecer salvaguardas que los protejan a ambos y a su matrimonio.

Es importante que los miembros de ambas familias comprendan que este matrimonio dará origen a una nueva familia, y que resultará en ciertos cambios fundamentales en el modo en que la pareja se relaciona con ellos. Veamos un par de escenarios comunes que pueden causar grandes problemas para todos, si no se manejan correctamente.

Supongamos que antes de casarse, un joven (lo llamaremos Juan) tiene un buen trabajo y ha ayudado a sus padres con sus cuentas y otros gastos. No hay nada particularmente inusual sobre este arreglo, en especial si él vivía en casa. Si sus padres han confiado en su ayuda financiera, su matrimonio, que está próximo, puede crear una crisis para ellos. ¿Qué harán? ¿Cómo lo lograrán si su hijo ya no los ayuda?

Un día, no mucho después de su boda, Juan recibe un llamado telefónico de su madre:

—Juan —dice su madre—, siempre has sido tan bueno en ayudarnos cuando lo necesitábamos. Tenemos una deuda con nuestra cuenta de luz, y estamos un poco cortos de dinero. ¿Puedes ayudarnos?

En este punto, Juan tiene tres opciones. Puede decir no, puede decir sí. O puede decir:

—Déjame hablarlo con Sara (su esposa). Tendremos que ver si podemos ajustar nuestro presupuesto.

Si Juan valora su relación con su madre, probablemente no le dirá un "no" rotundo. Si valora la paz y armonía en su matrimonio, no le dirá un "sí" inmediato. Si es inteligente, discutirá el pedido de su madre con Sara antes de tomar una decisión final. Como Juan y Sara trabajaron juntos en su plan financiero y establecieron juntos su presupuesto, necesitan decidir juntos sobre cualquier cambio en su plan. Su mayor prioridad es la fortaleza y estabilidad de su propio hogar y circunstancias. Si su presupuesto les permite ayudar a su madre con la cuenta de la luz y ambos están de acuerdo en ello, está bien. Entonces, la ayuda viene de ambos, no del "hijito de mamá". Si no es así, entonces tendrán que decirle gentil pero claramente:

—Lo siento, pero no podemos ayudar esta vez.

Cuando Juan y Sara se casaron, se convirtieron en la prioridad uno del otro. Si han establecido este arreglo entre ellos y con sus padres, evitarán muchos dolores de cabeza y sentimientos heridos.

Otro problema común que los recién casados enfrentan a veces, es cuando los padres u otras personas de la familia "entran" sin invitación y se sienten como en casa, o dan opiniones o consejos no solicitados. Hay un tiempo en el que las parejas casadas simplemente quieren estar juntos y solos; durante ese tiempo, nada aumenta el nivel de tensión tanto como el arribo inesperado de la familia.

Supongamos que la madre y la hermana de Juan llegan sin invitación. Su hermana se dirige inmediatamente al refrigerador y se sirve algo de las sobras. Su madre mira la alfombra nueva en el piso y dice:

—No me gusta esa alfombra. Pienso que debes conseguir otra.

En este punto, Juan está en un dilema. No quiere herir a su madre o a su hermana, pero Sara está de pie quieta a un lado de la habitación con mucha bronca. La hermana de Juan ha invadido su casa sin anunciarse e irrumpió en su refrigerador sin ser invitada. Lo que es aún peor, la madre de Juan ha criticado la alfombra nueva que Sara escogió, por lo que criticó a Sara y sus gustos. Una explosión potencial se está por formar.

La situación no estallará mientras la madre y la hermana de Juan estén presentes, pero lo hará después de que se hayan ido. Si Sara se queja, Juan puede ponerse a la defensiva y hacer que las cosas empeoren. Después de todo es *su* familia la que ella critica. A menos que Juan trate con el problema, el resentimiento de Sara crecerá hasta la próxima vez que vea a su madre y a su hermana, cuando "las regañe". Esto garantiza el envenenamiento de la relación de Sara con la familia de Juan.

En este tipo de desacuerdo, lo peor que se puede hacer es dejar que el compañero opuesto confronte a la familia. Lo correcto es que *Juan* le diga a su madre y a su hermana:

—No me gusta que vengan sin anunciarse. Mamá, tu comentario sobre la alfombra fue inapropiado e hirió los sentimientos de Sara. Hermana, no tienes derecho de buscar tú misma la comida cuando vienes.

Pueden enojarse y poner mala cara por un tiempo, pero al menos Juan es *familia*, y a través de la confrontación del tema con ellas por sí mismo, ha protegido a Sara y la ha corrido del foco de su angustia y resentimiento.

Estos son solo dos ejemplos de problemas comunes que involucran a las parejas casadas con sus familias, pero el principio debe estar claro.

La prioridad máxima de un marido es proteger a su esposa, y la de una esposa es proteger a su marido. Juntos están comprometidos a protegerse uno al otro, para preservar su matrimonio y cultivar el compañerismo. Soltar los lazos que atan a un marido y a la esposa con sus familias no siempre es fácil, pero es necesario. Establecer los parámetros por adelantado para soltar esos lazos, hará el proceso más fácil para todos, y dará al matrimonio una de esas ventajas que son tan importantes para el éxito.

Principios

1. La relación marido/esposa es la principal relación humana.
2. La relación de un marido y la esposa es fundamental, y es la llave para toda otra relación en la vida.
3. Dejar el hogar es un principio fundamental del matrimonio.
4. El compañerismo es la base para todo matrimonio exitoso.
5. El compañerismo en el matrimonio es más importante que las circunstancias de sangre o nacimiento.
6. Los padres que tienen salud y poseen los medios para mantenerse por sí mismos, no deben ser una carga para sus hijos. Los hijos, por otro lado, tienen la responsabilidad de proveer el bienestar de los padres que ya no pueden hacerlo por sí mismos.
7. Al comienzo del matrimonio, la pareja debe establecer parámetros claros sobre el modo en que las familias deben relacionarse entre ellas.
8. La prioridad máxima de un marido es proteger a su esposa, y la de una esposa es proteger a su marido. Juntos están comprometidos a protegerse uno al otro, para preservar su matrimonio y cultivar el compañerismo.

Capítulo siete

¡VIVA LA DIFERENCIA!

Enfrentémoslo, hombres y mujeres son diferentes. No hay duda sobre ello. Aunque las diferencias físicas obvias han sido notadas y apreciadas desde el principio, recién en la última generación, aproximadamente, las diferencias esenciales psicológicas y emocionales entre hombres y mujeres han sido identificadas y confirmadas científicamente.

El masculino y el femenino de la especie humana fueron "armados" de diferente manera. Ni piensan, ni hablan ni actúan del mismo modo en respuesta al mismo estímulo. Hombres y mujeres envían, reciben y procesan la información de manera diferente. Debido a su visión del mundo a través de "filtros" mentales y emocionales distintos, hombres y mujeres pueden mirar un mismo objeto y ver aspectos completamente disímiles. Pueden ser expuestos a la misma información y llegar a conclusiones totalmente diferentes. Pueden examinar los mismos datos y aun ser polos opuestos en su modo de interpretar esos datos.

De más está decir que esta diferencia fundamental en el modo en que los hombres y mujeres piensan y actúan, radica en el corazón de la mayor parte de los conflictos, confusiones y malentendidos que se han sucedido entre los sexos durante siglos. Los problemas de comunicación entre hombres y mujeres son tan comunes que se han hecho proverbiales. ¿Esto le suena familiar? "No la (o lo) entiendo. Cada vez que intentamos hablar, es como si estuviésemos en una sintonía diferente". Seguramente ha escuchado alguna vez a alguien decir: "¿No es como una mujer?" o "¡Actúa como un hombre!".

Como con todo lo demás, el conocimiento puede desterrar la confusión cuando de relaciones masculinas/femeninas se trata. Comprender no sólo que hombres y mujeres *son* diferentes, sino también *de qué modo* son diferentes, es vital para mejorar la comunicación y las relaciones masculinas/femeninas en todo nivel. Este conocimiento es particularmente crítico para las parejas jóvenes que quieren asegurarse de que sus matrimonios tengan las más grandes oportunidades de éxito y felicidad.

En el principio, Dios creó al hombre como un espíritu y puso ese espíritu en dos "casas" de carne y sangre: masculina y femenina. Esta unión de las "casas" masculina y femenina, es el *único* método ordenado por Dios para producir *nuevas* "casas". El propósito básico de las "casas" masculina y femenina es producir nuevas casas.

Un espíritu no tiene género. Ya sea hombre o mujer, todos los miembros de la raza humana tienen el mismo espíritu, la misma esencia. Los varones y las mujeres, sin embargo, tienen diferencias biológicas y psicológicas de acuerdo al diseño de Dios. Él hizo la casa masculina diferente de la casa femenina porque tienen distintas funciones.

Los varones y las mujeres tienen diferentes balances químicos y hormonales que causan que piensen y se comporten de maneras disímiles. Debido a la intención de Dios de poner al varón como cabeza de la unidad familiar, lo dotó química y hormonalmente para el pensamiento lógico. El varón fue "formado" para la lógica. La mujer, por otro lado, fue "formada" para dar respuestas emocionales. El balance químico y hormonal de su cuerpo la dispone a operar desde un centro basado en los sentimientos. Debido a que ambos géneros tienen ambos tipos de hormonas, masculinas y femeninas, los masculinos "lógicos" tienen un lado "emocional", y las mujeres "emocionales" tienen un lado "lógico". Sin embargo, en general, masculino y femenino ven el mundo de acuerdo al modo en que fueron formados: el género masculino, desde un centro lógico, y el género femenino, desde un centro emocional.

QUINCE DIFERENCIAS ESENCIALES

Muchos maridos y esposas sufren innecesariamente por confusión o malentendidos, y hieren los sentimientos simplemente porque no comprenden las diferencias fundamentales del otro. Consideraremos quince formas específicas en las que difieren hombres y mujeres, cada una de las cuales puede tener un profundo efecto en el modo de relacionarse entre sí, particularmente en el contexto del matrimonio. Estas quince afirmaciones no tienen la intención de poner a todos los hombres y mujeres indiscriminadamente en un grupo o el otro —siempre hay excepciones para cada regla—, pero, *generalmente*, son verdades en la mayoría de los hombres y mujeres en lo que concierne a su estructura psicológica y emocional.

1. Un hombre es un pensador lógico mientras que una mujer es una sentimental emocional.

Ser lógico quiere decir pensar de una manera razonada, organizada y ordenada. Un pensador lógico tiene una mente analítica que trabaja como una computadora, al procesar y evaluar la información en un patrón preciso y predecible. Si uno más uno es igual a dos, entonces dos, cortado en mitades es dos unos; eso es lógica. En general esa es la forma en que los hombres piensan. Buscan los hechos, y actúan de acuerdo a ellos.

Las mujeres son emocionales. Se acercan a las situaciones más desde los sentimientos que de la razón. Esto no es malo. Ser centrado emocionalmente no es ni mejor ni peor que ser lógico; sólo es diferente. Otro modo de verlo, es decir que el hombre lidera con la mente mientras que la mujer lidera con el corazón.

Aunque la lógica y la emoción puedan verse incompatibles en la superficie, en realidad, se complementan una a la otra muy bien. ¿Qué clase de mundo sería este si todos fuesen exclusivamente lógicos? La vida estaría más bien vacía, sin espíritu, sin pasión, sin fuego y con poco o nada de arte. Al mismo tiempo, la emoción sin lógica resultaría en una vida sin orden. Ambos, lógica y emoción, son necesarios, no sólo por cumplimiento, sino para la supervivencia. Esto revela lo brillante del diseño de Dios.

Aquí hay un ejemplo. Juan y Sara están de pie en su sala de estar, y Juan se da cuenta que una silla bloquea el fácil acceso al aire acondicionado. Dice:

—Ese sillón está en el camino. Tenemos que correrlo.

Piensa lógicamente. Al mismo tiempo, Sara piensa qué bien combina la silla con el sillón y las cortinas y qué hermoso luciría un jarrón de flores en la mesa baja de al lado. Ella piensa emocionalmente. Ninguno de los puntos de vista es correcto o erróneo, o mejor o peor que el otro. Sólo son diferentes. Si Juan y Sara comprenden que ven la misma situación de dos maneras diferentes, podrán llegar a un común acuerdo.

En general, los hombres son lógicos y las mujeres son emocionales.

2. Para una mujer, el lenguaje hablado es una expresión de lo que siente. Para un hombre, el lenguaje hablado es una expresión de lo que piensa.

Una mujer dice lo que está en su corazón, mientras que un hombre dice lo que hay en su mente. Esta es otra expresión de la dicotomía emoción/lógica entre las formas en que piensan hombres y mujeres. Las mujeres son sentimentales emocionales y sus palabras habladas necesitan ser entendidas desde ese marco de referencia. Los hombres son lógicos, y a menudo sus palabras no expresan adecuadamente sus verdaderos sentimientos. Ambos pueden tener pensamientos o sentimientos similares, pero lo expresarán de distinta forma. A no ser que comprendan esta diferencia, una pareja casada experimentará problemas de comunicación.

Supongamos que Juan le ha prometido a Sara recogerla a las 5:00, justo después del trabajo. A Juan se le hace tarde, y cuanto más tarde se hace, Sara se pone más furiosa. Camina de un lado a otro suda y echa humo, y ensaya en su mente el discurso que le dará a Juan cuando lo vea.

Finalmente, Juan aparece a las 6:00. Dándole a Sara una sonrisa vergonzosa, le dice:

—Hola, siento llegar tarde.

Juan realmente lo dice en serio; *lo siente* por llegar tarde. Le dice a Sara lo que piensa. Puede ser que tenga problemas para mostrar cuánto lo siente, pero al menos pensó lo suficiente para disculparse. Al ignorar las palabras de Juan, Sara se desliza sobre el asiento del acompañante, golpea la puerta y se sienta pegada a ella, tan lejos de Juan como sea posible. No dice nada mientras Juan conduce.

Después de varios minutos de completo silencio, Juan pregunta:

—¿Qué sucede?

Hasta donde él sabe, el tema terminó. Llegó tarde, se disculpó, fin de la historia. Todo el mundo tiene derecho a llegar tarde alguna vez. Ese es el pensamiento lógico en acción.

—No pasa nada —dice bruscamente Sara.

Después de varios minutos más de silencio, Juan lo intenta de nuevo.

—¿Por qué no salimos a cenar? Te llevaré a un lugar realmente lindo.

—No. No quiero salir.

Al acercarse a una florería, Juan hace otro intento:

—Sólo quiero entrar allí y conseguir unas flores.

—¿Para quién? Si me amaras tanto habrías llegado a las 5:00 como habías dicho.

En toda esta situación, Juan no debía escuchar lo que Sara decía sino escuchar cómo ella se sentía. Algunas veces cuando una persona intenta decir cómo se siente, las palabras no llegan del modo correcto. El lógico Juan necesita comprender a la emocional Sara. Al mismo tiempo, Sara necesita darse cuenta de que Juan ya ha dicho lo que estaba en su mente. Ambos tienen la responsabilidad de comprender qué es lo que hay más allá de las palabras habladas y ministrarse uno al otro.

3. El lenguaje que es escuchado por una mujer es una experiencia emocional. El lenguaje que es escuchado por un hombre es la recepción de información.

Cuando una mujer habla, aunque puede expresar lo que siente, normalmente, el hombre lo escucha como información y, a menudo, en un nivel impersonal. Cuando un hombre habla, aunque simplemente exprese lo que hay en su mente, por lo general, la mujer recibirá sus palabras a un nivel mucho más profundo, personal y emocional.

Es sencillo ver cómo los conflictos pueden desarrollarse por esta causa. Juan le ofrece a Sara salir a cenar, pero ella dice: "No. No quiero salir". Juan lo escucha como información: "Está bien, ella no quiere salir". El problema es que Sara dice lo que siente, no lo que piensa. Piensa: "Estoy tan enojada contigo. ¿Me hiciste esperar por una hora y ahora sugieres que salgamos a cenar como si nada hubiese pasado? No tan rápido, señor".

Por causa de que Juan recibe el lenguaje hablado como información, ha perdido completamente el nivel de profundidad en el que Sara se encuentra emocionalmente. Ella, por otro lado, interpreta sus palabras como superficiales, descuidadas e inadecuadas. Ambos sinceramente intentan comunicarse pero no se conectan porque no comprenden el marco de referencia del otro.

Escuchar no es lo mismo que comprender. Lo que una persona dice puede no ser lo que otra persona escucha. Es por esa razón que la comunicación es un arte. Los maridos necesitan recordar que cada palabra que digan será recibida por sus esposas como una experiencia emocional. Y las esposas deben tener en mente que cada palabra que digan será recibida por sus maridos como información. Para entenderse mejor uno al otro, ambos, maridos y esposas, deben aprender a pensar en función de cómo el otro recibe e interpreta sus palabras, y hablar de manera acorde.

4. Las mujeres tienden a tomar todo de forma personal. Los hombres tienden a tomar todo de forma impersonal.

Esta diferencia está directamente relacionada con el modo en que hombres y mujeres fueron "formados": los hombres son pensadores lógicos y las mujeres son sentimentales emocionales. Una mujer interpreta todo desde una perspectiva emocional, mientras que un hombre busca información. Juan puede advertirle a Sara:

—Cariño, no me gusta como tienes el cabello hoy.

Él imparte información, y aunque incluye el calificador "hoy", Sara no escucha eso. Todo lo que escucha es: "No me gusta cómo tienes el cabello". Lo que Juan ofrece como información, Sara lo interpreta emocionalmente, se enoja y queda herida. Como resultado, ella corre a la peluquería y tiene un corte de cabello o un nuevo peinado, todo mientras Juan se pregunta por qué Sara tiene tal reacción frente a esto. Es porque lo toma de forma personal.

Sara puede decirle a Juan:

—Esos pantalones no se ven bien en ti. No tienen una buena caída.

La respuesta de Juan puede ser:

—Está bien. Los cambiaré mañana cuando cambie la ropa.

Él ha recibido su crítica como información y la archivó fuera de su mente, como una computadora. Puede realizar alguna acción en respuesta a su comentario, pero no lo toma en forma personal.

Debido a que las mujeres tienden a tomar todo a pecho, los hombres necesitan aprender a ser cuidadosos con lo que le dicen a las mujeres y en el modo en que se lo dicen. Una mujer recordará por años una acción irritante o un comentario espontáneo. Por otro lado, por causa de que los hombres toman las cosas de forma impersonal, las mujeres deben ser cuidadosas cuando interpretan las respuestas de los hombres a lo que ellas dicen. Sólo porque un hombre no reacciona emocionalmente de la misma manera que las mujeres, no quiere decir que no tiene sentimientos o que no le interesa. Él busca información e intenta determinar un modo apropiado para responder.

5. Las mujeres están interesadas por los detalles, lo "específico". Los hombres están interesados en los principios, lo abstracto o lo filosófico.

Sara le pregunta a Juan:

—¿Cómo fue tu día?

—Bien —responde él.

Esa no es la clase de respuesta que esperaba Sara. Ella quiere escuchar el paso a paso, los detalles, momento por momento, del día de Juan. No trata de curiosear; esa es sólo su forma de pensar. La respuesta simple de Juan refleja el modo en que piensa: "Tuve un buen día, fue genial. Ahora, hagamos otra cosa". Se focaliza en el principio (tuvo un buen día), no en los detalles "específicos" (hice esto y aquello y también, etc.).

Supongamos que Juan invita a otra pareja a su casa para cenar. Se enfoca en el principio de que quiere ser hospitalario con sus amigos. Tan pronto como se lo dice a Sara, ella inmediatamente empieza a fijarse en todos los detalles. ¿Qué armaremos para cenar? ¿Qué vajilla usaremos? ¿Cómo armaremos la mesa? ¿Y esa alfombra gastada del living? Las cortinas están sucias, ¿podemos conseguir limpiarlas? ¿Y esa mancha en la pared?

Todo lo que Juan piensa es en ser un buen anfitrión para sus amigos, y en pasar una noche divertida. No se preocupa por las cortinas, la pared sucia, la alfombra gastada o la vajilla. Un principio simple para él puede ser una prueba severa de detalles para Sara.

Los líderes necesitan pensar en principios y conceptos, no en los detalles "específicos". Los gerentes y presidentes de las compañías no tienen tiempo para enfocarse en los detalles. Su responsabilidad es considerar los principios, la filosofía, hacia donde se dirige la compañía, y determinar metas. Un líder implanta una visión y dirección, y aquellos debajo del líder trabajan en los detalles para alcanzar la visión. En el diseño de Dios para el hogar, el marido establece la visión y dirección, los principios. Ese es su don, su rol. La esposa fue dotada para saber cómo llegar a concretar la visión, los detalles. Juntos son una combinación poderosa.

6. En las cosas materiales, las mujeres tienden a observar sólo las metas. Los hombres quieren saber los detalles de cómo conseguirlas.

Sara sueña con todas las diferentes cosas que le gustaría tener para ella y su familia: alguna joya nueva, un refrigerador, un automóvil nuevo, una casa. Aunque Juan puede tener los mismos sueños y deseos, no los expresa abiertamente porque, en su pensamiento lógico y analítico, se enfoca en los aspectos prácticos y en los desafíos de esos sueños. ¿Cómo haremos esto? ¿Dónde conseguiremos el dinero? ¿Nuestro presupuesto nos permitirá comprar un refrigerador nuevo ahora? ¿Tenemos los medios para comprar un nuevo automóvil?

Es sencillo ver cómo esto puede crear conflictos y malentendidos en un matrimonio. Sara se molesta y se enoja porque a Juan parece no compartir su sueño con el mismo nivel de entusiasmo que ella. En su opinión, él arrastra los pies como si no le importara realmente si logran realizar sus sueños o no. Al mismo tiempo, Juan está frustrado con Sara, porque ella parece no entender la realidad económica. "¿Qué sucede con esta mujer? ¿Piensa que el dinero crece de los árboles?". No es que Juan no comparta los sueños de Sara; está preocupado con los detalles prácticos de cómo hacer que aquellos sueños se hagan realidad.

En las cosas materiales las mujeres se preocupan por las metas, y los hombres se preocupan por cómo conseguirlas. Para decirlo de otra forma, las mujeres se fijan en qué y los hombres en cómo.

7. En las cosas espirituales o intangibles, los hombres se fijan en las metas. Las mujeres quieren saber cómo conseguirlas.

En el reino espiritual, los hombres se enfocan en los objetivos mientras las mujeres quieren saber los detalles. Una vez más, esta diferencia entre hombres y mujeres es parte del diseño de Dios. Espiritualmente, se espera que el marido sea la cabeza del hogar, y por eso necesita conocer la dirección, los objetivos y metas para el crecimiento y desarrollo espiritual de la familia. La esposa está interesada en los detalles, las especificaciones de cómo llegarán a cumplir con aquellas metas espirituales. Es exactamente lo opuesto que en el reino material. En este caso, los hombres se enfocan en qué, y las mujeres en cómo.

Juan le dice a Sara que su objetivo como familia es crecer cerca del Señor. Esa es la visión, el principio. Sara pregunta:

—¿Cómo?

Juan propone:

—Oraremos uno con el otro y con los niños cada mañana antes de trabajar, y una hora de estudio bíblico juntos cada noche.

Este es un buen plan y tendrá fruto a medida que lo sigan. Si Juan llega a un punto en el que no siga el plan, Sara estará frustrada.

El fracaso del hombre en tomar y mantener el liderazgo espiritual en su hogar y matrimonio, es uno de los problemas más grandes de la familia de hoy. Incontables mujeres se han visto forzadas por omisión a asumir el liderazgo espiritual en sus hogares porque sus maridos no podían o no querían tomar ese rol. Así no es como debería ser. Las esposas pueden ser de gran valor al planear las especificaciones para lograr las metas espirituales del matrimonio y la familia, pero el marido debe ser el visionario, el que determina la dirección y establece el paso.

8. La mente de un hombre es semejante a un gabinete de archivo. La mente de una mujer es semejante a una computadora.

Muéstrele a un hombre un problema o una tarea que necesita ser hecha, y él tomará la información, la archivará en su mente, cerrará el cajón y tratará con ella cuando pueda. Mientras tanto, continuará con otras cosas. Una mujer identificará el problema o tarea y, como una computadora que está encendida todo el tiempo, no se relajará hasta que el problema esté resuelto o la tarea completada.

Sara viene y le dice a Juan:

—Las paredes del baño necesitan ser pintadas.

Juan responde:

—Está bien. —Y archiva la información.

No lo olvida, sino que espera un mejor o más apropiado momento para hacerlo. Hasta donde a Juan le concierne, este asunto está en espera. Sara identificó la tarea, se la pasó a Juan, y él ha procesado la información. Él *lo hará*.

Pasan dos días. Sara dice:

—Las paredes del baño aún necesitan ser pintadas.

Su mente no descansará con este asunto hasta que el trabajo esté hecho. Juan, sin embargo, está un poco molesto por su recordatorio.

—Lo sé. No lo olvidé. Lo haré. Sólo dame algo de tiempo.

Una esposa debe ser sensible al modo de pensar de su esposo, similar a un "gabinete de archivo", y darle espacio para hacer las cosas que él ha dicho que hará. Un marido, por otro lado, debe ser sensible al modo en el que trabaja la mente de su esposa, y tratar de responder, en lo posible, en tiempo y forma. Esto implica dar y tomar en una cantidad justa para ambos.

9. El hogar de una mujer es una extensión de su personalidad. El trabajo de un hombre es una extensión de su personalidad.

Es fácil para una mujer estar inmersa en los asuntos de su hogar y que su marido no entienda por qué, y para un hombre, estar al corriente con su trabajo y que su esposa se quede igualmente perpleja.

Una mujer puede tener un empleo por años y nunca estar vinculada con su trabajo. Es diferente con el hombre. Su empleo se convierte en parte de él, una parte de su propia identidad. La carrera de un hombre es una extensión de su personalidad. La mujer puede desprenderse de su trabajo e introducirse en su hogar. Un hombre siempre traerá su trabajo a casa, si no físicamente, al menos en su mente y actitud. El empleo de Juan es para él un símbolo de su hombría, su dignidad propia y su habilidad para proveer a Sara y sus hijos. Sara debe ser sensible con esto y cuidar de no reprender o despreciar nunca a Juan con respecto a su trabajo. Si critica su carrera o su trabajo, lo critica a él.

De la misma manera, el hogar de una mujer es una extensión de su personalidad. Cualquier cosa que ataña al hogar de una mujer, le atañe a ella, porque su hogar representa quién es y cómo se ve a sí misma. Por esta razón la mujer normalmente es muy sensible sobre la condición y la apariencia de su hogar. Con demasiada frecuencia, los hombres no comprenden esto adecuadamente. No aprecian cabalmente cuán importantes son los aspectos físicos de su residencia para el sentido de orgullo y autoestima de sus esposas. Cuando una mujer habla de su casa, habla de sí misma. Si Sara le dice a Juan que necesitan cortinas nuevas para el living, él tiene que ser sensible a lo que ella dice en realidad. Las cortinas pueden verse bien para él, pero Sara puede ver cosas que él no ve. Por el bien de su esposa, Juan necesita aprender a ver su casa a través de los ojos de Sara, no sólo los suyos.

10. Los hombres pueden ser nómades. Las mujeres necesitan seguridad y raíces.

Una mujer necesita reasegurarse constantemente de que se encuentra aferrada y segura en su relación matrimonial. Precisa sentirse afirmada como la persona más importante en la vida de su marido. Él debe decirle a menudo y en forma regular que la ama. No es suficiente que él asuma que ya lo sabe; ella necesita escucharlo. No quiere decir que no cree o no confía en su marido, es la forma en que fue hecha. Un hombre no precisa el mismo tipo de caricia emocional que la mujer.

Un hombre es como un camello, porque puede tomar un "trago" y andar por mucho tiempo. Una mujer es parecida al ciervo del Salmo 42:1, *"jadeante en busca del agua"*. Necesita un "trago" más seguido. Por causa de su naturaleza nómada, usualmente a los hombres les resulta más sencillo valerse por sí mismos que a las mujeres. A menudo las esposas tienen dificultades para comprender que hay un tiempo en que sus maridos simplemente quieren estar solos por un rato. Si una esposa está insegura, aunque sea en una mínima parte, en su relación con su marido, puede leer esto como un rechazo o como un signo de que ella ya no lo satisface. Por esta razón él tiene que ser sensible y cuidadoso, y asegurarle una y otra vez su amor a través de sus palabras y sus acciones. Esa reafirmación constante le trae seguridad.

La mayoría de los hombres pueden quitar las estacas y cambiar de sitio fácilmente, pero las mujeres necesitan raíces. Quieren asentarse. Es fácil para un hombre levantarse y cambiar, pero no es tan sencillo para una mujer, porque ella es sentimental emocional y se conecta más a los lugares, sitios y cosas que el hombre. Con esto en mente, un marido tiene que ser consciente de que no puede simplemente levantarse y trasladarse sin considerar la necesidad de su esposa de la seguridad de "asentarse".

11. Las mujeres tienden a ser propensas a la culpa. Los hombres tienden a ser resentidos.

Debido a su base centrada en la emoción, una mujer es propensa a culparse a sí misma y tomar responsabilidad por cualquier cosa que salga mal en una relación, aun si no es realmente una falla suya. Algunas veces, ensayará una y otra vez en su cabeza una lista de razones por qué culparse. Muchas mujeres andan todo el día bajo una nube de culpa que, bastante a menudo, ellas mismas han colocado allí, y que por lo general son injustificadas. Cuando surgen problemas en sus relaciones, las mujeres tienden a cuestionarse a sí mismas. "¿Qué dije para que él se moleste? ¿Qué podría haber hecho para evitar que peleemos?". Muchas veces no es culpa de las mujeres, pero ellas igualmente tienen inconvenientes para aceptarlo.

Un hombre es diferente. Cuando algo va mal en la relación, se resentirá con la mujer o aun con otro hombre antes de reconocer su propia responsabilidad. Muchos hombres harán casi cualquier cosa para evitar llevar ese sentimiento de culpa personal. Preferirían dar un golpe violento en su enojo antes que aceptar la culpa.

Estas dos respuestas son opuestas y se alimentan una de la otra. El hombre se rehusará a aceptar su culpa mientras que la mujer tomará para sí misma aun las culpas que no le corresponden. Entonces, ella se transforma en el objeto del resentimiento y enojo del hombre, un objetivo fácil para representar su rencor contra la culpa que él se rehúsa a llevar. Los matrimonios tienen que estar muy atentos y ser cautelosos con estas tendencias, porque pueden destruir una relación más rápidamente que casi cualquier otra cosa.

12. Los hombres son estables y nivelados. Las mujeres siempre cambian.

Una vez más, esta diferencia entre hombres y mujeres es debido a los balances químicos y hormonales específicos en sus cuerpos y al marco de referencia particular, lógico o emocional, desde el que operan. Muchos hombres dirían que pocas cosas los irritan tanto como una mujer que siempre cambia su parecer. Las mujeres, por otra parte, argumentarían que los hombres a menudo parecen estar despreocupados, imperturbables, aun fríos o insensibles, sin importarles lo que suceda. Esta es principalmente una diferencia de perspectiva.

En general, un hombre puede tomar una decisión y apegarse a ella, incluso al punto de la obstinación. Una mujer puede decirle una cosa, y entonces, pocos minutos más tarde, decir:

—Cambié de opinión.

Ningún rasgo es mejor o peor que el otro; meramente revelan la diferente manera en que trabajan los procesos mentales del hombre y la mujer.

Supongamos que Juan y Sara se preparan para ir a un banquete. Juan escoge su traje gris y se viste. Ahora espera mientras Sara se prueba primero su vestido azul, luego el vestido rojo, entonces el color lavanda... y finalmente se queda con el vestido azul que se probó primero. Al igual que su hogar, las prendas de Sara son una declaración personal. Todo tiene que ser perfecto, tiene que verse del modo correcto. Todo ese tiempo Juan se mueve de un lado a otro y piensa: "Escoge algo, por favor, y ¡vamos!". Mientras que su traje esté limpio y su corbata planchada, él está bien.

Otra manera de ver esta diferencia es decir que los hombres son más estables o inalterables, mientras que las mujeres son más espontáneas. Estabilidad y espontaneidad: ambas son importantes para una relación saludable y satisfactoria. La estabilidad provee la base necesaria, mientras la espontaneidad inyecta una sana dosis de aventura.

13. Las mujeres tienden a involucrarse más fácil y rápidamente que los hombres. Los hombres tienden a quedarse atrás y evaluar antes de involucrarse.

Por cuanto están centradas emocionalmente, las mujeres son más aptas que los hombres para involucrarse rápidamente en una causa, movimiento o proyecto. Tienden a conducirse con su corazón. Ven una necesidad o reconocen una causa noble o digna que toca sus corazones, y allí van. Sin embargo, los hombres, que se manejan con la lógica, operan con sus mentes y tienden a mantenerse a distancia y aparte: observan y evaluan con cuidado antes de comprometerse. Debido a su foco lógico, los hombres tienden a ser escépticos y deben analizar algo en cada dirección, antes de unírseles. Aunque puede tomarle al hombre más tiempo llegar, una vez que toma una decisión, cada parte de él se compromete al igual que una mujer. Hombres y mujeres pueden tomar diferentes caminos, pero en algún momento llegarán al mismo destino.

Aquí vemos nuevamente revelado el genial diseño de Dios. La razón y la emoción se complementan mutuamente. Juntas traen integridad a la vida y a la fe. La lógica sin pasión es seca, rígida y sin vida. La pasión sin lógica carece de orden y estabilidad. Las parejas casadas que comprenden y aprecian la interrelación de la lógica y la emoción, tienen muy altas probabilidades de construir un matrimonio estable, caracterizado por la fortaleza, el amor y el apasionado sabor de la vida.

14. Los hombres necesitan que les recuerden una y otra vez. Las mujeres nunca olvidan.

La mente de un hombre es como un gabinete de archivo; cualquier cosa que se le haya dicho ha sido archivada para ser recuperada más tarde. Debido a que no actúa en forma inmediata, no quiere decir que haya olvidado o ignorado lo que se le dijo. Simplemente lo archivó. Por esa razón, muy a menudo, parece que el hombre necesita que le digan o recuerden una y otra vez. La mente de una mujer es como una computadora que nunca olvida nada, pero siempre está lista para la memoria inmediata en demanda. Las mujeres nunca olvidan nada de lo que le dicen a un hombre o de lo que un hombre les dice a ellas, y también se aseguran de que él no lo olvide.

Cualquiera de estas cualidades puede ser negativa o positiva dependiendo de la situación. Debido a que tienden a recibir todo de modo impersonal, los hombres son más aptos para pasar por alto u olvidar comentarios de menosprecio hechos entre ellos. Generalmente, son menos propensos a mantener un rencor. Sin embargo, por el lado negativo, este "olvido" puede hacer que se vuelvan terriblemente insensibles e indiferentes con las necesidades de sus mujeres y niños.

Debido a que una mujer recibe todo emocionalmente y guarda las palabras y sentimientos cerca de su corazón, es naturalmente más sensible y perceptiva con las necesidades que ve a su alrededor. El lado malo es que la tendencia de una mujer a recordar todo y tomarse todo de manera personal, puede hacer que dé lugar a un daño, un insulto o una ofensa, y que la herida se cultive durante semanas, meses y aun años, creando una tensión continua, enojo y angustia.

¿Cómo pueden maridos y esposas tratar con estas diferencias de forma efectiva en su relación? Los maridos deben ser cuidadosos en lo que dicen y en cómo lo dicen, y recordar el sabio consejo del libro de Proverbios: *"La respuesta amable calma el enojo, pero la agresiva echa leña al fuego"* (Proverbios 15:1). Las esposas deberían atenuar sus recordatorios con la gracia, conforme a las palabras de Pablo: *"[El amor] no se enoja fácilmente, no guarda rencor"* (1 Corintios 13:5b).

15. Los hombres tienden a recordar la idea esencial de las cosas antes que los detalles. Las mujeres tienden a recordar los detalles y a veces distorsionan la idea esencial.

Esto es semejante a la antigua controversia de "él dijo, ella dijo". Los hombres tienden a recordar conversaciones o acontecimientos con una descripción general, mientras que las mujeres recuerdan detalles específicos con la precisión de un láser. Las mujeres a veces acusan a los hombres de eludir el compromiso que ellos dijeron que tomarían, cuando en realidad los hombres simplemente no pueden recordar los datos concretos de la conversación. Los hombres son claros sobre la idea esencial que fue dicha, pero los detalles son menos importantes. Las mujeres son filosas con los detalles, pero a veces no son tan claras al recordar la idea esencial.

Ambas tendencias pueden distorsionar la verdad. El recuerdo de la idea esencial sin los detalles, se asemeja a querer describir a un elefante apenas visto en medio de la niebla: "Todo lo que sé es que era grande". La fijación en los detalles es como si cuatro personas, en una habitación, con los ojos vendados, trataran de describir aquel mismo elefante sólo habiéndolo tocado. Uno toca la pierna, otro el tronco, el tercero la cola y el cuarto una oreja. Sus descripciones serán bien diferentes una de la otra.

Esta diferencia en la manera de recordar, entre hombres y mujeres, es una de las causas básicas de los problemas de comunicación entre ellos. Sara le recuerda a Juan sobre una conversación previa y él admite:

—Sí, creo que dije algo así.

—No —responde Sara—, eso es *exactamente* lo que dijiste.

—Bueno, eso no es lo que quise decir.

—Tal vez no, pero es lo que dijiste.

Juan recuerda la esencia de la conversación y Sara recuerda lo específico. Esta clase de confusión en la comunicación se encuentra bastante bien resumida en la siguiente declaración: "Sé que crees que entiendes lo que piensas que dije, pero yo no estoy seguro de que te des cuenta que aquello que escuchaste no es lo que quise decir".

Como siempre, la paciencia y la comprensión tienen un camino largo para relevar la tensión y el estrés creado por las diferencias naturales que distinguen a hombres y mujeres y el modo en que ellos piensan.

Un reclamo común en los problemas de relación masculino/femenino es: "Tú no me comprendes" o, en otras palabras, "Tú quieres que yo sea como tú". Ese simplemente no es el modo en que son las cosas, y no deberíamos desearlo de otra manera. Los hombres y mujeres son diferentes, y agradezcan a Dios que así es.

Un marido no debería esperar o desear que su esposa comience a pensar de manera lógica y analíticamente centrada como él lo hace. De la misma forma, una esposa no debería procurar que su marido vea las cosas por su marco emocional. Ambos deberían aprender a valorar y a celebrar las diferencias vitales que Dios ha incorporado en cada género de la criatura llamada *hombre*.

Miremos cómo aquellas diferencias se complementan una a la otra. Un mundo de lógica sin sentimientos sería un mundo poblado por computadoras sin mente y sin corazón. Dios no creó computadoras. Él creó al hombre, varón y mujer, y los dotó con todas las cualidades, variadas y complementarias, que son necesarias para una vida rica y completa.

Los hombres y mujeres no son los mismos, y por una buena razón. ¡Celebre la diferencia!

Principios

1. Un hombre es un pensador lógico mientras que una mujer es una sentimental emocional.
2. El lenguaje hablado de una mujer es una expresión de lo que siente. Para un hombre, es una expresión de lo que piensa.
3. El lenguaje que es escuchado por una mujer es una experiencia emocional. El lenguaje que es escuchado por un hombre es la recepción de información.
4. Las mujeres tienden a tomar todo de forma personal. Los hombres tienden a tomar todo de forma impersonal.
5. Las mujeres están interesadas por los detalles, lo "específico", los hombres en los principios, lo abstracto o lo filosófico.
6. En las cosas materiales, las mujeres tienden a observar sólo las metas. Los hombres quieren saber los detalles de cómo conseguirlas.
7. En las cosas espirituales o intangibles, los hombres se fijan en las metas, las mujeres quieren saber cómo conseguirlas.
8. La mente de un hombre es semejante a un gabinete de archivo. La mente de una mujer es semejante a una computadora.
9. El hogar de una mujer es una extensión de su personalidad. El trabajo de un hombre es una extensión de su personalidad.
10. Los hombres pueden ser nómadas. Las mujeres necesitan seguridad y raíces.
11. Las mujeres tienden a ser propensas a la culpa. Los hombres tienden a ser resentidos.
12. Las mujeres tienden a involucrarse más fácil y rápidamente que los hombres. Los hombres tienden a quedarse atrás y evaluar antes de involucrarse.
13. Los hombres necesitan que les recuerden una y otra vez. Las mujeres nunca olvidan.

Capítulo ocho

AMISTAD: LA RELACIÓN MÁS IMPORTANTE DE TODAS

La relación marido/esposa es la más antigua y preeminente de todas las relaciones humanas. Es anterior y va más allá de cualquier otra relación, incluidos padres/hijos, madre/hija, padre/hijo y hermana/hermano. Ninguna relación debería ser más cercana, más personal, o más íntima que aquella que existe entre un marido y su esposa. Dicha intimidad involucra no solo amor, sino también conocimiento. Marido y esposa deberían conocerse uno al otro mejor de lo que conocen a cualquier otra persona en el mundo. Deberían conocer los gustos de cada uno, sus caprichos favoritos y rencores, sus fortalezas y debilidades, sus cualidades buenas y malas, sus dones y talentos, sus prejuicios y puntos ciegos, sus virtudes y sus defectos de carácter. Es decir, un marido y su esposa deberían saber todo el uno sobre el otro, aun aquellos rasgos indeseables que ocultan de todos los demás.

Este tipo de conocimiento no es automático. No sucede simplemente porque dos personas contraen matrimonio. La relación no garantiza el conocimiento. Uno de los inconvenientes más grandes en el matrimonio o en cualquier otra relación, tiene que ver con las etiquetas que utilizamos. Palabras como "marido" y "esposa", "madre" e "hija, "hermana" y "hermano", o "padre" e "hijo", describen varias conexiones relacionales dentro de la familia. También implican un conocimiento o intimidad que puede o no existir.

Por ejemplo, podemos asumir que una madre y una hija realmente se conocen, simplemente porque sus "etiquetas" implican una relación cercana. Ciertamente una madre conoce a su hija, y una hija a su madre. Esto no necesariamente es así. Lo mismo puede decirse de otras conexiones relacionales. Si yo te llamo a ti mi hermano o hermana, implico que ya te conozco. Asumo que, porque estamos relacionados, no es necesario que pasemos tiempo juntos para tratar de conocernos el uno al otro.

Las etiquetas que implican conocimiento por cercanía e intimidad, en realidad, pueden obstruir la construcción de una relación verdadera. Un marido y su esposa pueden asumir que se conocen uno al otro simplemente porque están casados. Como resultado, podrían no hacer nada más que rasguñar la superficie, y nunca descender a la profundidad de las personalidades de cada uno para ganar un verdadero conocimiento y construir una relación profunda e íntima.

El matrimonio es un viaje de toda la vida a la intimidad, pero también a la amistad. Un marido y su esposa deberían ser el mejor amigo uno del otro. No hay una relación más importante. Después de todo, ¿quién nos conoce mejor que nuestro amigo? La mayoría de nosotros le expresamos a nuestros amigos cosas sobre nosotros que ni siquiera decimos a nuestras familias. Maridos y esposas no deberían tener secretos para con el otro. A medida que su relación se desarrolla, deben crecer como verdaderos amigos, saber todo lo que hay que saber sobre el otro, bueno y malo, y, con todo, aun así amarse y aceptarse mutuamente.

YA NO MÁS SIERVOS, SINO AMIGOS

Desde el punto de vista bíblico, la más importante relación de todas es la del "amigo". No podría haberse dado un testimonio de vida más grande para un personaje bíblico, que decir que era "amigo de Dios". A Abraham le iba la descripción: *"Le creyó Abraham a Dios, y esto se le tomó en cuenta como justicia', y fue llamado amigo de Dios"* (Santiago 2:23b). Moisés fue otro que conoció a Dios como amigo: *"Y hablaba el Señor con Moisés cara a cara, como quien habla con un amigo"* (Éxodo 33:11a). David, el segundo rey de Israel, era conocido como un hombre conforme al corazón de Dios (ver 1 Samuel 13:14). Esta era otra manera de decir que David era amigo de Dios.

Jesús, en sus enseñanzas, dejó en claro el alto lugar de la amistad. En el capítulo 15 del Evangelio de Juan, después de decirles a sus seguidores que la intimidad con Él era similar a la que existe entre las ramas de la vid, Jesús relacionó aquella intimidad con la amistad.

> *Y éste es mi mandamiento: que se amen los unos a los otros, como yo los he amado. Nadie tiene amor más grande que el dar la vida por sus amigos. Ustedes son mis amigos si hacen lo que yo les mando. Ya no los llamo siervos, porque el siervo no está al tanto de lo que hace su amo; los he llamado amigos, porque todo lo que a mi Padre le oí decir se lo he dado a conocer a ustedes.*
>
> —JUAN 15:12-15

En estos versículos, Jesús anuncia que su relación con sus seguidores entra en una nueva dirección, se eleva a un nivel más alto. Un cambio fundamental ocurre en la manera como se relacionan entre ellos. Al comenzar por el mandato de "amarse unos a otros", Jesús describe ese amor, y declara que el amor más grande de todos es cuando una persona se ofrece voluntariamente a "dar su vida por sus amigos". Jesús demostraría esa clase de amor al día siguiente cuando fue a la cruz. Es significativo que Jesús diga "amigos" aquí en vez de "familia". Existe una cualidad para la verdadera amistad que trasciende y se eleva aun sobre los lazos de las relaciones familiares. En el Antiguo Testamento, David, el futuro rey de Israel, y Jonatán, el hijo de Saúl, el actual rey, disfrutaban de una amistad que era más profunda que la familia. Aun cuando Saúl procuraba matar a David, Jonatán lo protegió porque *"entabló con David una amistad entrañable y llegó a quererlo como a sí mismo"* (1 Samuel 18:1b).

Luego, Jesús establece la nueva y más profunda naturaleza de la relación: *"Ustedes son mis amigos si hacen lo que yo les mando"* (Juan

15:14). La obediencia es la prueba de la amistad con Jesús; es también una prueba de amor. Jesús no busca obediencia basada en una obligación como la que le rendiría un siervo, sino, obediencia basada en el amor, que crece en un contexto de amistad. La primera clase de obediencia es impuesta desde afuera, mientras que la segunda clase es escogida libremente. Hay un mundo de diferencia entre las dos.

En el resto del pasaje, Jesús presenta un contraste claro y agudo entre el antiguo y el nuevo modo en que Él y sus seguidores se relacionarán. *"Ya no los llamo siervos, porque el siervo no está al tanto de lo que hace su amo; los he llamado amigos, porque todo lo que a mi Padre le oí decir se lo he dado a conocer a ustedes"* (Juan 15:15). Los siervos no tenían libertad de elección. No podían ejercitar su propia voluntad, pero estaban obligados a hacer la voluntad de su amo. Raras veces estaban al tanto de los aspectos profundos e íntimos de la vida de la casa de su amo o de su familia. Aunque vivían, trabajaban, comían y dormían en la casa de su amo, no conocían nada de sus negocios. Era diferente con la familia y los amigos. Ellos eran privilegiados, podían caminar en su círculo íntimo y compartir las dimensiones más personales de su vida.

Jesús dijo: *"Ya no los llamo siervos (...) los he llamado amigos..."*. Él les decía a sus seguidores: "No quiero el tipo de relación en que ustedes están comprometidos conmigo por obligación. No más una mentalidad de esclavo. Ustedes son mis amigos, y yo comparto todo con mis amigos, todo lo que he aprendido de mi Padre".

¿A qué hacía alusión Jesús cuando dijo: *"todo lo que a mi Padre le oí decir se lo he dado a conocer a ustedes"*? ¿Qué dijo Jesús a sus discípulos, sus amigos y seguidores más cercanos, que no reveló a nadie más? Abrió su corazón y su alma con ellos. No les ocultó nada. Jesús habló a multitudes en parábolas pero, más tarde, en privado con sus amigos, explicó todo claramente y con gran detalle (ver Marcos 4:33-34). Vivió y trabajó íntimamente con ellos durante tres años, instruyéndolos y preparándolos para seguir cuando Él ya no estuviera con ellos.

Una característica importante de los amigos es que comparten todo el uno con el otro, bueno o malo, feliz o triste. Esta cualidad es la que aparta a los amigos de los conocidos y, a menudo, a los amigos de los miembros de la familia. Desde sus primeros días juntos, Jesús compartió con sus amigos todas las cosas malas o no placenteras que vendrían, por causa de su amistad. Les dijo que sería traicionado, arrestado, golpeado, azotado, y su barba arrancada. Sería crucificado, moriría y sería sepultado, y en el tercer día se levantaría de la muerte. Jesús informó a sus discípulos esto, porque por su amistad con Él, serían odiados, despreciados, perseguidos y aun muertos. También les aseguró que estaría presente con ellos siempre, y que vivirían y caminarían en su poder y autoridad. Jesús no les ocultó nada. No dejó ningún hueco y no restringió sus palabras. Esta clase de apertura y transparencia es la marca de la verdadera amistad.

LOS AMIGOS SON ABIERTOS Y HONESTOS UNOS CON OTROS

Jesús deseaba que sus amigos supieran todo esto por adelantado para que, cuando estas cosas se llevasen a cabo, estuvieran preparados. *"Todo esto les he dicho para que no flaquee su fe (...) Y les digo esto para que cuando llegue ese día se acuerden de que ya se lo había advertido"* (Juan 16:1, 4a). Él no quería que los tomase por sorpresa.

Esto ilustra una importante verdad: los amigos son abiertos y honestos uno con el otro. Este principio, en ningún otro lugar es más importante que en la relación matrimonial. Uno de los problemas más grandes en muchos matrimonios, es que el marido y la esposa tienen inconvenientes para relacionarse entre sí como amigos. Son más parecidos a "siervos" que a amigos, más parecidos a hermano y hermana que a marido y esposa. Abrirse el uno al otro es tan difícil como abrirse a la familia o a un conocido casual. La mayoría de las personas no comparten su ser más íntimo con sus padres o hermanos. No hablan sinceramente sobre sus más grandes sueños o sus más profundos temores, sus grandes virtudes o sus peores defectos. Sin embargo, revelarán estas cosas a sus amigos. La amistad entre el marido y la esposa, con su honestidad y apertura características, es absolutamente esencial para un matrimonio feliz, exitoso y próspero.

Muchas parejas entran a la vida de casados sin haberse dicho todo el uno al otro. De alguna manera esto puede esperarse. Es imposible ser completamente abierto y sincero desde el principio, porque algunas cosas surgirán sólo a medida que la relación crece con el tiempo. No obstante, una pareja debería conocerse todo lo posible, lo bueno y lo malo, antes de ponerse de pie frente al altar del matrimonio.

El período de noviazgo y compromiso es muy valioso para este propósito. Sin embargo, muy a menudo, el hombre y la mujer enfocarán su atención en tener siempre la mejor conducta con el otro, para revelar sólo su lado bueno. Por el miedo de poner en peligro la relación con su compañero, irán de puntillas al atravesar los problemas y evitarán cualquier mención de idiosincrasias o hábitos molestos que puedan observar el uno en el otro. A menos que aprendan a ser honestos con el otro en esta etapa de su relación, estarán dirigiéndose a un abrupto despertar más tarde, cuando, después de casarse, estas cosas inevitablemente salgan a la luz.

Por ejemplo, si Juan tiene inconvenientes con su temperamento, debe ser honesto con Sara sobre ello, y mejor serlo ahora que después. "Realmente lucho con mi carácter. Me salgo de mis casillas fácilmente. El Señor trabaja conmigo sobre ello, pero todavía tengo un largo camino. Solamente quise decírtelo para que cuando mi carácter se encienda, me perdones y no lo tomes como algo personal". De esta manera, Sara estará preparada para la primera vez que Juan se brote.

Sara puede luchar con sus sentimientos de celos o tender a ser hipercrítica con otras personas. Si es frontal y franca con Juan sobre esto, pueden detener cualquier malentendido antes de que comience. Juntos pueden trabajar en los problemas y ayudarse mutuamente a crecer por medio de ellos y trascenderlos.

Obviamente, cada pareja debe sentirse cómoda al estar juntos para que esta clase de honestidad se desarrolle. Crear tal atmósfera relajada depende en gran manera del respeto y confianza mutuos. Si bien ambas cualidades crecen del amor, también lo nutren y alimentan. En la Biblia, la amistad y el amor están estrechamente vinculados. *"En todo tiempo ama el amigo; para ayudar en la adversidad nació el hermano"* (Proverbios 17:17). *"Hay amigos que llevan a la ruina, y hay amigos más fieles que un hermano"* (Proverbios 18:24). *"Su paladar es la dulzura misma; ¡él es todo un encanto! ¡Tal es mi amado, tal es mi amigo, mujeres de Jerusalén!"* (Cantares 5:16).

El matrimonio es la más importante de todas las relaciones humanas, y la amistad es el nivel más alto de esa relación. Cada pareja casada debe poner su vista en elevarse a ese nivel, y nunca descansar hasta alcanzarlo. Aun entonces, no deben detenerse de crecer. La verdadera amistad tiene una anchura y una profundidad que ninguna cantidad de tiempo o crecimiento alguna vez pueden agotar.

La amistad es el catalizador que fundirá al marido y a la esposa en uno solo, como una gema preciosa. El matrimonio es una representación terrenal y carnal de la relación en el reino espiritual, no sólo entre Dios el Padre, Dios el Hijo —que es Jesucristo—, y Dios el Espíritu Santo, sino también entre Dios y la raza humana que Él creó. La amistad caracteriza la perfecta unidad e intimidad que existe entre el Padre, el Hijo y el Espíritu Santo, y fue también la naturaleza de la relación que Adán y Eva disfrutaron con Dios y entre ellos en el jardín del Edén.

El deseo de Dios es restaurar la relación de amistad entre Él mismo y la humanidad que fue destruida por el pecado. El mundo moderno necesita desesperadamente ver una imagen clara y honesta de cómo es tener una amistad con Dios. Ninguna relación terrenal se acerca tanto a esa imagen como el matrimonio, y el matrimonio donde el marido y la esposa son verdaderamente amigos, es la más cercana de todas.

A pesar de los ataques y desafíos de la sociedad moderna, la institución del matrimonio durará tanto como la vida humana permanezca sobre la Tierra. Dios ordenó y estableció el matrimonio y continuará hasta que Él lleve todas las cosas del reino físico a su fin. No importa cuánto cambien las actitudes sociales y morales, el matrimonio permanecerá, sólido como una roca, como siempre, porque es una idea de Dios.

¡El matrimonio *todavía* es una *gran* idea!

Principios

1. Un marido y la esposa deben ser los mejores amigos el uno del otro. No existe una relación más importante.
2. La verdadera amistad trasciende y se eleva aun sobre los lazos de las relaciones familiares.
3. La apertura y la transparencia son marcas de verdadera amistad.
4. Los amigos son abiertos y honestos con el otro.
5. La amistad entre el marido y la esposa, con su honestidad y apertura características, es absolutamente esencial para un matrimonio feliz, exitoso y próspero.
6. La amistad es el catalizador que fundirá al marido y la esposa en uno solo, como una gema preciosa.

PARTE DOS

Comprender el amor y los secretos del corazón

Capítulo uno

ESTA COSA
LLAMADA AMOR

Un poeta una vez escribió: "Amar es vivir, y vivir es amar". Eso puede ser verdad, pero ¿qué significa? El poeta nunca definió sus términos. ¿Qué es esta cosa llamada "amor"?

Probablemente ninguna otra dimensión de experiencia humana ha sido más considerada, hablada, discutida, analizada y soñada que la naturaleza del amor verdadero. El amor está en todas partes, en nuestras canciones y libros, en nuestros televisores y pantallas de cine. Hablar de amor está siempre en la punta de nuestra lengua; nunca está lejos de nuestros pensamientos o conversaciones.

Sin embargo, después de tanto pensar y hablar, luego de todas nuestras discusiones y debates, ¿cuántos de nosotros entendemos verdaderamente el amor? ¿Sabemos realmente qué es el verdadero amor? François, duque de La Rochefoucauld, autor y moralista francés del siglo XVII, hizo una observación astuta cuando escribió: "El verdadero amor es como los fantasmas, aquello de los que todos hablan y pocos han visto".

¿Dónde podemos acudir para obtener conocimiento genuino en el asunto del verdadero amor? El mundo ofrece muchos conceptos diferentes del amor, pero, ¿son confiables? La cultura popular occidental tiende a comparar al amor con los cálidos sentimientos, la atracción física y la actividad sexual. Este punto de vista es inculcado en nuestros cerebros cada día, a través de los libros y revistas que leemos, las canciones que escuchamos y los filmes y programas de televisión que miramos. La epidemia de relaciones rotas, matrimonios fracasados y familias divididas que tanto caracteriza a nuestra sociedad moderna, debería decirnos que algo está terriblemente equivocado en la forma en que vemos el amor.

La mejor manera para aprender algo es consultar a un experto. Si queremos mejorar nuestro juego de golf, vamos a un profesional del golf; si deseamos tocar el piano, estudiamos con un maestro calificado. ¿Quién es experto en el amor? Nadie entiende el amor mejor que Dios. Dios no sólo *creó* el amor y lo estableció como la piedra fundamental central de la experiencia humana, sino que, de acuerdo con La Biblia, Dios mismo *es* amor (ver 1 Juan 4:8,16). El amor define la verdadera naturaleza de Dios.

¿Qué dice Dios sobre el amor? Contrariamente a las suposiciones comunes del mundo en general, el amor tal como está presentado en La Biblia no es principalmente una emoción, sino una actitud del corazón. Las emociones no se sujetan a los mandatos; no se le puede ordenar a nadie cómo debe sentirse con respecto a una persona o cosa. Sin embargo, a lo largo de La Biblia, el Señor *manda* a su pueblo a amar. El amor bíblico es un mandato. Consideremos estos ejemplos:

Ama al Señor tu Dios con todo tu corazón y con toda tu alma y con todas tus fuerzas.

—DEUTERONOMIO 6:5

No seas vengativo con tu prójimo, ni le guardes rencor. Ama a tu prójimo como a ti mismo. Yo soy el Señor.

—LEVÍTICO 19:18

Pero yo les digo: Amen a sus enemigos y oren por quienes los persiguen.

—MATEO 5:44

Este mandamiento nuevo les doy: que se amen los unos a los otros. Así como yo los he amado, también ustedes deben amarse los unos a los otros.

—JUAN 13:34

Y éste es mi mandamiento: que se amen los unos a los otros, como yo los
he amado.

—JUAN 15:12

En efecto, toda la ley se resume en un solo mandamiento: 'Ama a tu
prójimo como a ti mismo'.

—GÁLATAS 5:14

—*Ama al Señor tu Dios con todo tu corazón, con todo tu ser y con toda*
tu mente —le respondió Jesús—. Éste es el primero y el más importante de
los mandamientos. El segundo se parece a éste: Ama a tu prójimo como a
ti mismo. De estos dos mandamientos dependen toda la ley y los profetas.

—MATEO 22:37-40

Si se nos ordena amar, ¿cómo lo haremos? ¿Qué quiere decir amar
a Dios? ¿Qué significa amar a otra persona? Estas son preguntas muy
importantes que van directo al corazón de las relaciones significativas.
Numerosas relaciones fracasan hoy debido a un concepto y un conocimiento inadecuados del amor.

Parte del problema, al menos en el mundo de habla inglesa, son
las limitaciones de nuestro idioma. En inglés tenemos sólo una palabra básica para la palabra amor, y por lo tanto, la utilizamos para
describir nuestros sentimientos o actitudes hacia un amplio rango de
objetos. Decimos: "Amo la tarta de queso", o "Amo a mi perro", pero
también decimos: "Amo a mis hijos" y "Amo a mi esposa" o "Amo
a mi marido". "Amamos" ir a la playa o al parque o a cualquier otro
lugar. En todos estos casos utilizamos la misma palabra "amor" para
describir sentimientos y actitudes que son infinitamente diferentes
en grado y alcance. Con esperanza, nuestro "amor" por la tarta de
queso ¡no está en el mismo nivel que nuestro amor por nuestros hijos
o nuestro esposo!

Muchos otros idiomas no son tan restrictivos como el inglés en
sus palabras para amor, particularmente el hebreo y el griego, los
idiomas de La Biblia original. Los antiguos griegos utilizaban cuatro

diferentes palabras para amor: *phileo, storge, eros* y *ágape*. Con cada una de ellas identificaban una parte separada y una clase o grado distinto de amor. Solamente dos de esas palabras, *phileo* y *ágape*, pueden ser encontradas actualmente en el Nuevo Testamento. Pero examinar los cuatro "amores" nos ayudará a entender mejor lo que *es* y lo que *no es* el verdadero amor.

PHILEO: EL AMOR DE LA AMISTAD

Si tomamos el significado de la raíz de la palabra relacionada *philos*, que quiere decir "amigo", *phileo* es el término griego más general de amor. Se refiere al amor que uno tiene por un amigo o conocido. *Phileo* es amor en el nivel de la amistad casual, el afecto que tenemos por alguien con quien estamos familiarizados.

Por su naturaleza general y casual, *phileo* no es la clase de amor que necesitamos para casarnos. El matrimonio requiere un amor más profundo, más focalizado del que *phileo* provee. Si en una pareja casada ambos sienten por el otro lo mismo que sienten por sus amigos casuales, su matrimonio tendrá problemas.

Phileo es una experiencia común para todos nosotros porque somos criaturas sociales por naturaleza. Somos naturalmente atraídos por otras personas que comparten intereses similares con nosotros o en quienes encontramos un espíritu afín. La verdadera amistad es fragancia de vida. Un amigo es alguien con quien podemos compartir nuestros más profundos pensamientos y nuestro ser interior, y a menudo mucho más de lo que podemos compartir con los miembros de nuestra familia. Todos necesitamos los nutrientes de una relación significativa con algunos amigos buenos y verdaderos. *Phileo* describe ese tipo de relación.

A pesar de lo beneficioso y positivo que es este amor de amistad para nuestras vidas, *phileo* no califica como el más grande y profundo amor. De hecho, *phileo,* a menudo, desarrolla ciertas características que pueden crear problemas en la relación si no somos cuidadosos. Una de ellas es un sentido de obligación. Como está basada muy frecuentemente en la atracción y similitud mutuas, *phileo* puede fácilmente convertirse en una relación de: "Tú me rascas mi espalda y yo rascaré la tuya". Nos sentimos obligados a responder al otro debido a la relación.

Otra característica común de *phileo* es que tiende a enfocarse en la atracción física o de personalidad. Esto es natural y no hay nada de malo en ello mientras no lo confundamos con el "verdadero amor". Los rasgos de la personalidad y las características físicas cambian con el tiempo, de modo que por sí solos no son factores confiables sobre los cuales basar una relación permanente, a largo plazo.

Este énfasis en la atracción física y de personalidad, a menudo resulta en una relación *phileo* que está fundada en la compatibilidad mutua. Una de las razones por las que se desarrollan amistades, es porque las personas involucradas sienten que son compatibles en un grado u otro. Esto está bien para una amistad casual, pero mucha gente mira la "compatibilidad" como un criterio para un potencial esposo. El problema mayor con esa idea es que dos personas en una relación de largo plazo que son "compatibles", o muy parecidas, pueden sentir que cumplen con el otro, lo que puede derivar en discusión. En mi experiencia, las relaciones más exitosas usualmente son integradas por dos personas que, o son opuestas, o al menos son muy diferentes la una de la otra. Sus diferencias hacen que juntos se equilibren, al complementarse recíprocamente. Con las relaciones y los imanes, es verdad que los opuestos se atraen.

Con estas clases de criterio, *phileo* tiende a ser un amor "condicional". En la medida en que ciertas condiciones existan, la relación existe. Si esas condiciones cambian, también cambia la relación. Las condiciones en las relaciones crean expectativas, y las expectativas inevitablemente resultan en decepción. Esta es la razón por la que una relación condicional es insuficiente para construir un compromiso a largo plazo como el matrimonio. Los cónyuges ciertamente deben ser los mejores amigos uno del otro, deben tener un *phileo* caracterizado por el afecto tierno, pero es necesario más que eso para sostener su relación a largo plazo.

STORGE: EL AMOR DE LA FAMILIA

Estrechamente relacionado con *phileo*, pero más unido, *storge* es la palabra que los griegos utilizaban para referirse al amor de las relaciones familiares. *Storge* describe el afecto tierno de los padres para con sus hijos y de los hijos para con sus padres. También es tomado como afecto o sentimientos de cercanía que normalmente existen entre hermanos y hacia los miembros de la familia extendida: abuelos, primos, tías, tíos, sobrinas y sobrinos.

Storge es más unido que *phileo* porque *storge* tiene que ver con la familia, y familia implica relación. Este es precisamente el lugar donde reside la clave peligrosa de este tipo de amor. Debido a la relación familiar, *asumimos* que amamos a nuestros padres y a nuestros hermanos y que ellos nos aman. Lo damos por sentado; después de todo, somos familia, ¿o no? Aunque la mayoría del tiempo ese amor es genuino, es una suposición peligrosa. El problema es que ser parte de una familia no es garantía de relación. Estar relacionado por la sangre no nos lleva automáticamente a la amistad.

Considere sus propias relaciones, de ambos lados, dentro y fuera de su familia. ¿De quién está usted más cerca? ¿Con quién comparte sus pensamientos más íntimos y personales? ¿Quién conoce su verdadero yo mejor que nadie más? ¿Es un miembro de la familia o un amigo? Si somos honestos, la mayoría de nosotros admitiría que estamos más cerca de un amigo que de un miembro de nuestra propia familia.

En lo concerniente a padres y hermanos, asumimos la relación y el amor porque somos familia. Si alguien le preguntara: "¿Amas a tus padres?", automáticamente responderías: "Por supuesto que sí". Si entonces le pregunta: "¿Por qué?", podrías responder: "Bueno… porque son mis padres". Ese es el punto. Aunque nuestro amor por nuestros padres y hermanos es real, todavía existe un hondo sentido de que los amamos porque *se supone* que así debe ser. Cada vez que surge en nosotros un sentimiento de falta de amor hacia cualquier miembro de la familia, normalmente surge con él un sentimiento de culpa. No *sentimos* el amor, sin embargo, al mismo tiempo sentimos que *deberíamos* sentirlo.

Desde esta perspectiva, entonces, *storge* es similar a *phileo* en que puede fácilmente promover un sentimiento de obligación. Amamos, no porque queremos, sino porque tenemos que hacerlo. La obligación produce presión, la presión produce estrés, y el estrés continuo pone en peligro cualquier relación. Si estamos inmersos en ese tipo de relación condicional, nos sentimos culpables cada vez que fallamos en cumplir nuestra obligación, y enfadados, amargados o resentidos cuando otras personas fallan en cumplir la suya. Una vez más, como con *phileo*, volvemos a las expectativas y las condiciones.

El amor de la familia representado por *storge*, no está limitado a las relaciones de sangre. Es muy común que las personas en la iglesia, aquellos que creen y siguen a Cristo como su Salvador y Señor, se refieran colectivamente a sí mismos como miembros de la "familia" de Dios y se consideren unos a otros como hermanos y hermanas en el Señor. Esta visión es enteramente consistente con la enseñanza de La Palabra de Dios. En Gálatas 6:10 Pablo habla de "la familia de la fe". Hebreos 2:11 dice que todos los que son "santificados" por Jesús son sus hermanos y miembros de su familia. En 1 Pedro 4:17, Pedro se refiere a los creyentes como "la familia de Dios".

Debido a este sentimiento de familia, las comunidades de creyentes enfrentan las mismas tentaciones que las familias de "sangre": asumen una relación, permiten que la familiaridad por sí sola pretenda asegurar el vínculo y desarrollan una actitud de obligación. A este respecto, sería de ayuda para los creyentes pensar en los otros no sólo como familia sino también como amigos, y así abrir el camino a una mayor intimidad para profundizar las relaciones.

A pesar del riesgo de desarrollar una actitud motivada por un sentido de obligación, *storge* es, no obstante, una dinámica importante y beneficiosa en la experiencia humana, tanto en familias de "sangre" como en familias de creyentes. El amor de la familia es fundamental para la paz y la estabilidad de cualquier sociedad. La familia es el bloque de edificación básico de la sociedad, y si las familias se dividen, la sociedad pronto seguirá sus pasos.

EROS: EL AMOR SEXUAL

Referirse a *eros* como "amor sexual" no es realmente muy preciso porque, para hablar estrictamente, el sexo no tiene nada que ver con el verdadero amor. El sexo puede ocurrir sin amor; sucede todo el tiempo. El amor puede existir sin sexo; ninguno de los dos es dependiente el uno del otro. Dentro de los límites del matrimonio sagrado y monógamo, como fue establecido y ordenado por su Creador, el sexo es una *expresión* del amor cálida, íntima y hermosa, pero por sí mismo no es amor. Aquí es donde el punto de vista del mundo se ha volteado tan completamente.

Los antiguos griegos se deleitaban y, de algún modo, adoraban la belleza del cuerpo humano y la sexualidad. *Eros* era su palabra para la actividad sexual en todas sus formas, a la que se referían como una clase de amor. *Eros* era también el nombre que los griegos le dieron a su dios del amor. Adorar a *Eros* incluía, entre otras cosas, actos sexuales y rituales de prostitución.

El "dios" *Eros* todavía reina hoy virtualmente en cada segmento de la sociedad. Millones de personas adoran diariamente en el altar de *Eros* y llaman a eso amor.

En su sentido más completo y literal, *eros* abraza el apetito sexual, el ansia y el deseo, sin respeto por la santidad; éxtasis sensual que deja atrás y muy lejos la moderación y la proporción. Otra palabra para describir *eros* sería *lujuria*. Completamente egoísta desde su interior, *eros* busca realizar su lujuria a expensas de otro.

A diferencia del amor, *eros* es completamente sensual. Se centra en la estimulación física de los cinco sentidos: vista, olfato, oído, gusto y tacto, y en los deseos y ansias despertados por esos sentidos. Debido a su naturaleza física, *eros* es controlado por reacciones e interacciones químicas en el cuerpo. Como tal, es conducido completamente por la carne; lo que la carne desea, *eros* busca satisfacerlo. El amor erótico es amor emocional, abastecido por sentimientos, por lo tanto, surgen y caen como lo hacen los sentimientos. El verdadero amor, en contraste, es constante, y no es controlado ni motivado por las emociones.

Una persona conducida sólo por *eros*, ve a su potencial pareja como un objeto sexual, un objetivo para conquistar. Es verdaderamente lamentable que nuestra sociedad moderna tan a menudo anime la visión de los miembros del otro sexo como desafíos por ganar, o "puntajes" para "anotar", y luego llame a esto "amor". Las relaciones construidas en torno a *eros* subsisten tanto como perduren la atracción física y el deseo que los reunió en primer lugar.

En su egoísmo, *eros* no tiene consideración por los sentimientos o deseos de la otra persona, al estar interesado sólo en la satisfacción personal que pueda conseguir de otra persona. *Eros* sabe muy poco —y le importa aun menos— sobre la dignidad humana o el respeto. Es deseo fuera de control, pasión suelta y desenfrenada en el espíritu de la filosofía moderna que dice: "Si se siente bien, hazlo".

ÁGAPE: EL AMOR DIVINO

De muchas formas, *ágape*, la cuarta y más elevada clase de amor, se encuentra sola en una categoría. Debido a su naturaleza única, este amor necesitaba una palabra única para describirlo. Ninguna palabra ordinaria para amor como *phileo*, *storge* o *eros* era suficiente para llegar a la profundidad del significado representado en este alto grado de amor, así que, bajo la inspiración del Espíritu Santo, los escritores del Nuevo Testamento acuñaron la palabra *ágape* para cubrir la necesidad. Fuera del Nuevo Testamento, *ágape* es encontrada solamente en una instancia de los textos griegos, en un pasaje que describe el amor de los padres por su único hijo. Esencialmente, *ágape* es una palabra únicamente bíblica para un concepto únicamente bíblico, que está de acuerdo con su naturaleza únicamente espiritual.

Ágape se refiere al amor divino, al amor que Dios tiene por su pueblo, así como al amor que su pueblo tiene por Él. Es también el tipo de amor que se supone que debe tener el pueblo de Dios unos para con otros. A diferencia de *phileo* y *storge*, *ágape* no conlleva obligación, no tiene expectativas y no pone condiciones. *Ágape* es amor incondicional. A diferencia de *eros*, que es el epítome de egoísmo, *ágape* actúa ante todo por el bienestar del otro. En lugar de buscar servirse a sí mismo, *ágape* se entrega a sí mismo desinteresadamente; un amor de sacrificio que se derrama a sí mismo por el bien de alguien más.

El ejemplo más grande de ágape en acción fue cuando Jesucristo, el Hijo de Dios sin pecado, vertió su vida en la cruz por los pecadores (lo que nos incluye a todos nosotros) para que sean hechos hijos de Dios. Este hecho está encapsulado en uno de los más conocidos versículos el La Biblia: *"Porque tanto amó [ágape] Dios al mundo, que dio a su Hijo unigénito, para que todo el que cree en él no se pierda, sino que tenga vida eterna"* (Juan 3:16).

Sólo Dios es la fuente de *ágape*. Separados de Él no podemos conocerlo. Él lo reveló a través de su Hijo Jesucristo, y lo da libremente a todo aquel que se convierte en su hijo por fe, que cree y confía en Jesucristo como su Salvador y Señor, y quien entonces lo compartirá con otros. Dios ama a todas las personas del mundo con su *ágape* divino, pero sólo aquellos que están en la comunidad de creyentes conocen ese amor por experiencia personal. Para el mundo en general, *ágape* es una incógnita.

Una de las mejores ilustraciones de la relación *ágape* entre Dios y su pueblo, se encuentra en el libro de 1 Juan del Nuevo Testamento:

¡Fíjense qué gran amor nos ha dado el Padre, que se nos llame hijos de Dios! ¡Y lo somos! El mundo no nos conoce, precisamente porque no lo conoció a él (...) Éste es el mensaje que han oído desde el principio: que nos amemos los unos a los otros (...) Nosotros sabemos que hemos pasado de la muerte a la vida porque amamos a nuestros hermanos. El que no ama permanece en la muerte (...)En esto conocemos lo que es el amor: en que Jesucristo entregó su vida por nosotros. Así también nosotros debemos entregar la vida por nuestros hermanos. Si alguien que

posee bienes materiales ve que su hermano está pasando necesidad, y no tiene compasión de él, ¿cómo se puede decir que el amor de Dios habita en él? Queridos hijos, no amemos de palabra ni de labios para afuera, sino con hechos y de verdad.

—1 JUAN 3:1, 11, 14, 16-18

Queridos hermanos, amémonos los unos a los otros, porque el amor viene de Dios, y todo el que ama ha nacido de él y lo conoce. El que no ama no conoce a Dios, porque Dios es amor. Así manifestó Dios su amor entre nosotros: en que envió a su Hijo unigénito al mundo para que vivamos por medio de él. En esto consiste el amor: no en que nosotros hayamos amado a Dios, sino en que él nos amó y envió a su Hijo para que fuera ofrecido como sacrificio por el perdón de nuestros pecados. Queridos hermanos, ya que Dios nos ha amado así, también nosotros debemos amarnos los unos a los otros. Nadie ha visto jamás a Dios, pero si nos amamos los unos a los otros, Dios permanece entre nosotros, y entre nosotros su amor se ha manifestado plenamente.

—1 JUAN 4:7-12

Estos versículos nos ayudan a entender varios hechos importantes con respecto a *ágape*. Primero, *ágape* no es físico o químico, tampoco es una emoción o una filosofía. *Ágape* es una *Persona*. En 1 Juan 4:8 dice: *"Dios es amor"*. Cuando conocemos *ágape*, conocemos a la Persona que le da cuerpo. Como el Hijo del Dios que es amor, Jesucristo era *ágape* en carne humana.

Segundo, *ágape* es unidad. Todos aquellos que conocen *ágape* son uno con Dios y uno con el otro en corazón y en espíritu. Literalmente, *ágape* quiere decir que Dios se hizo uno con nosotros. En Cristo, Él tomó nuestra forma inferior, al volverse como nosotros para poder hacernos como Él es.

Tercero, *ágape* es conciencia de otros, no conciencia de uno mismo. *Ágape* vela constantemente primero por el bienestar de otros, y busca continuamente oportunidades para dar. El verdadero amor no está completo hasta que se entrega a sí mismo.

Cuarto, *ágape* es iniciativa propia. *Ágape* toma responsabilidad. No espera que otros actúen primero. Romanos 5:8 dice: *"Pero Dios demuestra su amor por nosotros en esto: en que cuando todavía éramos pecadores, Cristo murió por nosotros".* *Ágape* es pro activo. Actúa sin importar si alguien responde o corresponde. Jesús dijo: *"Traten a los demás tal y como quieren que ellos los traten a ustedes"* (Lucas 6:31). Eso es justo lo que hace *ágape*. Toma la iniciativa.

Finalmente, *ágape* es una elección. No está basada en emociones sino en una decisión meditada. La Biblia claramente declara que Dios nos ama, pero nunca nos dice *por qué* nos ama. No hay "por qué". Dios nos ama porque Él es amor y amar es su naturaleza. Dios nos ama porque ha elegido hacerlo. Su amor no tiene discriminación. *Ágape* no elige a quien amar, elige simplemente amar. No importa quién es el objeto del amor.

Debido a que es una decisión, una elección deliberada, *ágape* es constante. A diferencia del "amor" basado en emociones, *ágape* nunca cambia.

Ágape es el único amor verdadero en el mundo, y es el fundamento de todo lo demás que a veces llamamos amor. Comprendidos y ejercidos correctamente y en el ambiente propicio, *phileo, storge* y *eros* pueden ser expresiones legítimas y hermosas de *ágape*, pero ninguno por sí mismo es una base suficiente para construir una relación significativa y duradera a largo plazo. Sólo *ágape* es suficiente para eso.

Entender *ágape* es la llave para comprender los secretos del corazón humano. Para hacerlo necesitamos considerar varias facetas de esta joya brillante que es *ágape*: El amor de Dios por nosotros, nuestro amor por Dios, nuestro amor por nosotros mismos y nuestro amor por otros, particularmente si se relaciona con nuestro esposo o potencial esposo.

Principios

1. *Phileo* es amor en el nivel de la amistad casual, el afecto que tenemos por alguien con quien estamos familiarizados.
2. *Storge* describe el afecto tierno de los padres para con sus hijos y de los hijos para con sus padres.
3. *Eros* abraza el apetito sexual, el ansia y el deseo, sin respeto por la santidad; éxtasis sensual que deja atrás y muy lejos la moderación y la proporción.
4. *Ágape* se refiere al amor divino, al amor que Dios tiene por su pueblo, así como al amor que su pueblo tiene por Él.
5. *Ágape* es amor incondicional.
6. *Ágape* es entregarse a sí mismo.
7. *Ágape* es una Persona.
8. *Ágape* es unidad.
9. *Ágape* es conciencia de otros.
10. *Ágape* es tomar la iniciativa.
11. *Ágape* es tomar responsabilidad.
12. *Ágape* es pro activo.
13. *Ágape* es una elección.
14. *Ágape* nunca cambia.

Capítulo dos

DIOS TE AMA

Si esperamos ganar algún entendimiento sobre el verdadero amor, debemos comenzar en la fuente. El poeta que escribió: "Amar es vivir, y vivir es amar", no estaba lejos de lo cierto, porque la vida y el amor tienen su fuente en la misma Persona: Dios, el Creador. Él es el único en quien *"vivimos, nos movemos y existimos"* (Hechos 17:28a). Conocer el amor (*ágape*) es conocer a Dios, porque Dios *es* amor: *"Queridos hermanos, amémonos los unos a los otros, porque el amor viene de Dios, y **todo el que ama** ha nacido de él y **lo conoce**. El que no ama no conoce a Dios, **porque Dios es amor"** (1 Juan 4:7-8, énfasis añadido).

Una de las más grandes verdades reveladas a la humanidad es el hecho de que Dios nos ama. El amor se encuentra en el centro de todo lo que Dios hace y ha hecho por la humanidad. El amor de Dios por nosotros es uno de los temas centrales de La Biblia, impregnando sus páginas a lo largo del Antiguo y el Nuevo Testamento. No hay otro texto sagrado en el mundo que contenga tal mensaje. En su proclamación de que Dios deliberada, consciente e incondicionalmente ama a todas las personas, La Biblia es completamente única.

Aquí hay algunos ejemplos:

Reconoce, por tanto, que el Señor tu Dios es el Dios verdadero, el Dios fiel, que cumple su pacto generación tras generación, y muestra su fiel amor a quienes lo aman y obedecen sus mandamientos.

—DEUTERONOMIO 7:9

Con amor eterno te he amado; por eso te sigo con fidelidad.

—JEREMÍAS 31:3B

Pero Dios demuestra su amor por nosotros en esto: en que cuando todavía éramos pecadores, Cristo murió por nosotros.

—ROMANOS 5:8

Pero Dios, que es rico en misericordia, por su gran amor por nosotros, nos dio vida con Cristo, aun cuando estábamos muertos en pecados. ¡Por gracia ustedes han sido salvados!

—EFESIOS 2:4-5

¡Fíjense qué gran amor nos ha dado el Padre, que se nos llame hijos de Dios! ¡Y lo somos! El mundo no nos conoce, precisamente porque no lo conoció a él.

—1 JUAN 3:1

En esto consiste el amor: no en que nosotros hayamos amado a Dios, sino en que él nos amó y envió a su Hijo para que fuera ofrecido como sacrificio por el perdón de nuestros pecados.

—1 JUAN 4:10

Si bien La Biblia revela claramente el amor de Dios por nosotros, una cosa que no nos revela es *por qué* Él nos ama. No hay "por qué". El amor con un "por qué" es amor con condiciones. El amor de Dios es incondicional; Él nos ama porque nos ama, y porque su naturaleza es amarnos. Buscar el "por qué" del amor de Dios sería un ejercicio inútil.

No obstante, tenemos mucho que aprender de Las Escrituras sobre el carácter y la calidad del amor de Dios. Allí es donde cualquier pregunta honesta sobre la naturaleza del verdadero amor debe comenzar. Hasta que comprendamos algo del amor de Dios, no podremos verdaderamente entender el amor en ninguna de sus otras dimensiones, y particularmente, cómo afecta a las relaciones más significativas de nuestras vidas, como las amistades y la familia.

Nuestra búsqueda nos lleva hacia atrás, a la creación misma.

CREADOS Y HECHOS

Los primeros tres capítulos del libro de Génesis contienen el fundamento para todo lo que le sigue en el resto de La Biblia. Los capítulos 1 y 2 nos revelan el diseño original de Dios en la creación; el capítulo 3, cómo ese diseño fue pervertido; y los restantes capítulos y libros de La Biblia nos muestran cómo Dios pone las cosas en el lugar correcto una vez más. Dicho simplemente, La Biblia nos cuenta la historia del paraíso establecido, el paraíso perdido y el paraíso restaurado. Todo lo que sucede en La Biblia es con el propósito de restaurar a la humanidad y a toda la creación a su estado y condición originales, como se describe en los primeros dos capítulos de Génesis.

Una clave para entender los capítulos 1 y 2 de Génesis, es aclarar la distinción entre dos palabras importantes: *crear* y *hacer*. Tres versículos en el capítulo 1 ilustran esta diferencia:

Dios, en el principio, creó los cielos y la tierra.

—GÉNESIS 1:1

Y dijo: "Hagamos al ser humano a nuestra imagen y semejanza. Que tenga dominio sobre los peces del mar, y sobre las aves del cielo; sobre los animales domésticos, sobre los animales salvajes, y sobre todos los reptiles que se arrastran por el suelo." Y Dios creó al ser humano a su imagen; lo creó a imagen de Dios. Hombre y mujer los creó.

—GÉNESIS 1:26-27

En los versículos 1 y 27, la palabra hebrea utilizada para "creó" es *bara*, mientras en el versículo 26, la palabra para "hagamos" es *asah*. A lo largo de los dos primeros capítulos de Génesis, *bara* aparece siete veces, mientras que *asah* aparece diez veces. Aunque las dos palabras parecen utilizarse intercambiablemente hasta un cierto punto, existe esencialmente una diferencia distintiva en sus significados básicos. *Bara* quiere decir formar algo de la nada. Se refiere a la creación en un sentido absoluto, y es usada en La Biblia sólo en conexión con Dios, porque sólo Él puede crear de la nada. En el principio, Dios estaba solo, no había nada más. De esa nada Dios creó los cielos y la tierra simplemente deseándolos y hablándoles para que existieran. Eso es lo que significa *bara*.

Asah, en cambio, quiere decir formar algo de un material preexistente. Además de su aparición en el versículo 26, *asah* es utilizada al referirse a Dios "haciendo" que se expandan los cielos (1:7), el sol y la luna (1:16), los animales salvajes (1:25), la tierra y los cielos (2:4) y la mujer, la "ayuda adecuada" para el hombre (2:18).

Con estas dos palabras, *bara* y *asah*, podemos ver dos aspectos específicos de la actividad creativa de Dios: la creación de algunas cosas de la nada, y la hechura de otras cosas a partir del material que Él ya había creado. Cualquiera sea el caso, el principio es el mismo: Dios crea al *hablar*.

A través del capítulo 1 de Génesis, se repite la frase: *"Y Dios dijo…"*, precediendo en cada oportunidad un acto creativo específico. Dios es un Dios que hace cosas al hablar. Las palabras son pensamientos expuestos, pensamientos que han sido soltados. Un pensamiento, por lo tanto, es una palabra silenciosa.

Las palabras de Dios expresan sus pensamientos. Él piensa antes de hablar. Cuando Dios dice algo, primero ha pensado en ello. Antes de hacer algo, Dios tiene una figura en su mente de todo lo que hará. En el principio, Dios creó todas las cosas y expresó sus pensamientos sobre ellas. Todo lo que existe fue originado primero en la mente de Dios.

El primer capítulo de Génesis revela que cada vez que Dios se preparaba para "hacer" (*asah*) algo, Él le hablaba a lo que ya había "creado" (*bara*), y eso a lo que Él le habló, traía a la luz lo que Dios había deseado. Por ejemplo, cuando Dios quiso que la vegetación cubriera la tierra, le habló a la tierra:

Y dijo Dios: "¡Que haya vegetación sobre la tierra; que ésta produzca hierbas que den semilla, y árboles que den su fruto con semilla, todos según su especie!" Y así sucedió. Comenzó a brotar la vegetación: hierbas que dan semilla, y árboles que dan su fruto con semilla, todos según su especie. Y Dios consideró que esto era bueno.
—GÉNESIS 1:11-12

Cuando el Señor quiso estrellas en el cielo, habló a los cielos: *"Que haya luces en el firmamento..."* (Génesis 1:14); cuando quiso peces en el mar, habló a las aguas: *"Que rebosen de seres vivientes las aguas..."* (Génesis 1:20); y cuando quiso animales en la tierra, habló otra vez a la tierra: *"Que produzca la tierra seres vivientes: animales domésticos, animales salvajes, y reptiles, según su especie..."* (Génesis 1:24).

Uno de los principios básicos de la creación es que todas las cosas creadas son sostenidas por aquello de lo que vinieron. Las plantas y animales dependen de la tierra para la vida, porque vinieron de la tierra. Los peces dependen del agua para vivir, porque de allí es de donde vinieron.

Es una historia diferente, sin embargo, con la aparición de la especie humana. Como lo aclara en el primer capítulo de Génesis, la creación de la humanidad está separada del resto de la creación por al menos tres razones. Primero, ambas palabras, *bara* y *asah* son utilizadas en diferentes lugares para describir la creación del hombre. Esto es debido en parte al uso de las dos palabras intercambiablemente, pero yo creo que hay más involucrado aquí. En un sentido muy real, el hombre fue creado y hecho. Dios creó (*bara*) seres espirituales a quienes llamó "hombre" y entonces hizo (*asah*) del polvo de la tierra "casas" físicas, cuerpos masculinos y femeninos, para que habiten en ellos.

Esto nos trae al segundo punto. Cuando Dios estuvo listo para crear a la humanidad no le habló a la tierra, como lo hizo para las plantas y los animales, o al cielo, como lo hizo para las estrellas. Cuando Dios estuvo listo para crear al hombre, se habló a sí mismo: *"Y dijo: 'Hagamos al ser humano a nuestra imagen y semejanza...'. Y Dios creó al ser humano a su imagen..."* (Génesis 1:26-27). Debido a que Dios es

Espíritu, aquello que vino de Él cuando se habló a sí mismo también era espíritu. Como seres humanos, somos seres espirituales, y eso es lo que nos separa del resto de la creación de Dios. Por supuesto que los ángeles también son seres espirituales, pero ellos no son como nosotros, lo que nos lleva al tercer punto.

Dios nos creó a su imagen. En ningún lugar La Biblia hace esta declaración sobre los ángeles o cualquier otra cosa creada. Los humanos son los únicos seres de toda la creación de Dios que fueron formados a su imagen y semejanza. Como seres espirituales creados a la imagen de Dios, somos únicos. Dios nos creó para que seamos como Él.

CREADOS PARA RECIBIR EL AMOR DE DIOS

Una pregunta natural que surge en este punto es: "¿Por qué Dios creó al hombre?". Si Dios es suficiente en todo y completo en sí mismo, ¿qué lo motivó a crear seres espirituales a su imagen y semejanza? La respuesta, en una palabra, es *amor*. Déjeme explicarlo.

Dios se revela a nosotros en muchas formas, pero principalmente a través de su Palabra, La Biblia. Sus páginas describen numerosas cualidades y atributos de Dios. Él es santo, recto y justo. Es vigoroso, poderoso y fuerte. Es omnipresente, omnipotente y omnisciente. Él es fiel. Dios es todas estas cosas y más, es autónomo y autosuficiente, es decir, que no necesita nada ni a nadie más para estar completo. En su autosuficiencia Dios es "todo uno", que es otra manera de decir que está "solo". Esto no es lo mismo que decir que Dios es solitario. Simplemente significa que Él es único; que no hay otro como Él.

La Biblia también dice que Dios es amor, y aquí está el problema, si queremos llamarlo así. Dios está solo y Dios es amor, aunque el amor no puede existir y ser completo solo. Para estar completo y realizado, el amor debe tener un objeto. El amor por naturaleza debe expresarse, y por lo tanto debe tener algo o alguien a quien ser expresado. Al expresarse, el amor debe darse a sí mismo. Por consiguiente, el amor debe tener un receptor.

En el principio Dios era todo uno, estaba solo. Él era amor y, como amor, necesitaba dar, aunque no había nadie a quien dar. La Biblia revela a Dios como una trinidad, un Dios que, sin embargo, es manifestado en tres personas distintas: Padre, Hijo y Espíritu Santo. Dentro de esta Deidad trina, el amor perfecto existe y se expresa continuamente. Aun así, el amor eterno de Dios siempre necesita darse. Debido a que Él estaba solo y no había nadie más, Dios tuvo que proveerse a alguien que recibiera su amor.

Dios es amor, el amor necesita dar, y el dador necesita un receptor. Para que el dar sea completo, el receptor debe ser tal como el dador. Dios no podía darse de esta manera a las plantas o a los animales, porque no eran como Él. No había nada que fuese como Dios; estaba solo. Como Dios estaba solo, pero necesitaba a uno como Él para darle su amor, tuvo que llamar a alguien que provenga de Él mismo.

Dios, que es Espíritu, pero que es también amor y tiene que dar, necesita un receptor que sea como Él. Se habla a sí mismo para traer un receptor a la existencia: *"Hagamos al ser humano a nuestra imagen y semejanza...'. Y Dios creó al ser humano a su imagen; lo creó a imagen de Dios. Hombre y mujer los creó"* (Génesis 1:26-27).

Ser creado a la imagen de Dios quiere decir, entre otras cosas, que cada uno de nosotros es un ser de espíritu, como Dios es Espíritu. En nuestro espíritu somos sin género, porque los espíritus no tienen género. Dios nos creó como seres de espíritu como Él para que podamos recibir su amor. Luego, Él formó cuerpos físicos con distinciones de género, masculino y femenino, para que podamos gobernar sobre la Tierra a todas sus criaturas. Como espíritu, fuimos creados con el propósito de recibir el amor de Dios. Como varón y mujer, fuimos creados para ejercer juntos dominio sobre el orden creado como vicegobernadores de Dios.

Dios nos ama porque Él es amor y debe expresarse. Dios nos ama porque no hay nadie más, ni los ángeles ni ninguna otra criatura, que sea como Él y pueda así recibir su amor. El receptor debe ser como el dador. Sólo nosotros fuimos creados a la imagen y semejanza de Dios.

Sólo nosotros somos como Dios, el dador, y sólo nosotros fuimos dispuestos para ser receptores de su gran amor.

Dios no tiene a nadie más a quien amar, sino a nosotros. Por esta razón, La Biblia nunca nos dice por qué Dios nos ama. No hay un porqué. Dios nos ama porque Él nos creó con ese propósito. No existe nada que podamos hacer para lograr que Dios nos ame, y tampoco hay necesidad de hacerlo; Él ya nos ama profundamente. En su carta del Nuevo Testamento a los creyentes en Roma, Pablo escribió: *"Pero Dios demuestra su amor por nosotros en esto: en que cuando todavía éramos pecadores, Cristo murió por nosotros"* (Romanos 5:8). Si Dios nos ama tanto aun en nuestro pecado, ¿cómo podríamos hacer algo para lograr que Él nos ame más? Dios claramente nos tiene en la mira y nos ha apuntado con flechas de amor.

Como antenas parabólicas espirituales, somos diseñados y equipados para recibir el amor de Dios. Por esto nos creó. Dios es muy celoso de aquellos que ama, y hará lo que sea necesario para preservar esa relación. Romanos 5:8 es la prueba. Cuando el pecado interrumpió nuestra "recepción", y cortó la conexión, Dios envió a su Hijo para restaurarla.

DIOS NECESITABA UNA SEMILLA

Dios creó al hombre para que reciba su amor. El amor se expresa a sí mismo al dar. Motivado por su amor, Dios dio al hombre, masculino y femenino, un regalo: dominio sobre la Tierra. Su plan era que todo lo que estaba en la Tierra esté sujeto al gobierno del hombre. La Tierra, iba a ser el dominio del hombre, su "reino", bajo la soberanía de Dios.

Las cosas no funcionaron así. Seducidos por Satanás, ese ángel caído, tentador y adversario tanto de Dios como del hombre, Adán y Eva negociaron sus derechos de nacimiento, el dominio sobre la Tierra por los placeres breves y engañosos de autonomía de la fruta prohibida. Por su consentimiento, su lugar legítimo fue usurpado por Satanás, que ganó el acceso ilegal al trono del dominio de la Tierra.

Este desarrollo no tomó a Dios de improviso. Él sabía que sucedería. Inmediatamente puso en acción el plan que había preparado antes del comienzo de los tiempos, el plan de enviar a su Hijo a la Tierra como ser humano, para restaurar la raza de los hombres a su lugar de derecho y dominio, como así también para traerlos nuevamente a la comunión de su amor. ¿Por qué el Hijo de Dios tuvo que volverse hombre para cumplir con esto? ¿Por qué no intervino Dios directamente y puso las cosas en su lugar de inmediato? La respuesta a estas preguntas, otra vez, nos lleva directamente a todo este asunto del dominio.

Por causa de que Dios dio a la humanidad el dominio sobre la Tierra, Él no usurparía arbitrariamente ese dominio como lo hizo Satanás. Los regalos de Dios son irrevocables. Dios está limitado por su Palabra; lo que Él dice, lo cumple. La Palabra de Dios permanece, más allá de las acciones de los hombres. La Biblia afirma esto una y otra vez.

Porque las dádivas de Dios son irrevocables, como lo es también su llamamiento.

—ROMANOS 11:29

Lo que Dios da nunca lo revoca.

Pero los planes del Señor quedan firmes para siempre; los designios de su mente son eternos.

—SALMO 33:11

Una vez que Dios tiene un plan, ese plan es para siempre. Dios nunca cambiará su plan original, el cual consiste en que la humanidad domine la Tierra.

La hierba se seca y la flor se marchita, pero la palabra de nuestro Dios permanece para siempre.

—ISAÍAS 40:8

Cuando Dios habla, es así.

Así es también la palabra que sale de mi boca: No volverá a mí vacía,
sino que hará lo que yo deseo y cumplirá con mis propósitos.
—ISAÍAS 55:11

Cada palabra que Dios habla será cumplida.

Al dar al hombre el dominio sobre la Tierra, Dios, esencialmente, cedió su derecho a interferir en los asuntos de este Planeta. Esto no disminuye de ningún modo su soberanía como Creador o su lugar como Señor del universo. Simplemente, quiere decir que Él ha elegido limitarse a sí mismo para actuar en la Tierra sólo después de obtener el acceso "legal" para hacerlo. Para ganar ese acceso, se requiere la participación voluntaria de los humanos. Dios honra su Palabra. Para ganar nuevamente su amor perdido, la humanidad, y rescatarnos de nuestro pecado, Dios necesitaba una semilla humana.

Por esta razón Dios, llamó a Abraham y le prometió bendecirlo con un hijo, aun cuando él y su esposa, Sara, no tenían hijos y ya estaban más allá de la edad para tenerlos. Dios necesitaba humanos a través de los cuales Él pudiera obrar libremente para traer su semilla al mundo en el momento apropiado.

El hijo del milagro nacido de Abraham y Sara, el hijo de la promesa, fue Isaac, quien tuvo para sí mellizos: Jacob y Esaú. Jacob fue padre de doce hijos, cuyas familias crecieron y se convirtieron en las doce tribus de la nación de Israel. Judá, uno de los hijos de Jacob, fue un ancestro del rey David. María y José, los padres terrenales de Jesús, eran ambos descendientes de David. Esta línea de descendencia desde Abraham hasta María, proveyó a Dios la línea de sangre humana que necesitaba para que la entrada de su Hijo al mundo fuera legítima.

Una de las grandes verdades de La Biblia es que cuando Dios se prepara para hacer algo en la Tierra, siempre obra a través de una persona o grupo de personas a quienes Él ha llamado y quienes le han respondido voluntariamente. El factor humano es la clave para la actividad de Dios en la Tierra. Cuando Dios se preparó para liberar a los israelitas de Egipto, llamó a Moisés. Cuando se preparó para rescatar a su pueblo de los madianitas, llamó a Gedeón. Cuando Dios quiso advertir a su pueblo desobediente sobre sus juicios y llamarlos nuevamente a Él, llamó a Elías, Isaías, Jeremías, Amós y los otros profetas. Cuando Dios estuvo listo para enviar a su Hijo al mundo, eligió a María, una humilde muchacha campesina, para que sea su madre. Cuando Jesucristo se preparó para enviar su mensaje de salvación por todo el mundo, llamó y ungió a hombres y mujeres, su Iglesia, y los comisionó para la misión.

Esto ilustra un increíble principio bajo el cual Dios opera: sin Dios *no podemos*, y sin Dios *no lo haremos*. Para cada cosa que Dios desea hacer en la Tierra, Él entra en sociedad con aquellos a quienes ya ha dado dominio.

No hay amor más grande

¿Cuán grande es el amor de Dios por nosotros? Es suficientemente grande, para que mientras éramos pecadores, mientras todavía estábamos en un estado de rebeldía contra Dios, Él enviara a su Hijo, Jesucristo, quien era sin pecado, para morir por nuestros pecados y así poder ser traídos de nuevo a la relación de amor con Él. Por su gran amor, Dios hizo por nosotros lo que no podríamos haber hecho por nosotros mismos. Él estaba dispuesto a pagar cualquier precio, y lo hizo, para traer otra vez a su amor perdido.

Consideremos estas palabras de Pablo de su carta a los creyentes de Éfeso, en el Nuevo Testamento:

En otro tiempo ustedes estaban muertos en sus transgresiones y pecados (...) Pero Dios, que es rico en misericordia, por su gran amor por nosotros, nos dio vida con Cristo, aun cuando estábamos muertos en pecados. ¡Por gracia ustedes han sido salvados!

—Efesios 2:1, 4-5

¿Cómo cumplió Cristo con esto? La única manera para Él, que era el Hijo de Dios, era volverse hijo del hombre, al tomar forma humana. Él se volvió como uno de nosotros para que nosotros podamos ser como Él. Así es como el escritor del libro de Hebreos, en el Nuevo Testamento, describe lo que hizo Jesús:

Sin embargo, vemos a Jesús, que fue hecho un poco inferior a los ángeles, coronado de gloria y honra por haber padecido la muerte. Así, por la gracia de Dios, la muerte que él sufrió resulta en beneficio de todos(...) Por tanto, ya que ellos son de carne y hueso, él también compartió esa naturaleza humana para anular, mediante la muerte, al que tiene el dominio de la muerte —es decir, al diablo—, y librar a todos los que por temor a la muerte estaban sometidos a esclavitud durante toda la vida. Pues, ciertamente, no vino en auxilio de los ángeles sino de los descendientes de Abraham. Por eso era preciso que en todo se asemejara a sus hermanos, para ser un sumo sacerdote fiel y misericordioso al servicio de Dios, a fin de expiar los pecados del pueblo.

—Hebreos 2:9, 14-17

No existe una demostración de amor más grande que esta. De hecho, Jesús mismo dijo: *"Nadie tiene amor más grande que el dar la vida por sus amigos"* (Juan 15:13). Dios envió a su Hijo para salvarnos porque nos ama. Jesucristo murió voluntariamente por nosotros porque nos ama. El amor de Dios es un amor eterno; nunca se acabará o se desvanecerá. Verdaderamente no podría, porque el amor es la naturaleza misma de Dios mismo.

Dios es amor, y el amor tiene que dar, así que Él nos creó para recibir su amor. Para que el amor sea completo, el receptor debe ser como el dador. Fuimos creados a la imagen y semejanza de Dios. Como Él es Espíritu, nosotros también somos espíritu. Como Dios es amor, nosotros también somos amor. Fuimos hechos para recibir el amor de Dios, pero también para retribuirle amor a Él y amar a otros también.

Principios

1. Dios crea al hablar.
2. Cuando Dios estuvo listo para crear al hombre, se habló a sí mismo.
3. Dios creó a la humanidad a su imagen.
4. Dios es amor.
5. Para ser completo, el amor debe dar; por lo tanto, el amor necesita un receptor.
6. Para que el amor sea cumplido, el receptor debe ser como el dador.
7. Dios creó al hombre para que reciba su amor.
8. Al darle al hombre el dominio sobre la Tierra, Dios, esencialmente, cedió su derecho a interferir en los asuntos de este planeta.
9. Para ganar nuevamente su amor perdido, la humanidad, y rescatarnos de nuestro pecado, Dios necesitaba una semilla humana.
10. Sin Dios *no podemos*, y sin Dios *no lo haremos*.

Capítulo tres

AMAR A DIOS

D ios es amor, y el amor necesita dar, de modo que Dios creó al hombre, un ser espiritual como Él mismo, para tener a alguien a quien amar y dar. Por favor, comprenda que me refiero al hombre en un sentido genérico; "hombre" como el nombre de la especie humana. "Hombre", en este sentido, no es ni masculino ni femenino, sino espíritu, porque Dios es Espíritu.

Lo primero que Dios dio a este hombre espiritual que había creado fue el dominio sobre la Tierra, un reino físico. Los seres espirituales no pueden aprehender o apreciar las realidades físicas, porque lo espiritual y lo físico están en dos planos completamente diferentes. De modo que Dios tomó "el polvo de la tierra", parte de ese reino físico, y formó un cuerpo físico como una "casa" donde habitara ese hombre espiritual. Él dotó a ese cuerpo con un corazón, pulmones, sistema nervioso y los cinco sentidos, vista, olfato, gusto, tacto y oído, para que su hombre espiritual pudiera tener acceso legal y apreciar completamente el mundo físico sobre el cual iba a ejercer dominio.

Sucedió que el primer cuerpo que Dios formó para el hombre fue de género masculino. Cuando Adán, el "hombre" masculino comprobó que estaba tan solo en su reino, como Dios había estado en el suyo antes de la creación, Dios tomó parte del cuerpo de Adán y formó un cuerpo femenino, el cual también albergaba al hombre espiritual. Entonces, masculino y femenino, disfrutaban de la integridad el uno con el otro, así como de la comunión ininterrumpida con Dios. En su espíritu, Adán y Eva no necesitaban a nadie más que a Dios para estar completos. En su hombría y su feminidad, sin embargo, se necesitaban el uno al otro para estar completos. Es igual para cada uno de nosotros.

El propósito fundamental por el que Dios nos creó es para amarnos; el dominio sobre la Tierra fue su primer regalo para nosotros. Nos creó para amarnos, y para probar su amor nos dio dominio. Entonces, ¿cuál es el propósito del hombre en la Tierra? ¿Estamos aquí simplemente para ejercer dominio sobre el orden creado? Adán y Eva gobernaron sobre el ambiente físico, pero también disfrutaron una comunión continua con Dios.

Somos receptores del amor de Dios porque así es como Él nos creó. También nos creó con la capacidad de amar recíprocamente. Cualquier cosa que viene de Dios es como Dios. Como Dios es amor, nosotros también somos amor en nuestro espíritu, porque vinimos de Dios. Nuestro propósito en la Tierra no es primeramente dominar, sino recibir el amor de Dios y corresponder ese amor.

El *Westminster Shorter Catechism* (*Catecismo Menor de Westminster*), una declaración clásica de los hechos fundamentales de la fe cristiana, dice que el fin principal del hombre es "glorificar a Dios y disfrutar de Él para siempre". Esa es una descripción apta y hermosa del amor recibido y correspondido entre Dios y el hombre.

Nuestro propósito primario y principal es amar a Dios. A veces estamos tan atrapados en los asuntos de la Tierra que olvidamos que Dios dijo: "Tu primera lealtad debe ser amarme y adorarme a mí". Jesús lo dejó en claro cuando le preguntaron qué mandamiento era el más importante:

> *Uno de ellos, experto en la ley, le tendió una trampa con esta pregunta:*
> *—Maestro, ¿cuál es el mandamiento más importante de la ley?*
> *—"Ama al Señor tu Dios con todo tu corazón, con todo tu ser y con toda tu mente" —le respondió Jesús—. Éste es el primero y el más importante de los mandamientos. El segundo se parece a éste: "Ama a tu prójimo como a ti mismo." De estos dos mandamientos dependen toda la ley y los profetas.*
>
> —MATEO 22:35-40

Nuestra primera prioridad como humanos, nuestro "fin principal", es amar a Dios con todo lo que tenemos. Sólo entonces, podemos cumplir con el segundo mandamiento de amar a nuestro prójimo como a nosotros mismos. La felicidad genuina y exitosa en todas nuestras relaciones radica en cuánto amamos a Dios. Dios nos ama y nosotros estamos para amarlo en respuesta a su amor. ¿Cómo hacemos eso? ¿Qué quiere decir amar a Dios?

La voluntad y el deseo de Dios, su placer, es que lo amemos. No podemos complacerlo si no lo amamos. No podemos amarlo a menos que le conozcamos, y no podemos conocerlo si no tenemos fe en Él. *"En realidad, sin fe es imposible agradar a Dios, ya que cualquiera que se acerca a Dios tiene que creer que él existe y que recompensa a quienes lo busca"* (Hebreos 11:6).

El primer prerrequisito, entonces, para amar a Dios es conocerlo por fe. Sin conocer a Dios, es imposible amarlo. Llegamos a conocer a Dios por medio de su Hijo, Jesucristo, cuya muerte en la cruz pagó la penalidad de nuestros pecados y nos abrió el camino para que nos fuera restaurado el derecho de relacionarnos con nuestro Padre celestial. Como Pablo escribe en el libro de Romanos: *"Pues todos han pecado y están privados de la gloria de Dios, pero por su gracia son justificados gratuitamente mediante la redención que Cristo Jesús efectuó"* (Romanos 3:23-24).

El pecado quebró nuestra relación con Dios, pero Jesús selló la brecha con su sangre. Cuando por fe nos volvemos del pecado y confiamos en Jesucristo como nuestro Señor y Salvador personal, *"Dios, que es fiel y justo, nos los perdonará y nos limpiará de toda maldad"* (1Juan 1:9b).

Él también nos llena con su Espíritu Santo, quien nos permite caminar en una comunión continua con nuestro Padre. Es entonces, y sólo entonces, cuando somos realmente capaces de amar a Dios.

ADORACIÓN

Como creyentes, tenemos muchas maneras de demostrar y practicar nuestro amor por Dios. Una de las más importantes es la adoración.

En este punto es primordial comprender que mucho de lo que a menudo llamamos adoración, en realidad es otra cosa. La verdadera adoración ocurre en un plano más bien espiritual que físico. Mucha de nuestra llamada adoración tiene lugar en un nivel físico: cantar, orar, levantar las manos, danzar, hablar en lenguas, etc. Si bien estas actividades comprometen el cuerpo y la mente, no necesaria o automáticamente comprometen el espíritu. Podemos hacer todas esas cosas con gran fervor y energía, y aun así, no entrar nunca en la adoración genuina.

Lo que muchos creyentes llaman adoración es en realidad alabanza: reconocer a Dios por su grandeza y su bondad, agradecerle por sus milagros y bendiciones, y celebrar su presencia y poder. Alabar a Dios quiere decir exaltarlo, hablar bien de Él, tenerlo en la más alta estima, atribuirle gloria, majestad y honor. Todas estas cosas son buenas, propias y adecuadas, pero no son verdadera adoración. La alabanza prepara el camino para la adoración, pero eso es lo más lejos que muchos creyentes pueden llegar.

La adoración genuina se encuentra más allá de la alabanza. Se encuentra más allá de las canciones y las oraciones, y todo otro tipo de actividad física que podamos pensar como adoración. La alabanza es más para nuestro beneficio que para el de Dios. Prepara nuestro espíritu para la adoración, ayudándonos a traer nuestros cuerpos bajo sujeción para que la verdadera adoración tome lugar. De alguna manera, la alabanza nos ayuda a salir de nuestros cuerpos, a salir de las restricciones de nuestra carne para que nuestro espíritu pueda adorar en completa libertad. Por esta misma razón, también puede distraernos si no somos cuidadosos.

La verdadera adoración ocurre espíritu a Espíritu: nuestro espíritu mezclado con el Espíritu de Dios. Muchas veces tiene lugar sin palabras. Adoración es cuando nos perdemos a nosotros mismos en Dios. Si nos quedamos demasiado inmersos en la alabanza y en llevar otras actividades que puedan causar que nos enfoquemos en la carne, en lo físico, no podremos entrar de todo corazón en la adoración. Debe llegar el tiempo en el que dejemos lo físico atrás y conversemos con Dios en un nivel puramente espiritual. La alabanza es el "cohete elevador" que nos saca de la plataforma de lanzamiento, pero sólo nuestro espíritu puede entrar en "órbita".

La palabra adoración quiere decir aparearse, postrarse, besar. En una palabra, adoración significa *intimidad*. Eso es lo que separa a la adoración de la alabanza. No existe tal cosa como la intimidad a distancia. Podemos alabar a Dios desde una distancia, pero no podemos *adorarlo* desde lejos. La alabanza es física; la adoración es espiritual. Adoración es un intercambio entre identidades.

Dios es amor, y nos creó para recibir su amor. Debido a que vinimos de un Dios amante que también es dador, tenemos la capacidad no sólo de recibir amor, sino también de darlo en respuesta. La adoración tiene lugar cuando Dios nos da su amor, y nosotros lo recibimos y se lo damos nuevamente a Él. Nuestro espíritu interactúa con el Espíritu de Dios, y el amor es intercambiado. Dios ama y da; nosotros recibimos y respondemos, dándole a Él el amor que Él ya ha derramado en nosotros.

PERMANECER EN CRISTO

Un intercambio íntimo de amor como este requiere que estemos cerca de Dios. La intimidad es imposible a distancia. Parte de amar a Dios, entonces, es mantener nuestra "conexión" con Él. Él es la fuente de todo lo que tenemos, somos o esperamos ser. Las respuestas a todas nuestras preguntas se encuentran en Dios. Las soluciones a todos nuestros problemas están depositadas en Dios. En Él reside la paz para nuestra confusión. Dios posee la llave de cada misterio y para todo aquello que es desconocido. Sabiduría, conocimiento y la vida misma se encuentran en Él.

Este es el punto al que se refería Jesús cuando comparó la relación entre Él y sus seguidores con las ramas de la vid:

Yo soy la vid verdadera, y mi Padre es el labrador(...) Permanezcan en mí, y yo permaneceré en ustedes. Así como ninguna rama puede dar

*fruto por sí misma, sino que tiene que permanecer en la vid, así tampoco
ustedes pueden dar fruto si no permanecen en mí.*

*Yo soy la vid y ustedes son las ramas. El que permanece en mí, como yo
en él, dará mucho fruto; separados de mí no pueden ustedes hacer nada.
El que no permanece en mí es desechado y se seca, como las ramas que
se recogen, se arrojan al fuego y se queman. Si permanecen en mí y mis
palabras permanecen en ustedes, pidan lo que quieran, y se les concederá
(...) Así como el Padre me ha amado a mí, también yo los he amado
a ustedes. Permanezcan en mi amor. Si obedecen mis mandamientos,
permanecerán en mi amor, así como yo he obedecido los mandamientos
de mi Padre y permanezco en su amor.*

—JUAN 15:1,4-7,9-10

Las ramas de la vid no tienen vida en sí mismas; su vida está en
la vid. Cualquier rama que sea separada de la vid morirá, porque no
puede sostenerse a sí misma. Aunque son las ramas las que llevan las
hojas y el fruto, sólo pueden hacerlo mientras permanecen conectadas
a la vid. La vida que está en la vid fluye a través de las ramas y hace
que den fruto. Ninguna rama puede producir o dar fruto por sí misma.

Del mismo modo, Jesús dijo que no podemos hacer nada separados de Él. Somos ramas, pero Él es la vid, nuestra fuente de vida y de
fruto. Todo lo que necesitamos, todo lo que alguna vez podamos tener
o ser, está en Él. Para ser fructíferos y cumplir con nuestro propósito
de vida, debemos mantenernos en una vital y constante conexión con
Jesús, nuestra vid.

Jesús ordena a sus seguidores: *"Permanezcan en mí, y yo permaneceré en ustedes"* (Juan 15:4a), y entonces continúa su mandato con una
promesa: *"Si obedecen mis mandamientos, permanecerán en mi amor"*
(Juan 15:10a). Permanecer en Cristo, entonces, es esencial para el
intercambio de amor entre el Señor y nosotros. La razón es simple:
debemos estar en una posición, cerca de Él, de modo que podamos
recibir plenamente su amor.

Todo el amor tiene su fuente en Dios. Nuestra capacidad de amar
a alguien, a Dios, a nosotros mismos o a otros depende del amor de

Dios. Podemos amar sólo porque Dios nos amó primero. Juan lo explica de esta manera en su primera carta del Nuevo Testamento:

> *Queridos hermanos, amémonos los unos a los otros, porque el amor viene de Dios, y todo el que ama ha nacido de él y lo conoce. El que no ama no conoce a Dios, porque Dios es amor. Así manifestó Dios su amor entre nosotros: en que envió a su Hijo unigénito al mundo para que vivamos por medio de él. En esto consiste el amor: no en que nosotros hayamos amado a Dios, sino en que él nos amó y envió a su Hijo para que fuera ofrecido como sacrificio por el perdón de nuestros pecados.*
>
> —1 JUAN 4:7-10

La clave para amar está *"no en que nosotros hayamos amado a Dios, sino en que él nos amó y envió a su Hijo"*. ¿Cómo amamos a Dios? Amamos a Dios al permanecer en un lugar, cerca de Él, de manera que podamos recibir su amor. Su amor recibido en nuestros corazones, nos habilita para responder a Él en amor. ¿Cómo permanecemos cerca de Dios? Lo hacemos a través de la adoración, la oración, al dedicar tiempo en leer, meditar y estudiar su Palabra, La Biblia. También, al caminar en el Espíritu de Dios y manteniéndonos en regular comunión con otros creyentes. Si amamos a alguien queremos pasar mucho tiempo con él. Amamos a Dios cuando pasamos tiempo con Él y al quedarnos cerca para que Él pueda amarnos y enseñarnos sus caminos para que lleguemos a ser como Él.

INTIMIDAD CON DIOS

Uno de los principios claros de la vida es que nos volvemos más parecidos a las personas con las que pasamos la mayor parte del tiempo. La única manera de llegar a conocer realmente a alguien es pasando mucho tiempo con esa persona. Una de las formas de amar a Dios es llegar a conocerlo. Otra palabra para conocer a Dios es *intimidad*. En realidad, en La Biblia los conceptos conocimiento e intimidad están muy relacionados. En el Antiguo Testamento, la palabra hebrea *yada* se utiliza en referencia tanto a "conocer" a Dios como a tener relaciones sexuales. Por ejemplo: Moisés "conoció" a Dios "cara a cara" (ver Deuteronomio 34:10), y "Adán conoció a Eva su esposa" (Génesis 4:1a, RVR60). En ambas instancias se implica cercanía y familiaridad íntima.

Proverbios 1:7 dice: *"El temor del Señor es el principio del conocimiento; los necios desprecian la sabiduría y la disciplina"*. Conocer a Dios es el lugar inicial para todo verdadero conocimiento. Es la diferencia entre el éxito y el fracaso, tanto en el amor como en la vida. Lo opuesto a conocimiento es ignorancia. La ignorancia sofoca la creatividad y el potencial, y sostiene a sus víctimas en la esclavitud intelectual y espiritual. El conocimiento, por otro lado, libera. Jesús dijo: *"Si se mantienen fieles a mis enseñanzas, serán realmente mis discípulos; y conocerán la verdad, y la verdad los hará libres"* (Juan 8:31b-32).

No es simplemente la verdad la que nos hace libres, sino el *conocimiento* de la verdad. Eso es lo que marca la diferencia. La verdad que no conocemos, no tiene ningún uso para nosotros. Jesús dijo que conoceríamos la verdad manteniéndonos fieles a sus enseñanzas. Todo lo que Jesús dijo e hizo, todo el ejemplo de su vida, tenía el propósito de revelar a su Padre. El objetivo de la enseñanza de Jesús era que nosotros conozcamos a Dios. Cuando conocemos a Dios, conocemos el amor, porque Dios es amor. Cuando conocemos a Dios, conocemos la vida, porque Dios es vida.

Si esperamos comenzar a entender a Dios y saber cómo amarlo, debemos conocerlo. ¿Es posible para nosotros entender a Dios? Por un lado, no. No hay manera para que nosotros, con nuestras mentes finitas, podamos entender o comprender a un Dios infinito. Por otro lado, sin embargo, Dios no quiere que seamos ignorantes de Él. Quiere que lo conozcamos y nos relacionemos con Él íntimamente. Por esa razón, Él ha hecho todo lo necesario para revelarse a sí mismo a través de su Palabra, de su Hijo y por medio de su Espíritu.

Muchos creyentes tienen una noción equivocada al afirmar que es imposible entender a Dios, porque suponen que Dios será un misterio para siempre. Esto no es así. La Biblia es un registro confiable de la actividad progresiva de Dios para revelarse a sí mismo a la humanidad. El Salmo 98:2 dice: *"El Señor ha hecho gala de su triunfo; ha mostrado su justicia a las naciones"*. Un versículo que algunos creyentes utilizan para avalar su reclamo de que Dios es un misterio incognoscible, está en 1 Corintios 2:9: *"Sin embargo, como está escrito: 'Ningún ojo ha visto, ningún oído ha escuchado, ninguna mente humana ha concebido lo que Dios ha preparado para quienes lo aman'"*, pero muy seguido pasan por alto el versículo siguiente: *"Ahora bien, Dios nos ha revelado esto por medio de su Espíritu"* (1 Corintios 2:10a).

Dios es cognoscible y Él desea que nosotros lo conozcamos. Se ha revelado a sí mismo en muchas formas para que *podamos* conocerlo. Una manera de amar a Dios es tomar el tiempo y hacer el esfuerzo de conocerlo, de entrar en términos íntimos con Él. Él espera que respondamos a su invitación: *"Acérquense a Dios, y él se acercará a ustedes"* (Santiago 4:8a).

Conocer los caminos del Señor

Dios quiere que lo conozcamos y que lo amemos. Esto incluye mucho más que solo saber un montón de hechos sobre Dios; más que el mero conocimiento superficial. Conocer significa entender la naturaleza y las propiedades de una cosa o persona. Si eres un buen mecánico de automóviles, conoces más de autos que sólo sus dimensiones físicas. Comprendes los principios bajo los cuales operan, conoces el motor por dentro y por fuera, conoces el sistema de transmisión y de escape y el sistema eléctrico. Cuando algo no funciona apropiadamente, puedes localizarlo y repararlo porque entiendes la naturaleza y las propiedades de los automóviles. Puedes decir que verdaderamente *conoces* de autos.

Conocer a una persona quiere decir entender su naturaleza y personalidad. Significa conocer las creencias, pasiones, gustos, fortalezas, debilidades; es saber qué hace a esa persona "funcionar". Este tipo de "conocimiento" llega mucho más hondo que la superficie, más allá de las palabras o acciones superficiales, para tocar el centro interior de otra persona. El conocimiento íntimo de otro, implica un encuentro no sólo de las mentes, sino también de los corazones. Significa saber no sólo sus *hechos*, sino también sus *caminos*.

Amar a Dios quiere decir aprender a conocer sus caminos. Esto es muy diferente de simplemente conocer sus obras y sus hechos. En el Salmo 95:10, el Señor dice: *"Cuarenta años estuve enojado con aquella generación, y dije: 'Son un pueblo mal encaminado que no reconoce mis senderos'"*. Habla sobre el pueblo de Israel, su pueblo elegido, que, sin embargo, no conocía sus caminos. Este era el pueblo que había sido testigo de las plagas de Dios contra Egipto que los había sacado de la esclavitud. Ellos habían visto a Dios separar las aguas del Mar Rojo y librarlos del ejército del faraón. Habían seguido la columna de humo de Dios durante el día, y la columna de fuego por la noche. Él les había provisto de agua de una roca para que bebiesen. Habían disfrutado la provisión milagrosa del maná para alimentarse diariamente por cuarenta años en el desierto. Durante todo ese tiempo, sus vestidos y calzados nunca se gastaron. Los israelitas habían visto las poderosas obras de Dios. Conocían sus hechos, pero nunca llegaron a conocer sus caminos.

Moisés, por el otro lado, disfrutó de una relación diferente, más íntima con Dios. David hace alusión a ella en el Salmo 103:7, cuando escribe del Señor: *"Dio a conocer sus caminos a Moisés; reveló sus obras al pueblo de Israel"*. Dos relaciones están implicadas aquí. Moisés conoció los caminos de Dios, pero el pueblo conoció sólo sus proezas. Moisés estaba en contacto con el corazón y la mente de Dios, pero el pueblo había conocido sólo sus hechos. Esa es la razón por la que el pueblo nunca llegó a entrar realmente en la presencia de Dios.

El mismo problema existe hoy. Hay muchos creyentes que pueden testificar de los milagros y las bendiciones de Dios, y que pueden contar cómo Dios proveyó para una necesidad específica, y aun así no conocen sus caminos. Pueden apreciar las cosas de Dios, el poder de Dios, pero nunca conocieron su presencia. Nunca han afinado sus corazones al corazón de Dios o sus mentes a la de Él.

Conocer los caminos de Dios trae otro elemento a la imagen de amar a Dios, que es, probablemente, la más importante de todas: la obediencia. Jesús dijo:

> *Si ustedes me aman, obedecerán mis mandamientos (...) El que hace suyos mis mandamientos y los obedece. Y al que me ama, mi Padre lo amará, y yo también lo amaré y me manifestaré a él (...) El que me ama, obedecerá mi palabra, y mi Padre lo amará, y haremos nuestra vivienda en él.*
>
> —JUAN 14:15,21,23

La obediencia a Dios es la mayor demostración, la *prueba* más grande de nuestro amor por Él. Amamos a Dios cuando le obedecemos. Sin obediencia, cualquier profesión de amor y devoción que hagamos está vacía, sin significado, es hipócrita. Isaías 29:13a revela claramente la actitud de Dios con respecto a esto: *"El Señor dice: 'Este pueblo me alaba con la boca y me honra con los labios, pero su corazón está lejos de mí'"*.

¿Cuál es tu deseo? ¿Buscas simplemente una bendición, o quieres conocer a Dios? ¿Te contentas meramente con recibir de Él, o anhelas tener una relación íntima con Él? ¿Estás satisfecho al ser un conocido de Dios, o deseas ser su amigo?

El amor debe entregarse a sí mismo para ser cumplido; por lo tanto, el amor necesita un receptor. Para que el amor sea completo, el receptor debe corresponder ese amor al dador. Esa es la relación para la que Dios nos diseñó a cada uno de nosotros, y para la cual Él nos invita a todos. Fuimos creados para recibir el amor de Dios y dárselo también a Él. Su deseo es que entremos en una relación de amor profunda e íntima con Él, que vaya más allá de las apariencias externas y nos conecte con Él, corazón a corazón, y espíritu con Espíritu. Dios nos llama a amarlo con todo nuestro corazón, alma y mente. Este es el tipo de amor que nos permitirá cumplir nuestro fin principal: "glorificar a Dios y disfrutar de Él para siempre".

Principios

1. Nuestro primero y principal propósito es amar a Dios.
2. El primer prerrequisito para amar a Dios es conocerlo por fe.
3. La verdadera adoración ocurre espíritu a Espíritu, nuestro espíritu mezclado con el Espíritu de Dios.
4. Adoración es un intercambio entre identidades.
5. Parte de amar a Dios es mantener nuestra "conexión" con Él.
6. Permanecer en Cristo es esencial para el intercambio de amor entre el Señor y nosotros.
7. Conocer a Dios es el lugar inicial para todo verdadero conocimiento.
8. Una manera de amar a Dios es tomar el tiempo y hacer el esfuerzo de conocerlo, de entrar en términos íntimos con Él.
9. Conocer a Dios quiere decir aprender a conocer sus caminos.
10. El deseo de Dios es que entremos en una relación de amor profunda e íntima con Él, que vaya más allá de las apariencias externas y nos conecte con Él, corazón a corazón, y espíritu con Espíritu.
11. Amamos a Dios cuando le obedecemos.

Capítulo cuatro

AMARTE A TI MISMO

E l amor se encuentra en el centro exacto del diseño de Dios para todas las relaciones humanas, ya sean naturales o espirituales. Jesús nos dijo que los dos mandamientos más grandes son, primero: *"Ama al Señor tu Dios con todo tu corazón, con todo tu ser y con toda tu mente"* (Mateo 22:37), y segundo: *"Ama a tu prójimo como a ti mismo"* (Mateo 22:39b). Ambos están inseparablemente enlazados. Dios nos creó no sólo para que recibamos su amor, sino para que, así como se lo retribuimos a Él, lo extendamos también a otros. Al cortar nuestra relación con Dios, el pecado rompió una "conexión" esencial en nuestra capacidad de dar y recibir el amor. Sin una relación vital de amor con Dios, es imposible para nosotros amar tanto a nuestro prójimo como a nosotros mismos del modo en que deberíamos hacerlo. Cuando estamos seguros del amor de Dios por nosotros, entonces, podemos corresponderle amor a Él, y ese libre intercambio nos habilita para amarnos a nosotros mismos y, a su tiempo, amar a otros.

El odio por uno mismo es probablemente el mayor problema en la sociedad humana, independientemente de la cultura. Décadas de investigación, estudio y experiencia en el campo de la psicología humana y el comportamiento, han revelado que el auto odio se encuentra en el corazón de una vasta mayoría de los problemas mentales, emocionales y psicológicos. Muchas personas tienen inconvenientes al vivir con otros, porque tienen problemas al vivir con ellos mismos. Les resulta difícil tanto dar amor como recibir amor de otros, porque no pueden amarse a sí mismos.

Desafortunadamente, este problema del odio a uno mismo, no

está limitado sólo a la cultura secular o al mundo de las personas mentalmente enfermas o emocionalmente inestables. La misma plaga aflige también a muchos seguidores de Cristo. Muchos de nosotros, que somos creyentes, tenemos un complejo de inferioridad bajo el cual constantemente nos dejamos caer, al decir cosas negativas de nosotros mismos y negar nuestros dones, talentos y habilidades. Este sentido de inferioridad es producto de siglos de enseñanza en las iglesias que sostenían que estaba mal amarse a sí mismo. Tal enseñanza compara la auto desaprobación con la humildad, cuando en realidad, de ninguna manera son lo mismo. La auto desaprobación dice: "No soy nada. No soy digno, soy inútil y no tengo nada de valor para dar a nadie". La humildad, por otro lado, es simplemente creer y aceptar lo que Dios dice sobre nosotros, y Dios dice que somos todo, menos faltos de valor.

Cuando Jesús dijo: *"ama a tu prójimo como a ti mismo"*, quiso decir que debemos amar a nuestro prójimo tanto como —o al mismo grado en que— nos amamos a nosotros mismos. Dicho de otra manera, podemos amar a nuestro prójimo sólo hasta la misma medida en que nos amamos nosotros mismos. Los que no se aman a sí mismos no pueden verdaderamente amar a nadie más.

Por favor, comprenda que no me refiero al amor propio narcisista y egoísta que anda por todos lados con una opinión inflada de sí mismo, al mirar por debajo de su nariz a todos los demás. Al referirme a "amarnos a nosotros mismos", quiero decir que tengamos una imagen propia positiva y un sentido saludable de valor propio, basado en el entendimiento adecuado de nuestro lugar en el amor de Dios y en la relación con Dios y con otros.

¿Por qué debemos amarnos a nosotros mismos? ¿Qué razón tenemos? La respuesta se encuentra en el corazón y propósito de Dios. Dios nos creó a su imagen y semejanza; fue el hecho más grande y coronado de gloria de toda su obra creativa, y lo declaró "bueno". El pecado estropeó y deformó aquella imagen en nosotros. No obstante, aún somos tan importantes para Dios, y de tan alto valor para Él, que envió a su Hijo a pagar por nuestros pecados en la cruz para que podamos ser restaurados en Él. Por medio de Cristo, Dios nos recreó a su imagen, nos volvió a hacer como éramos, y una vez más lo declaró "bueno". Debemos amarnos a nosotros mismos, no de una manera engreída, sino simplemente por aceptación del valor que Dios mismo puso en nosotros.

SOMOS ACEPTADOS POR DIOS

Uno de los primeros pasos para desarrollar un amor propio saludable es darnos cuenta y creer que somos completa y absolutamente aceptados por Dios. En el Nuevo Testamento, Pablo lo expresa de esta forma en su carta a los creyentes en Éfeso:

> *Dios nos escogió en él antes de la creación del mundo, para que seamos santos y sin mancha delante de él. En amor nos predestinó para ser adoptados como hijos suyos por medio de Jesucristo, según el buen propósito de su voluntad, para alabanza de su gloriosa gracia, que nos concedió en su Amado. En él tenemos la redención mediante su sangre, el perdón de nuestros pecados, conforme a las riquezas de la gracia que Dios nos dio en abundancia con toda sabiduría y entendimiento.*
> —EFESIOS 1:4-8

En el versículo 6 de la versión Reina Valera, leemos: *"para alabanza de la gloria de su gracia, con la cual **nos hizo aceptos** en el Amado"* (RVR60, énfasis añadido). Aquí, Pablo habla de la realidad *actual*, no de una experiencia *pasada*. En el pasado éramos inaceptables. Por causa de nuestro pecado, Dios no podía aceptarnos. Estábamos exiliados, separados de Él, sin esperanza de volver a Él por nuestros medios. Entonces Jesús vino a la Tierra y murió en la cruz, llevándose con Él todas las cosas que nos hacían inaceptables. Él las cargó en su propio cuerpo, soportó las manchas de nuestro pecado, fue obediente hasta la muerte y en el tercer día se levantó de la muerte. Con su sangre nos lavó y limpió nuestro pecado, haciéndonos puros y santos de nuevo. Luego nos trajo nuevamente ante su Padre, y el Padre dijo: "¡Aceptado!".

Si Dios nos ha aceptado, deberíamos estar dispuestos a aceptarnos a nosotros mismos. Dios no está interesado en las apariencias externas; no le importan. Independientemente de las fallas o defectos que podemos ver o imaginarnos en nosotros, Dios nos mira y dice: "Te amo. Eres aceptado. Eres hermoso para mí".

Dios nos acepta aun con todas nuestras imperfecciones. Entonces, ¿por qué tenemos tantos problemas con la auto aceptación? Una razón es la forma en que percibimos nuestro propio valor, tanto para nosotros mismos como para otros. Muchos de nosotros podemos decir: "Soy valioso. Dios me ha hecho valioso", y, no obstante, en lo profundo de nuestro interior sentir que no es así. Miramos nuestra educación (o la falta e ella), nuestra apariencia física, nuestra capacidad laboral (o la falta de ella), nuestros dones, talentos y habilidades (o la falta de ellos) y concluimos que no somos muy valiosos.

Cada vez que evaluemos nuestro valor de acuerdo a un criterio que Dios ignora, terminaremos siempre con una falsa imagen de nosotros mismos. Nuestro valor propio no tiene nada que ver con lo físico y tangible, con los modelos que normalmente usamos para juzgar nuestro valor. Dios no mira aquellas cosas.

El verdadero valor de algo, es el valor que otro ha puesto sobre eso. Por ejemplo, el oro es simplemente un metal brillante y amarillo, un producto de la tierra sin valor alguno en sí mismo, excepto por el valor que los humanos le dan. Muchos han codiciado, peleado, matado y muerto por el valor que le pusieron al oro. Del mismo modo, no tenemos que mirar nuestros propios modelos para medir nuestro valor, sino que debemos mirar el valor puesto en nosotros por Dios, nuestro Creador.

¿Cuánto valemos para Dios? Al volver a Efesios 1:4-8, vemos que Dios *"nos escogió (…) antes de la creación (…) para que seamos santos y sin mancha delante de él"* (v. 4). *"Nos predestinó para ser adoptados como hijos suyos por medio de Jesucristo, según el buen propósito de su voluntad"* (v. 5). Él dejó caer su gracia "libremente", su favor inmerecido, sobre nosotros (v. 6). Nos consideró lo suficientemente valiosos como para enviar a su precioso Hijo, por cuya sangre derramada recibimos *"redención"* y *"el perdón de nuestros pecados"* (v. 7). Hizo todas estas cosas deliberadamente, *"con toda sabiduría y entendimiento"* (v. 8), simplemente porque quiso.

Somos valiosos para Dios; sin precio, de hecho. Debemos ser cuidadosos y nunca confundir nuestro valor propio, el cual es dado por Dios, con nuestra apariencia, posesiones o comportamiento, o con el comportamiento o actitudes que otros toman con respecto de nosotros.

Si cometemos un error tonto, deberíamos decir: "Cometí un error", y no: *"Soy* un error". Cuando fallamos en algo, deberíamos reconocer: "Fallé", pero nunca decir: *"Soy* un fracaso". Siempre deberíamos mantener nuestro comportamiento o desempeño separado de nuestro sentido de valor propio. No importa lo que suceda, no importa cuán mal nos salga todo, o cuán seguido, aún seremos valiosos y aceptables para Dios. Él ya lo ha declarado así, y su Palabra nunca cambia.

SOMOS NUEVAS CRIATURAS EN CRISTO

El pasado está en el pasado. Qué o quiénes solíamos ser ya no importa más. Lo que importa es qué y quiénes somos ahora, y qué y quiénes seremos en el futuro. En su segunda carta a los creyentes en Corinto, Pablo describe quiénes somos como hijos de Dios, y revela la manera en que Dios nos ve: *"Por lo tanto, si alguno está en Cristo, es una nueva creación. ¡Lo viejo ha pasado, ha llegado ya lo nuevo!"* (2 Corintios 5:17).

En Cristo, todo es nuevo. Todas las cosas viejas han pasado. Significa que podemos olvidar todas las cosas negativas, cortantes y desalentadoras que la gente ha dicho de nosotros en el pasado. ¡Ya no están! Ahora podemos tomar las cosas nuevas. Vestirnos diferente, caminar y hablar de otra manera y responder a la vida de forma distinta, basados en la nueva creación que somos en Cristo. Ya no tenemos que vivir como mendigos necesitados, débiles, que se revuelcan en el fango de las circunstancias negativas y la depresión, sometidos bajo el desaliento y la desesperación.

La imagen que tenemos de nosotros mismos, nuestro concepto propio, siempre determinará cómo respondemos a la vida. No deberíamos mirar a otros para que nos digan quiénes somos. Dios ya nos lo dijo, y nos lo mostró en su Palabra. Somos nuevas creaciones, amados, aceptados y preciosos ante sus ojos.

Si tienes problemas para verte a ti mismo de este modo, intenta hacer una lista de todo lo que puedas encontrar en La Biblia que te diga cómo se siente Dios con respecto a ti. Pégalo en tu espejo o en otro lugar que veas regularmente, para que te recuerde que debes pensar y actuar como un amado hijo de Dios, Rey y Señor del universo. Tu lista debe decir algo así:

> Soy lavado y perdonado, estoy completo y fui sanado. Soy purificado y destinado a la gloria. Soy un transeúnte en la Tierra. Nada más que un peregrino en este planeta; voy camino a la perfección, y no necesito que nadie me diga quién soy, porque yo sé quién soy. Soy un hijo del Rey, hijo (o hija) de Dios, nacido de nuevo por medio de Jesucristo, comprado con el precio de su sangre. Soy una nueva creación, totalmente nuevo, profundamente amado y completamente aceptado como hijo de mi Padre, precioso para su mirada.

Las personas que tienen más éxito al dar y recibir amor no son aquellas que van degradándose al hablar mal de sí mismas todo el tiempo, sino aquellas que están plenamente enamoradas de sí mismas y plenamente conscientes de que son amadas por Dios. Debido a que están en paz con sí mismas, son libres para dar amor y para permitir que otros las amen.

Aquellos que están llenos de odio hacia sí mismos tienen problemas para recibir amor. Tienden a pensar: "No puedo ser amado; ¿cómo es posible que alguien me ame?". Esta mentalidad e imagen propia negativa les lleva a rechazar las expresiones de amor de otros como si fueran falsas o mal dirigidas. Al mismo tiempo, no pueden dar amor efectivamente porque su propio "banco de amor" está "girado en descubierto". No tienen suficientes "depósitos" de amor de donde tomarlos para amar a otros.

Cada vez que basemos nuestra imagen propia en cómo nos *sentimos*, correremos el riesgo de tener problemas, porque los sentimientos cambian. Tan pronto como nos sintamos bien, nuestra imagen propia estará bien. Cuando comencemos a sentirnos mal, entonces, nuestra imagen propia caerá verticalmente. Necesitamos anclar nuestra propia imagen en algo que no cambie. ¿Dónde lo encontramos?

Cuando nos convertimos en creyentes, somos hechos nuevas creaciones en Cristo, recreados a su imagen. La imagen de Cristo en nosotros nunca cambiará. Aunque nuestra apariencia exterior cambie con el tiempo, la imagen de Cristo en nosotros permanecerá igual. Así como su imagen, la actitud de Cristo hacia nosotros tampoco cambiará. No importa cuán bien o mal podamos sentirnos, no importa si estamos animados o desanimados, Cristo nos ama, nos acepta y piensa todo lo bueno de nosotros. Su opinión de nosotros es la única que importa. Debemos basar nuestra imagen propia en lo que Él piensa de nosotros, no en lo que piensan otros, ni aun en lo que pensamos de nosotros mismos.

Es tiempo de que, como creyentes, dejemos de tener una opinión de segunda clase sobre nosotros mismos. Debemos dejar de disculparnos por ser hijos de Dios. Dios no se deleita cuando morimos sin gozar de nuestros privilegios. Somos nuevas creaciones en Cristo, y una vez que comencemos a vivir y actuar de esa manera frente al mundo, más y más gente vendrá a Cristo, al vernos que vivimos en victoria, gozo y paz con nosotros mismos y con los demás.

EVIDENCIAS ESPECÍFICAS DE RECHAZO HACIA UNO MISMO

Otro término para el odio a uno mismo es el rechazo hacia uno mismo. Las personas que se odian a sí mismas no pueden aceptarse como son. El auto rechazo se refleja de diferentes maneras. Haré una lista de los doce síntomas más comunes de rechazo hacia uno mismo, y los acompañaré con versículos que pueden ser útiles para responder a esos síntomas. Siempre necesitamos comparar nuestras actitudes y creencias con el modelo de La Palabra de Dios, y ajustarlas de manera acorde.

1. Excesiva atención a la vestimenta. Las personas que muestran una preocupación desmedida por la ropa o la moda, pueden intentar compensar un defecto físico o rasgo indeseado que no pueden cambiar. No hay nada de malo en vestir de manera agradable, pero no debemos nunca dejar que nuestra vestimenta defina quienes somos. Jesús dijo:

> *Así que no se preocupen diciendo: "¿Qué comeremos?" o "¿Qué beberemos?" o "¿Con qué nos vestiremos?" Porque los paganos andan tras todas estas cosas, y el Padre celestial sabe que ustedes las necesitan. Más bien, busquen primeramente el reino de Dios y su justicia, y todas estas cosas les serán añadidas.*
>
> —MATEO 6:31-33

2. Inhabilidad para confiar en Dios. Las personas atrapadas en el rechazo de sí mismos, a menudo tienen problemas para confiar en Dios. Si se sienten insatisfechos con el modo en que Dios los hizo, ¿cómo pueden confiar en Él en otras áreas de sus vidas? Nuestro enemigo, Satanás, al hacernos sentir desconformes y desconfiados con Dios, busca robarnos el gozo y la esperanza. Cuando hablaba de esto, Jesús dijo: *"El ladrón no viene más que a robar, matar y destruir; yo he venido para que tengan vida, y la tengan en abundancia"* (Juan 10:10). No tengas miedo; podemos confiar en el Señor, completamente.

3. Extrema timidez. La timidez deriva del miedo a lo que otros piensan. La gente que es excesivamente tímida siente que no tiene nada valioso para dar, ninguna contribución útil para hacer. Al no querer ser heridos, se encierran dentro de su pequeño mundo propio. Ser tímido es distinto de ser tranquilo; algunas personas simplemente son tranquilas por naturaleza. Sin embargo, la timidez está basada en el miedo. Esto es lo que dice el Señor: *"Así que no temas, porque yo estoy contigo; no te angusties, porque yo soy tu Dios. Te fortaleceré y te ayudaré; te sostendré con mi diestra victoriosa"* (Isaías 41:10).

4. Dificultad para amar a otros. Esto, por supuesto, deriva de la inhabilidad para amarse a sí mismo, lo que muy a menudo se debe a la falta de confianza en el amor de Dios. No hay ninguna razón para no estar seguros del amor de Dios: Él declara en su Palabra: *"Con amor eterno te he amado; por eso te sigo con fidelidad"* (Jeremías 31:3b).

5. Autocrítica. Esto incluye el quejarse de los aspectos de una persona que no se pueden cambiar, como habilidades, parentescos, herencias sociales o características físicas indeseables. Isaías 45:9 contiene una advertencia contra este tipo de actitudes: *"¡Ay del que contiende con su Hacedor! ¡Ay del que no es más que un tiesto entre los tiestos de la tierra! ¿Acaso el barro le reclama al alfarero: '¡Fíjate en lo que haces! ¡Tu vasija no tiene agarraderas!'?"*. No te preocupes por lo que no puede ser cambiado. Dios te hizo y te ama tal como eres, y Él puede usarte para hacer cosas que nadie más puede hacer. Deja que Él te lleve a ser la persona que sólo tú puedes ser.

6. Ansiosa comparación con otros. Está relacionado con la autocrítica, porque incluye el deseo de uno mismo de ser diferente en áreas que no pueden cambiarse. Sin embargo, la distinción se encuentra en el punto de desear no sólo cambiar, sino tener una característica específica observada en otra persona. No debemos desear ser como otros, sino como Cristo. Como Pablo escribió a los creyentes de Roma: *"No se amolden al mundo actual, sino sean transformados mediante la renovación de su mente"* (Romanos 12:2a).

7. Amargura flotante. Algunas personas nunca tienen algo positivo para decir. No importa cuán optimista pueda comenzar una conversación, casi inmediatamente comienzan a chismear, quejarse o insultar, o expresan enojo y amargura de cualquier otra clase. Las personas que andan con amargura en sus corazones sufren de baja autoestima. En su carta a los creyentes en Éfeso, Pablo tenía esto para decir sobre este tema: *"Eviten toda conversación obscena. Por el contrario,* *que sus palabras contribuyan a la necesaria edificación y sean de bendición para quienes escuchan"* (Efesios 4:29).

8. Perfeccionismo. No hay nada de malo en desear hacer un buen trabajo o mejorar continuamente. Ambas son actitudes saludables. El problema viene cuando el tiempo empleado sobrepasa el valor del logro. Un perfeccionista no puede distinguir la diferencia. A menudo el perfeccionismo es un esfuerzo para compensar una imagen propia baja. Los perfeccionistas tienden a ser muy legalistas, intolerantes de la más ínfima desviación de las "normas". Si este es tu problema, ¡alégrate! Una vez más, en su carta a los Romanos, Pablo dijo: *"pues por medio de él la ley del Espíritu de vida me ha liberado de la ley del pecado y de la muerte"* (Romanos 8:2).

9. Una actitud de superioridad. Las personas con rechazo hacia sí mismas, a menudo lo compensan por demás, al tomar una postura de superioridad con respecto de otros. Jactarse de sus propios logros, utilizar un vocabulario "presumido" y rehusarse a asociarse con cierta clase de personas, son todos signos tanto de orgullo como de un profundo sentimiento de inseguridad e inferioridad. La actitud de superioridad es sólo la cubierta. El consejo de La Palabra de Dios es: *"No hagan nada por egoísmo o vanidad; más bien, con humildad consideren a los demás como superiores a ustedes mismos"* (Filipenses 2:3).

10. Raros intentos de ocultar defectos que no se pueden cambiar. Las acciones tímidas o declaraciones que la gente emplea para cubrir defectos inmutables pueden indicar el auto rechazo. Si tenemos un defecto que no podemos cambiar, y Dios no lo ha cambiado todavía por medio de la oración, podemos reclamar su promesa en 2 Corintios 12:9a: *"Te basta con mi gracia, pues mi poder se perfecciona en la debilidad".*

11. Extravagancia. Las personas que siempre intentan exagerar con gastos pródigos de artículos costosos, con la esperanza de obtener la admiración y la envidia de otros, tratan de cubrir su auto rechazo y su sentido de insuficiencia personal. La vida es mucho más que una preocupación por una cosa. Jesús dijo: *"¡Tengan cuidado! —advirtió a la gente—. Absténganse de toda avaricia; la vida de una persona no depende de la abundancia de sus bienes"* (Lucas 12:15).

12. Prioridades equivocadas. Descuidar las responsabilidades dadas por Dios para gastar gran cantidad de tiempo en buscar la forma de atraer la aclamación de otros, puede ser un signo de auto rechazo. Cualquier persona que se concentre en asuntos secundarios en detrimento de los asuntos primordiales de la vida, se encamina a muchos problemas. Sería sabio prestar atención a la advertencia de Jesús: *"¿De qué sirve ganar el mundo entero si se pierde la vida?"* (Marcos 8:36).

No necesitamos la aprobación del hombre, sólo la de Dios

Un pariente del rechazo de uno mismo es el ansia de aprobación. Todos necesitan sentirse aprobados y aceptados. Aquellos que no pueden aprobarse a sí mismos buscan la aprobación de otros. El verdadero peligro aquí, es que la aprobación que da el mundo es vacía e incumplida. Sólo la aprobación que viene de Dios nutre y satisface. Lo que necesitamos es la aprobación de Dios, no la del hombre.

En 2 Corintios 10:17-18, Pablo escribe: *"Más bien, 'Si alguien ha de gloriarse, que se gloríe en el Señor'. Porque no es aprobado el que se recomienda a sí mismo sino aquel a quien recomienda el Señor"*. A todos aquellos que somos creyentes, Dios ya nos ha aprobado; no necesitamos la aprobación de nadie más. Dios ya nos ha recomendado. Recomendar quiere decir hablar muy favorablemente. Dios habla muy favorablemente de su pueblo, aun si otros hablan mal de ellos. Después de la salvación misma, el hecho de que somos aprobados por Dios es probablemente la revelación más grande en La Biblia.

En última instancia, buscar la aprobación del mundo es una búsqueda vana, especialmente para los creyentes. De hecho, La Palabra de Dios promete que ocurrirá lo opuesto. Aquellos que llevan el nombre de Jesús y buscan vivir en obediencia a Él, tienen garantía de experimentar persecuciones de un mundo que es hostil a su nombre. Como Pablo le escribió a Timoteo, su joven protegido en el ministerio: *"Así mismo serán perseguidos todos los que quieran llevar una vida piadosa en Cristo Jesús"* (2 Timoteo 3:12).

En el análisis final, la aprobación del mundo no significa nada. El camino a la bendición y verdadero gozo es por medio de la obediencia y la identificación con Dios en Jesucristo. Jesús mismo hizo este plan cuando dijo:

> *Dichosos los perseguidos por causa de la justicia, porque el reino de los cielos les pertenece. Dichosos serán ustedes cuando por mi causa la gente los insulte, los persiga y levante contra ustedes toda clase de calumnias. Alégrense y llénense de júbilo, porque les espera una gran recompensa en el cielo. Así también persiguieron a los profetas que los precedieron a ustedes.*
>
> —MATEO 5:10-12

Hay muchas personas que pasan sus vidas viviendo para la aprobación de otros. Demasiados creyentes están atrapados en buscar "admiradores", muy preocupados por lo que otros piensan de ellos. No debemos estar tan preocupados por quién nos aprueba o desaprueba, sino recordar que la aprobación de Dios es lo que cuenta. Aquellos a los que Dios aprueba, son verdaderamente aprobados. Jesús advirtió: *"No teman a los que matan el cuerpo pero no pueden matar el alma. Teman más bien al que puede destruir alma y cuerpo en el infierno"* (Mateo 10:28).

Los buscadores de aprobación quedan fácilmente atrapados en la "mentalidad de banda", cuyas palabras favoritas son "hagamos esto" y "hagamos aquello". Alguien que se encuentra en esta situación de "hagamos", ya no tiene personalidad. Aquellos que constantemente buscan la aprobación de otras personas, no tienen una mente propia. No se controlan a sí mismos, sino que son controlados y manipulados externamente por las personas a las que tanto tratan de complacer. El deseo de agradar les hace rendir su voluntad y auto determinación. Proverbios 25:28 dice: *"Como ciudad sin defensa y sin murallas es quien no sabe dominarse"*. En otras palabras, si no controlamos nuestras propias vidas desde adentro, alguien más las controlará desde afuera.

La búsqueda vana por la aprobación del mundo es parecida a la historia de dos gatos, uno grande y el otro pequeño. Un gato grande vio a un gato pequeño que perseguía su cola, y le preguntó:

—¿Por qué persígues tu cola así?

—He aprendido que lo mejor para un gato es la felicidad, y esa felicidad es mi cola; por lo tanto estoy persiguiéndola. Cuando la atrape, tendré felicidad —dijo el gatito.

Y el gato viejo le dijo:

—Hijo mío, yo también he prestado atención a los problemas del universo. Yo también he juzgado que la felicidad es mi cola, pero me he dado cuenta de que cada vez que la persigo ella se aleja de mí. Y que cuando sigo con mis asuntos sin perseguirla, parece seguirme a mí.

Mi punto es este: la mayoría de las personas agradables son aquellas que no tratan de agradar, sino que simplemente se relajan y se concentran en ser ellas mismas. Si tenemos la aprobación de Dios, tenemos toda la aprobación que necesitamos. Ganar la aprobación de otros ya no tiene gran importancia.

El amor de Dios nos libera de la necesidad de buscar aprobación. Saber que somos amados por Dios, aceptados y aprobados por Él, y que somos nuevas creaciones en Cristo, nos da el poder para rechazar ese auto rechazo y adoptar un amor propio saludable. Estar seguros del amor de Dios por nosotros, nuestro amor por Él y nuestro amor por nosotros mismos, nos prepara para cumplir el segundo gran mandamiento: amar a nuestro prójimo como a nosotros mismos.

Principios

1. Debemos amarnos a nosotros mismos, no de una manera engreída, sino simplemente por aceptación del valor que Dios mismo puso en nosotros.
2. Somos completa y absolutamente aceptados por Dios.
3. Somos nuevas creaciones, amados, aceptados y preciosos para su mirada.
4. Cuando nos convertimos en creyentes, somos hechos nuevas creaciones en Cristo, recreados a su imagen. La imagen de Cristo en nosotros nunca cambiará.
5. A todos aquellos que somos creyentes, Dios ya nos ha aprobado; no necesitamos la aprobación de nadie más.
6. Si tenemos la aprobación de Dios, tenemos toda la aprobación que necesitamos.

Capítulo cinco

AMAR A TU PAREJA

En las relaciones, como en todo lo demás, el conocimiento es la clave para el éxito. La ignorancia es peligrosa. Ya sea que hablemos del matrimonio o de acuerdos menos formales y menos íntimos, la carencia de conocimiento es la causa más frecuente y fundamental del fracaso en las relaciones.

El conflicto y la tensión surgen más a menudo en las relaciones porque los hombres y las mujeres, simplemente no se entienden unos a otros. Fallan al no tener en cuenta que masculinos y femeninos no sólo piensan y actúan de manera diferente uno del otro, sino que también perciben su entorno de formas distintas. Este malentendido se debe, en gran parte, a que asumen equivocadamente que, porque los hombres y las mujeres son iguales en humanidad y en personalidad, tienen también las mismas necesidades.

Como seres espirituales creados a la imagen de Dios, los hombres y las mujeres son de verdad iguales. Son personas iguales y distintas; son iguales para encontrar el cumplimiento espiritual completo en relación con Dios; y son iguales en autoridad y dominio sobre el reino de la Tierra. Como seres humanos, con cuerpos masculinos y femeninos, sin embargo, sus necesidades son muy diferentes. Esta diversidad de necesidades surge de sus distintas funciones y diseños como masculino y femenino.

La función determina el diseño, y el diseño determina la necesidad. La función de un automóvil es proveer un transporte motorizado. Para lograr esa función, la mayoría de los autos incorporan un motor de combustión interna como parte de su diseño. Ese motor, también por diseño, requiere gasolina para su operación. El diseño determina la necesidad. Un automóvil diseñado con un motor de combustión interna *necesita* gasolina para funcionar. El querosén no funciona; tampoco el gasóleo. Sólo la gasolina permitirá que el auto cumpla su propósito.

Lo mismo sucede con los varones y mujeres: la función determina el diseño, y el diseño determina la necesidad. Los varones y las mujeres tienen necesidades muy diferentes porque fueron diseñados de distinta manera para cumplir funciones disímiles. El éxito en las relaciones humanas depende del entendimiento y la apreciación de esas diferencias.

Jesús dijo que debemos amar a Dios con todo nuestro corazón, alma y mente, y luego amar a nuestro prójimo como a nosotros mismos. Para el propósito de este capítulo, entenderemos al "prójimo" como nuestra "pareja" del otro sexo en una relación, ya sea nuestro esposo, prometido, amigo o conocido. "Amar a tu pareja" se refiere, por supuesto, a *ágape*, el amor más alto, divino, que abarca *phileo*, *storge* y, dentro del contexto propio del matrimonio, abarca *eros*.

Amar a tu pareja, quienquiera que sea y cualquiera sea la relación, requiere que entendamos las funciones específicas de los hombres y mujeres diseñados por Dios, así también como las necesidades distintivas que surgen de aquellas funciones.

DEL ESPÍRITU A LA CARNE

En el principio Dios creó un ser espiritual a su propia imagen y semejanza, un ser a quien Él tomó desde sí mismo, y a quien llamó "hombre". Luego Dios puso a ese hombre espiritual en un cuerpo físico que formó del polvo de la tierra. Como sabemos, aquel primer cuerpo humano fue de género masculino. Un poco después, Dios tomó una porción, un "trozo" de aquel cuerpo masculino y formó de él un cuerpo femenino que también alojaba al "hombre" espiritual. Esto es exactamente lo que Las Escrituras nos dicen: *"Cuando Dios creó al ser humano, lo hizo a semejanza de Dios mismo. Los creó hombre y mujer, y los bendijo. El día que fueron creados los llamó 'seres humanos'"* (Génesis 5:1b-2).

Dios creó al "hombre" pero hizo al "masculino" y al "femenino". La pregunta natural, entonces, es "¿por qué?". Como vimos en el capítulo 2, en el principio Dios era todo uno, completo y suficiente en sí mismo. Estaba solo pero no solitario. Al mismo tiempo Dios era amor, y el amor debe tener un objeto para ser cumplido. El amor tiene compulsión a dar; por lo tanto, Dios necesitaba a alguien a quien darle. Así que, como una expresión natural de su amor, Él creó al hombre para que reciba su amor.

Para que el amor sea completo, el receptor debe ser como el dador. Por esa razón Dios se habló a sí mismo cuando creó al hombre; el receptor de su amor necesitaba ser justo como Él. Con la creación del hombre como un ser espiritual a la propia imagen de Dios, el ciclo se vio completo. Dios era el dador, el hombre era el receptor; Dios era el amante, el hombre era el amado; Dios era quien iniciaba, el hombre era quien respondía.

Debido a que el propósito de Dios para el hombre espiritual era ejercer dominio sobre el reino físico, y dado a que los seres espirituales no pueden aprehender o apreciar las realidades físicas, Dios tuvo que vestir a este hombre espiritual con un cuerpo físico. *"Y Dios el Señor formó al hombre del polvo de la tierra, y sopló en su nariz hálito de vida, y el hombre se convirtió en un ser viviente"* (Génesis 2:7).

Ahora el hombre estaba vestido de un cuerpo físico, un cuerpo *masculino*, un cuerpo *humano*, formado de humus, el polvo de la tierra, y esto creó un dilema para él. El hombre recibía y correspondía el amor de Dios, pero debido a que fue tomado de Dios y era como Dios, este "hombre" masculino era también dador y amante como lo era Dios. Pero no tenía a nadie como él mismo a quien dar o de quien recibir amor. Como Dios, quien lo creó, el "hombre" masculino era todo uno, estaba solo. Para hallar realización y plenitud, él necesitaba un objeto para su amor.

Quiero ser claro en esta distinción: el "hombre" como un ser espiritual estaba plenamente realizado al recibir y corresponder el amor de

Dios; el hombre como un ser físico y masculino, estaba incompleto sin otro ser físico como él que recibiera y correspondiera su amor. Ninguna de las demás criaturas que Dios había hecho era objeto conveniente para la necesidad del hombre masculino de dar y de amar, porque no eran como él.

Dios reconoció la necesidad y supo qué hacer:

Luego Dios el Señor dijo: "No es bueno que el hombre esté solo. Voy a hacerle una ayuda adecuada."... Entonces Dios el Señor hizo que el hombre cayera en un sueño profundo y, mientras éste dormía, le sacó una costilla y le cerró la herida. De la costilla que le había quitado al hombre, Dios el Señor hizo una mujer y se la presentó al hombre, el cual exclamó: "Ésta sí es hueso de mis huesos y carne de mi carne. Se llamará 'mujer' porque del hombre fue sacada".

—GÉNESIS 2:18,21-23

Una "ayuda adecuada para él" sería la que pudiese recibir el amor del varón y corresponderle. Por lo tanto, esa ayuda sería receptora y dadora para el varón en el plano físico, del mismo modo que el "hombre" espiritual era receptor y dador para Dios en el plano espiritual.

Dios puso al masculino a dormir y tomó un "trozo" de su costado —la palabra hebrea traducida como "costilla" también quiere decir "costado"—, e hizo un cuerpo femenino. Ella era, con las palabras del masculino, "hueso de mis huesos y carne de mi carne", hecha de lo mismo que estaba hecho él. Él la llamó "varona", como "varón" pero con "a" y con una matriz. Así como el "hombre espiritual" vino de Dios, la mujer vino del varón. Del mismo modo en el que el "hombre espiritual" fue creado para recibir y responder al amor de Dios, la mujer fue hecha para recibir y responder al amor del varón.

Otra distinción es importante aquí: ambos, masculino y femenino, son "hombre" en sentido espiritual. Ambos se relacionan directamente con Dios como seres espirituales que tienen su fuente y final en Él, de quien reciben amor y a quien responden en amor. Por lo tanto, ambos son dadores y amantes, como lo es Dios. En el sentido físico, sin embargo, el varón es diseñado para ser dador y amante para la mujer, y la mujer es diseñada para ser receptora y corresponder al varón. El varón da, la mujer recibe; el varón ama, la mujer responde.

DAR Y RECIBIR

Este es el principio fundamental de la creación donde Dios y el hombre —masculino y femenino—, están afectados. Dios da al hombre, el varón da a la mujer, el hombre recibe de Dios, y la mujer recibe del varón. Muchas relaciones fallan porque los hombres no se dan cuenta de que son ellos los que deben dar, antes que recibir (o tomar) en lo que a las mujeres respecta, y porque las mujeres no se dan cuenta de que ellas deben ser receptoras en vez de dadoras en lo concerniente a los hombres. En cualquier relación, cuando un hombre falla al darle a su mujer, él funciona mal. Del mismo modo, cuando una mujer no puede recibir de su hombre, o es forzada a dar, ella funciona mal.

La vasta mayoría de los problemas de relaciones podrían ser resueltos, si cada hombre y mujer pudiese aprender y aplicar sólo este simple hecho: los varones fueron diseñados para dar y las mujeres fueron diseñadas para recibir. Esto es evidente aun en las diferencias físicas entre varones y mujeres. Los órganos sexuales del varón fueron diseñados para dar; los de la mujer, para recibir. Esta es una de las razones por las que las relaciones homosexuales y lesbianas son inmorales e inapropiadas. Violan el diseño de Dios para la especie humana y el principio de su creación para las relaciones humanas. Es imposible tener una relación complementaria verdadera y apropiada entre dos dadores o dos receptores.

Cuando Dios hizo a la mujer de ese "trozo" del costado del varón, Él la hizo igual al varón en casi todos los aspectos, excepto que alteró sus cromosomas, haciéndola una receptora que sería físicamente compatible con el varón. Su capacidad de concebir y dar a luz a los hijos fue posible. La capacidad del varón de proveer la semilla ya existía; simplemente carecía de un receptor. Así como Dios creó al hombre (no al varón) para que reciba de Él en el nivel espiritual, Él hizo a la mujer para que reciba del varón en el nivel físico.

Quiero aclarar que este dar y recibir entre masculinos y femeninos abarca mucho más que sólo el reino sexual. De acuerdo a los principios que Dios estableció desde el comienzo, la expresión sexual fuera del contexto del matrimonio es pecaminosa, inmoral e inapropiada. Los varones son dadores por naturaleza y las mujeres son receptoras por naturaleza, y esto es verdadero en cada área de la vida y las relaciones.

Dios no es sólo dador; como Creador, Él también es iniciador. Todo lo que existe llegó a existir porque Dios lo inició. En su soberana voluntad, eligió traer toda la creación a la existencia. En el nivel espiritual, el hombre (no el varón) es también un iniciador, porque vino de Dios. Es esta cualidad la que se encuentra detrás de la gran creatividad de hombres y mujeres en las artes, ciencias y cualquier otro campo de especialización.

En el nivel físico, el varón, como dador, es también un iniciador. Como receptora, la mujer está diseñada para responder a lo iniciado por el varón. Ahora, no me malinterpreten, las mujeres son perspicaces. Dios les dio tanto cerebro como a los hombres (¡a menudo más!), pero también las diseñó como seres femeninos para responder a la iniciativa propia y apropiada y al liderazgo de los hombres.

Muchos hombres se frustran cuando pareciera que las mujeres en sus vidas no lograran definirse. Muchachos, les tengo noticias. Como hombres, *nosotros* somos los iniciadores. Las mujeres simplemente esperan que *nos* decidamos.

Aquí hay algunos principios importantes para recordar con respecto a dar y recibir entre varones y mujeres.

1. Cuando un varón *demanda*, la mujer *reacciona*; ella no responde.

2. Cuando un varón *da*, la mujer *responde*.

3. Cuando el varón se *compromete*, la mujer se *somete*. Nada es más precioso para una mujer que un varón comprometido. Nada deprime más a una mujer que un hombre no comprometido. Aquí está el secreto, muchachos: si quieren mujeres sumisas, sean hombres comprometidos. Es así de simple.

4. Cuando un varón *abusa*, la mujer se *rehúsa*. Cuando un hombre abusa, la mujer se rehúsa a responder.

5. Cuando un varón *comparte*, la mujer *cuida*. Si encuentras a un hombre que voluntariamente está dispuesto a compartir con la mujer en su vida, encontrarás a una mujer dispuesta a cuidar de su hombre.

6. Cuando un varón *lidera*, la mujer lo *sigue*. Cuando un hombre lleva la responsabilidad dada por Dios de liderazgo, la mujer responde y sigue al líder. El liderazgo no significa ser el jefe mandón, que siempre le dice a otros lo que deben hacer. No, liderazgo quiere decir ir adelante, no poner a otros al frente. Los buenos líderes lideran con el ejemplo, no por decreto. Jesús lideró con el ejemplo, y también lo hicieron Moisés, Pedro, Pablo y todos los demás grandes líderes de La Biblia. Liderar con el ejemplo, es hacer nosotros mismos las cosas que deseamos que los otros hagan.

EL PRINCIPIO DE LAS NECESIDADES

Dios creó todo para que funcione por un principio predeterminado y específico. Los principios son reglas fundamentales, leyes fundacionales o modelos establecidos por el Creador para gobernar y regular las funciones de sus creaciones. Todos los seres humanos fueron creados para vivir por principios; sin ellos, la vida no sería más que un experimento inestable e impredecible.

Otra palabra para principios es *necesidades*. Las necesidades son principios que fueron creados por el fabricante como un componente predeterminado para el propio funcionamiento de un producto. En otras palabras, una necesidad es un requerimiento necesario para el funcionamiento efectivo. Cada fabricante diseña su producto para que funcione de cierta manera, y los requerimientos o necesidades para el propio funcionamiento de ese producto están predeterminados en la etapa de diseño.

Cada producto viene con necesidades inherentes. Un producto no determina sus propias necesidades, y tampoco lo hace el usuario; esas necesidades son construidas. Por diseño, un motor de combustión interna viene con una necesidad inherente de gasolina y aceite lubricante. De otra forma, no puede funcionar.

Del mismo modo, cada hombre y mujer, cada masculino y femenino en la Tierra, llegó con necesidades predeterminadas ya establecidas, requerimientos necesarios para el propio funcionamiento, una vida plena y, a veces, aun supervivencia. Muy a menudo, los problemas en las relaciones aparecen principalmente por el hecho de que los hombres y las mujeres no entienden las necesidades del otro. Cuando un producto o una relación se rompe, es un problema de principio: una u otra necesidad no es satisfecha. Ignore una necesidad, y eventualmente el producto fallará o la relación morirá. Tenga cuidado de una necesidad, y resolverá un problema. Realmente es así de simple.

Es importante, entonces, entender cómo obran las necesidades en la vida de las personas.

Primero de todo, las necesidades controlan y motivan el comportamiento. Todo lo que hace una persona es con la intención de satisfacer sus necesidades. Las necesidades determinan la conducta. Las personas, incluso, darían sus vidas para cumplir sus necesidades. Por ejemplo, ¿por qué tantas mujeres permanecen en relaciones abusivas? La respuesta es complicada, pero usualmente es, aunque sea parcialmente, porque esa relación, a pesar del abuso, suple una necesidad que sienten en sus vidas. Las acciones de las personas son motivadas por sus necesidades.

En segundo lugar, las necesidades determinan la auto realización. Nos sentimos realizados sólo cuando nuestras necesidades son satisfechas. Hasta que nuestras necesidades sean suplidas, nada más importará realmente en nuestra vida. Nuestra completa atención, todo lo que hacemos, estará centrado en satisfacer aquellas necesidades. Esta es la razón por la que en una relación es vitalmente importante que los hombres y las mujeres entiendan las necesidades del otro. La vida de cualquier relación es cumplir con las necesidades de la otra persona. De hecho, esta es una forma de definir el amor. El amor es hacer un compromiso de satisfacer las necesidades de otra persona.

Tercero, las necesidades no suplidas son fuente de frustración y falta de realización. La frustración en una relación es un indicador de necesidades no satisfechas. Una persona frustrada es una persona no realizada.

La clave de la vida es satisfacer necesidades. Es así de simple. Cuando las necesidades son suplidas, la creación funciona. Las necesidades satisfechas producen personas realizadas, y las personas realizadas son libres para lograr y ejercer todo su potencial como seres humanos. El objetivo primario, entonces, en toda relación debe ser satisfacer las necesidades. No debemos concentrarnos demasiado en suplir nuestras propias necesidades, sino en suplir las de la otra persona en la relación. Una buena prueba para la salud de una relación es preguntarnos periódicamente: ¿Cuáles son las necesidades que suplimos, las nuestras o las del otro? Si nos enfocamos en nuestras necesidades, la relación está en problemas. En las relaciones exitosas y saludables, ambas partes establecen como prioridad suplir las necesidades del otro.

Otra dinámica importante de las relaciones saludables es que, usualmente, cuando nos focalizamos en satisfacer las necesidades de la otra persona, nuestras necesidades son suplidas también. Es la ley de reciprocidad. Una persona cuyas necesidades han sido satisfechas, es libre para concentrarse en suplir las necesidades de otro.

LAS CINCO NECESIDADES DE LOS HOMBRES Y LAS MUJERES

Existen cinco necesidades básicas de los hombres y las mujeres, que resaltan las diferencias entre los dos géneros. El nivel de nuestra capacidad para amar a nuestra pareja depende en gran medida de la comprensión de estas necesidades y del reconocimiento de las diferencias que tengamos.

La primera necesidad básica del hombre es la plenitud sexual. Los hombres son impulsados por esta necesidad. Este impulso es dado por Dios y es tan prominente en el hombre porque él es el progenitor de la familia humana; él lleva la semilla. Por esta razón, los hombres están siempre listos para el sexo. Su impulso sexual no es cíclico.

Por supuesto, la expresión sexual en hombres y mujeres es pecaminosa e inapropiada fuera del contexto de la relación matrimonial. ¿Qué es lo que debe hacer un hombre maduro y soltero sobre su impulso sexual? El mismo Dios que creó ese impulso, también proveyó, para aquellos que lo buscan, la gracia y la habilidad de controlar ese impulso hasta que puedan satisfacerlo apropiadamente en el matrimonio.

La necesidad número uno de la mujer es el afecto. A diferencia del hombre, una mujer no *necesita* el sexo. Ciertamente puede disfrutar del sexo si está con su esposo y acompañada de mucho afecto. Una mujer no puede funcionar apropiadamente sin afecto. El hombre en la relación tiene que asegurarse de que las necesidades de afecto de ella sean satisfechas.

El afecto significa que él física y verbalmente expresa su amor, cuidado y apoyo hacia ella con actividades físicas y no físicas como: abrazos, besos, flores, tarjetas, regalos, sencillos actos de caballerosidad, pequeños gestos diarios de amabilidad, y demás.

La segunda necesidad básica del hombre es el compañerismo recreativo. Un hombre necesita que la mujer de su vida esté involucrada en su recreación. La mayoría de las mujeres no reconocen la importancia de esta necesidad en la vida de un hombre. Averigüe lo que le gusta y únase a él en ello. Aunque no le guste, al menos muestre suficiente interés para que él se lo enseñe o explique. Si le gustan los deportes, mire los juegos con él. Si le gusta correr, salga a correr con él. Si le gusta escuchar o ejecutar música, muestre interés en ello. Recuerde, la clave es cumplir las necesidades de él, no las suyas propias.

La segunda gran necesidad de la mujer es la comunicación y la conversación. Ella quiere, necesita que el hombre de su vida le *hable*. Muchos hombres tienen problemas con esto. Algunos tienen la noción equivocada de que un *verdadero* hombre es del tipo silencioso. Un hombre callado es igual a morir de hambre para una mujer. Ella prospera en la conversación. Usualmente, el resultado final, o línea final de la conversación no es tan importante para ella como el *proceso* mismo. Así que, hombres, háblenles. Escúchenlas. Tomen tiempo para compartir con ellas, no sólo superficialmente, sino en el nivel de los sentimientos. El tiempo invertido pagará abundantes dividendos en una relación fuerte y saludable.

La tercera necesidad básica del hombre en una relación es una mujer atractiva. Esto es así, porque los hombres son estimulados visualmente; esa es la manera en que fueron formados. Ser "atractiva" va mucho más allá de las opiniones básicas subjetivas de belleza. Una mujer atractiva es aquella que se cuida y busca vestirse, peinarse y manejarse de un modo que guste al hombre en su vida, para realzar aquellos aspectos en ella que lo atrajeron inicialmente.

La tercera necesidad básica de una mujer es la honestidad y apertura. Estas dos palabras hacen que muchos hombres se pongan nerviosos porque no les gusta hablar abiertamente. Ser abierto y honesto significa estar dispuesto a compartir sinceramente el grado más alto que sea apropiado en el nivel de relación. Maridos y esposas, por ejemplo, normalmente deben compartir en un nivel más profundo e íntimo que un hombre y una mujer que sólo se conocen. Aquí hay un consejo, muchachos: cuanto más abiertos y honestos sean con ellas, más confiarán y se sentirán más atraídas hacia ustedes, porque ellas interpretan la apertura como amor.

Las últimas dos necesidades de hombres y mujeres se aplican más a parejas casadas con hogares establecidos que a parejas solteras, sin embargo, los principios se aplican de igual manera en todos los casos. Las parejas solteras tendrán que adaptar estos principios para que encajen en sus situaciones particulares.

La cuarta necesidad básica del hombre es el apoyo doméstico. Un hombre necesita un cielo, un refugio donde pueda acudir al final del día y hallar paz y serenidad. En pocas palabras, necesita un entorno de apoyo en el hogar. Los hombres fueron formados por Dios para ser proveedores para el hogar. Recuerde que los hombres son dadores. Cuando un hombre sale y batalla con la vida todo el día para mantener a su familia, lo último que necesita es volver a un hogar con batallas familiares. Hoy, con más y más mujeres en la fuerza de trabajo, este tema del apoyo doméstico es aún más importante para el marido y la esposa. Ya hay suficientes problemas en la rutina cotidiana sin la agitación en el hogar como para sumar a la mezcla. Tanto el marido como la esposa necesitan ser sensibles al tema del apoyo doméstico.

La cuarta necesidad básica de la mujer es el apoyo financiero. Este puede no ser un tema de mayor importancia para una esposa que trabaja fuera del hogar, pero es crucial para la esposa que ha elegido quedarse en casa, particularmente si se dedica a criar a los niños. Estas necesidades están interconectadas. Si el hombre necesita el apoyo doméstico, la mujer necesita dinero que la ayude a realizarlo. Ella necesita estar segura de que las necesidades financieras de su familia son atendidas.

Finalmente, un hombre necesita admiración y respeto. El problema es que muchos hombres, por su modo de actuar y de tratar a las mujeres en sus vidas, no merecen admiración y respeto. Sin embargo, eso no cambia el hecho de que lo necesiten. Los hombres fueron formados con la necesidad de saber que la mujer que les importa los admira y respeta. Ellos también cargan con la responsabilidad de comportarse de manera admirable y respetable.

Una mujer necesita compromiso familiar. En otras palabras, la esposa necesita saber que su marido está comprometido con su hogar y matrimonio, que la pone a ella antes que a cualquier otra mujer, y a sus hijos antes que a cualquier otro niño. Necesita saber que él estará en casa por la noche y que dará la prioridad a su familia cuando tome decisiones que comprometan su tiempo.

No importa si somos hombres, mujeres, solteros o casados, lo más grande que podemos hacer para amar a nuestro compañero en cualquier relación, es buscar comprender sus necesidades únicas y entonces comprometernos a satisfacer tales necesidades. Existen muchas relaciones interesadas y egoístas en el mundo, con personas a quienes sólo les importa lo que pueden obtener y no lo que pueden dar.

Recordemos que *ágape*, el verdadero amor, da por naturaleza. Cuando nos comprometemos a satisfacer las necesidades de otro expresamos amor en su forma más pura y verdadera; un amor que da sin demandar ni esperar nada a cambio; un amor que refleja el verdadero corazón de Dios. Él es el origen del amor, porque es el amor mismo.

Principios

1. Así como el "hombre espiritual" vino de Dios, la mujer vino del varón. Del mismo modo en el que el "hombre espiritual" fue creado para recibir y responder al amor de Dios, la mujer fue hecha para recibir y responder al amor del varón.
2. Dios da al hombre, el varón da a la mujer, el hombre recibe de Dios, y la mujer recibe del varón.
3. Así como Dios creó al hombre (no al varón) para que reciba de Él en el nivel espiritual, Él hizo a la mujer para que reciba del macho en el nivel físico.
4. Los varones son dadores por naturaleza y las mujeres son receptoras por naturaleza, y esto es verdadero en cada área de la vida y las relaciones.
5. Cuando un producto o una relación se rompe, es un problema de principio: una u otra necesidad no es satisfecha.
6. El amor es hacer un compromiso de satisfacer las necesidades de otra persona.
7. La primera necesidad básica del hombre es la plenitud sexual; para la mujer, es el afecto.
8. La segunda necesidad básica del hombre es compañerismo recreativo; y para la mujer, es la comunicación y la conversación.
9. La tercera necesidad básica del hombre en una relación es una mujer atractiva; para la mujer es honestidad y apertura.
10. La cuarta necesidad básica del hombre es apoyo doméstico; y para la mujer es apoyo financiero.
11. La quinta necesidad básica del hombre es admiración y respeto; y para la mujer es compromiso familiar.

PARTE TRES

Comprender el amor para toda la vida

Capítulo uno

EL MATRIMONIO: UNA RELACIÓN SIN ROLES

El matrimonio es una aventura. Pienso que muchos recién casados están de acuerdo con que el proceso de contraer matrimonio es a la vez excitante, intimidante y, al menos, un poco atemorizante. Después de todo, dejar la cómoda intimidad del hogar de la infancia y la familia para comenzar un nuevo hogar y una nueva familia con el hombre o mujer de nuestros sueños, es emocionalmente similar a levantar las estacas en un país y navegar cruzando el océano para comenzar de nuevo en otro. Casarse conlleva algo de espíritu pionero, el sabor de la frontera. Todo es nuevo y diferente, un tanto crudo al principio, aun con un vago indicio de peligro.

En aquellos días de noviazgo y compromiso, de boda y luna de miel, el aire mismo parece cargado de magia e ilusión. Llenos de vida y vigor, los recién casados se sienten listos para conquistar el mundo. Ninguna puerta está cerrada para ellos. Ninguna meta está demasiado lejos, ningún sueño demasiado alto. El mundo es su ostra. Nada está fuera de su alcance.

Tarde o temprano, sin embargo, se aterriza en la realidad. El brillo lustre de la luna de miel se decolora un poco, y la actitud de "podemos conquistar el mundo" cede el paso a búsquedas más prácticas y con los pies en la tierra. Un día la pareja despierta al conocimiento de una nueva verdad. Se miran los rostros el uno al otro y se preguntan: "Bueno, ya nos casamos. ¿Ahora qué?". Ahora que ellos se comprometieron mutuamente para toda la vida, ¿cómo harán para que funcione? ¿Cómo llegarán desde aquí al futuro construyendo un matrimonio exitoso a lo largo del camino? ¿Qué deben hacer para realizar sus sueños de tener una relación para toda la vida caracterizada por el amor, la alegría, la amistad y la productividad? ¿Cómo pueden construir juntos una vida exitosa?

Estas no son preguntas ociosas. El éxito en el matrimonio no es automático. Del mismo modo, estar casados no garantiza ni comunión ni comunicación. De hecho, estar casados, en realidad, pone en evidencia cuánto el marido y la esposa *no conocen* sobre el otro. Durante el noviazgo y el compromiso es fácil, y es común que el hombre y la mujer intenten impresionar al otro para mostrar sólo su mejor faceta, al lucir siempre correctamente, vestir bien y actuar adecuadamente. Es después de la boda cuando sus cualidades menos atractivas y menos agradables salen a la luz. Cuando esto sucede, puede ser chocante. Cada persona comienza a ver en el otro cosas que nunca había soñado que existían.

Uno de los primeros desafíos que las parejas casadas enfrentan es alcanzar un entendimiento mutuo de las expectativas y roles en el matrimonio. El fracaso en el logro de esto es una de las mayores causas de problemas maritales. Maridos y esposas necesitan trabajar juntos en la mecánica de toma de decisiones en la familia y articular claramente sus expectativas con respecto del otro. ¿Cómo se tomarán las decisiones y quién las tomará? ¿Cuál es el "rol" del marido? ¿Cuál es el "rol" de la esposa?

Muchas parejas entran al matrimonio con algunos preconceptos con respecto a los roles. Por ejemplo, el marido saca la basura, mientras que la esposa se ocupa de lavar los platos. El marido se encarga del jardín y la parte externa de la casa, mientras que la esposa lava la ropa, cocina y limpia el interior. El marido trabaja para proveer para su familia, mientras que la esposa maneja el hogar y a los niños.

Los preconceptos sobre los roles matrimoniales no son siempre correctos. ¿Por qué? Una razón es que a veces están basados en costumbres anticuadas o ideas culturales. Otra razón es que a menudo fallan al no tener en cuenta los dones, talentos o habilidades individuales que no necesariamente están basados en el género. Un matrimonio exitoso depende en parte del entendimiento apropiado de los roles. Parte de este entendimiento incluye conocer las fuentes de percepciones comunes de los roles y estar dispuesto a evaluar la validez de esas percepciones.

FUENTES COMUNES DE PERCEPCIONES DE ROLES EN EL MATRIMONIO

Las percepciones de los roles matrimoniales, en la cultura occidental al menos, generalmente surgen de alguna de estas cuatro fuentes comunes: la tradición, los padres, la sociedad o la Iglesia. Cada una de estas fuentes ejerce una poderosa influencia en la manera en que maridos y esposas se ven a sí mismos y al otro.

Tradición. Muchos de los puntos de vista más comúnmente sostenidos sobre los roles maritales, han pasado a nosotros mediante la tradición. Adoptamos roles particulares porque "esa es la manera en que siempre se ha hecho". Los maridos trabajan en la oficina o la fábrica como el "ganador del pan" de la familia; las esposas trabajan en casa: cocinan, limpian y cuidan de los hijos. Los maridos gobiernan sobre todo y todos en el hogar, incluyendo sus esposas; las esposas se someten pasivamente a sus maridos. Los maridos virtualmente toman todas las decisiones que afectan a la familia; las esposas acompañan esas decisiones.

La tradición no es necesariamente algo malo. A veces la tradición es importante para mantener la estabilidad y el orden. Al mismo tiempo, sin embargo, necesitamos reconocer que el mero hecho de que algo sea tradicional no implica que sea correcto. Las tradiciones pueden estar fundadas en un error tan fácilmente como pueden estar fundadas en la verdad. Aun si fueron correctas en un tiempo, las tradiciones tienen la cualidad de durar más tiempo que las circunstancias que en un principio las trajeron a existencia. Las parejas casadas deben ser muy cuidadosas con la definición de roles basados únicamente en la tradición.

Padres. Tal vez las percepciones de roles que más influyen en un matrimonio son aquellas que la pareja aprende de sus padres. Los padres son, de hecho, los canales primarios a través de los cuales los conceptos de roles tradicionales son transmitidos a la siguiente generación. Muchas personas adoptan los roles de identidad y los métodos para relacionarse que vieron como modelo en sus hogares mientras crecían. Ya sea que aquellos modelos fuesen positivos o negativos, y a pesar de su deseo o intención de hacer exactamente lo contrario, la mayoría de los hijos crecen y son semejantes a sus padres. Un área donde esto es particularmente verdadero es en la crianza y disciplina de los hijos. Las diferencias en las filosofías y métodos paternales es un punto común de conflicto y desacuerdo en las parejas casadas más jóvenes.

Como con la tradición, los modelos paternales de roles matrimoniales deben ser cuidadosamente evaluados, porque pueden ser erróneos. El hecho de que mamá y papá hayan hecho las cosas de cierta forma por 40 ó 50 años, no significa que las hayan hecho bien.

Sociedad. La cultura popular es otra fuente significativa para definir los roles matrimoniales. Esta es distinta de la tradición, porque mientras que la tradición permanece sin cambiar por generaciones, la evolución social crea constantemente nuevas costumbres y tendencias. La sociedad moderna comunica su sistema de valores y creencias principalmente a través de las escuelas, de la industria del entretenimiento (particularmente la televisión, el cine y la música popular) de los medios. En gran parte del mundo occidental, estas fuerzas formadoras de cultura son dominadas por una filosofía que es profundamente racionalista y humanista en su visión del mundo, que no da ningún lugar para un Ser Supremo o para una dimensión realmente espiritual de la vida.

Esta influencia tan penetrante hace que sea sencillo para cualquiera, aun para creyentes imprudentes, tomar e interiorizar fácilmente estos valores en forma subconsciente. Cuando los creyentes traen valores y actitudes mundanos a su relación, resulta siempre en problemas. Es importante que se mantengan concentrados en La Palabra de Dios, La Biblia, como el modelo y la fuente del conocimiento.

Iglesia. Tradicionalmente, la Iglesia ha sido uno de los formadores primarios de percepción de los roles del matrimonio en la cultura occidental. Aunque esta es una función apropiada para la Iglesia en la sociedad, es un hecho desafortunado que muchas de las "enseñanzas" de la Iglesia con respecto a los roles matrimoniales y a las relaciones entre hombres y mujeres hayan sido negativas en general, particularmente en lo que concierne a la mujer.

Por ejemplo, la Iglesia, en general, ha enseñado por muchos años que la mujer es un "vaso frágil", el "sexo débil", una criatura frágil que debe ser manejada con gran cuidado y de la que no debe esperarse que realice ninguna tarea "pesada", ni física ni mental. Los estudios modernos en biología y medicina han concluido y demostrado que esto simplemente no es verdad. Física y mentalmente, las mujeres son iguales a los hombres, aunque de diferente manera.

Otra enseñanza errónea es que las mujeres tienen poco o nada para ofrecer espiritualmente a la vida en conjunto de la Iglesia. Son útiles en los roles de servicio, la cocina, el cuidado de los niños, el coro, pero no en ministerios *reales* como el de profecía o el de poner las manos sobre los enfermos.

La Iglesia también ha enseñado a las mujeres a "someterse" a sus maridos sin importar cómo sean tratadas. Esto es tomado como una muestra propia de "respeto" por sus maridos. Las mujeres que desafían con devolver el golpe por ser maltratadas, son consideradas parias en la Iglesia. La mayor parte de la enseñanza tradicional sobre la sumisión está basada en un total malentendido de Las Escrituras, que ha conducido a resultados devastadores en las vidas y las relaciones de incontables mujeres.

RELACIONARSE EN AMOR

Si las fuentes tradicionales de percepción de los roles maritales no son siempre correctas o relevantes, ¿qué se debe hacer? ¿Dónde puede, una pareja casada, encontrar un modelo confiable? ¿Existe un "manual de operación" para un matrimonio exitoso? Sí, existe. El mejor lugar donde buscar información técnica sobre cualquier producto es en las instrucciones del fabricante. En el matrimonio no es diferente. Dios creó el matrimonio y lo estableció como la primera y principal de todas las instituciones y las relaciones humanas. Como "fabricante" del matrimonio, Dios lo entiende mejor que nadie. Entonces, sólo tiene sentido referirnos al "manual técnico", La Biblia, para obtener información de cómo hacerlo funcionar.

Sorprendentemente, muchos de los roles matrimoniales "tradicionales" no están delineados específicamente en Las Escrituras. No existen las listas con viñetas, ni ecuaciones, ni fórmulas. Lo que La Biblia provee son *principios*. Quizá la descripción más significativa de cómo los maridos y las esposas deben relacionarse entre ellos se encuentra en las palabras de Pablo, el erudito judeocristiano del primer siglo, líder de Iglesia y misionero:

Esposas, sométanse a sus propios esposos como al Señor. Porque el esposo es cabeza de su esposa, así como Cristo es cabeza y salvador de la iglesia, la cual es su cuerpo. Así como la iglesia se somete a Cristo, también las esposas deben someterse a sus esposos en todo. Esposos, amen a sus esposas, así como Cristo amó a la iglesia y se entregó por ella para hacerla santa. Él la purificó, lavándola con agua mediante la palabra, para presentársela a sí mismo como una iglesia radiante, sin mancha ni arruga ni ninguna otra imperfección, sino santa e intachable. Así mismo el esposo debe amar a su esposa como a su propio cuerpo. El que ama a su esposa se ama a sí mismo, pues nadie ha odiado jamás a su propio cuerpo; al contrario, lo alimenta y lo cuida, así como Cristo hace con la iglesia, porque somos miembros de su cuerpo. "Por eso dejará el hombre a su padre y a su madre, y se unirá a su esposa, y los dos llegarán a ser un solo cuerpo". Esto es un misterio profundo; yo me refiero a Cristo y a la iglesia. En todo caso, cada uno de ustedes ame también a su esposa como a sí mismo, y que la esposa respete a su esposo.

—EFESIOS 5:22-33

Estos versículos no mencionan nada sobre "roles" fijos específicos para el marido y la esposa, pero identifican ciertos principios que deben guiar su relación: sumisión, amor y respeto. Es interesante notar que aunque Pablo declara cuatro veces que los esposos deben amar a sus esposas, no menciona ninguna vez que las esposas deben amar a sus maridos. Su amor está implícito en su sumisión y su respeto por ellos.

Claramente, el énfasis de Pablo aquí está en la actitud y el comportamiento de los esposos: ellos deben amar a sus esposas *"como Cristo amó a la iglesia y se entregó por ella"*. Este punto central en los maridos es importante al menos por dos motivos. Primero, por el diseño de Dios el marido es la *"cabeza de su esposa"* y líder espiritual del hogar. Su actitud y comportamiento establecerá el tono espiritual para el hogar y afectará profundamente el bienestar general y espiritual de su esposa.

La segunda razón es menos evidente para el entendimiento social de estos días modernos. Durante el primer siglo, cuando Pablo escribió estas palabras, las mujeres de las sociedades judías y romanas eran tenidas como ciudadanos de segunda clase y tenían muy pocos derechos. Las esposas eran vistas como un poco más que una propiedad para sus maridos. El llamado de Pablo a los maridos para que *amen* a sus esposas, particularmente de la manera en que Cristo amó a su Iglesia y se sacrificó a sí mismo por ella, era un concepto radicalmente nuevo, aun revolucionario en sus implicancias.

El amor entre el marido y la esposa no era nuevo en sí mismo —la literatura antigua de cada cultura estaba llena de canciones de amor— pero sí lo era el énfasis de Pablo. Él se refería a un amor en el cual el marido debía servir a la esposa como Cristo servía a la Iglesia, y dar su vida por su esposa como Cristo dio su vida por la Iglesia. El amor de sacrificio es en sí mismo una forma de sumisión. Pablo hablaba del amor que elevaría a una esposa a un *estado de igualdad,* como persona a los ojos de su marido.

Lo más cercano, en este pasaje, a la definición de los roles matrimoniales es cuando dice que el "rol" del marido es "amar" a su esposa de un modo desinteresado y dispuesto a sacrificarse, y el "rol" de la esposa es "someterse" a su marido *"como al Señor"* y "respetar" a su esposo. Estos "roles" son recíprocos. Un marido que es realmente fiel para cumplir con *su* parte, hará más sencillo para su esposa cumplir con la *suya*. Del mismo modo, una esposa que tiene un marido que la ama de esta manera, no tendrá ningún problema para respetarlo o someterse a su liderazgo.

En el nivel más básico, entonces, el marido y la esposa deben relacionarse entre ellos a través del amor mutuo y la sumisión en vez de hacerlo a través de un grupo de roles predefinidos, sin importar cual sea su fuente.

RELACIONARSE SIN ROLES

Esencialmente, el matrimonio es una relación sin roles. No puede ser de otra manera si es que el matrimonio está fundado en el amor dispuesto al sacrificio. El amor de sacrificio es incondicional, es amor sin razón. El verdadero amor no tiene una razón; simplemente es. El amor incondicional ama sin importar el comportamiento o lo "amables" que sean aquellos que son amados, y sin importar si corresponden o no a ese amor. El Nuevo Testamento identifica este tipo de amor con la palabra griega *ágape*. Es la clase de amor que Dios exhibe hacia la raza humana pecadora; el tipo de amor que Jesucristo demostró cuando voluntariamente murió en la cruz por aquella raza pecadora. Como Pablo escribió en su carta a los creyentes en Roma: *"A la verdad, como éramos incapaces de salvarnos, en el tiempo señalado Cristo murió por los malvados. Difícilmente habrá quien muera por un justo, aunque tal vez haya quien se atreva a morir por una persona buena. Pero Dios demuestra su amor por nosotros en esto: en que cuando todavía éramos pecadores, Cristo murió por nosotros"* (Romanos 5:6-8).

Dios no necesita un motivo para amarnos; Él nos ama porque el amor es su naturaleza. Su amor por nosotros no radica en que nosotros "demos vuelta la página", o "limpiemos nuestras acciones" o le correspondamos su amor o no. *Ágape* no hace demandas, no tiene expectativas y no necesita garantías excepto para garantizarse a sí mismo. El

Señor garantiza que nos amará sin importar si nosotros correspondemos o no a su amor. El amor de Cristo es un amor sin roles, basado en respuestas antes que en expectativas. Su muerte en la cruz fue su amor *en respuesta* a la necesidad de la humanidad de ser perdonada. Jesús no puso ninguna expectativa en nosotros como una precondición para su sacrificio. Él dio su vida libremente sin garantía de que alguno de nosotros lo amara en respuesta. La única expectativa que tuvo Jesús era su propio gozo y exaltación ante su Padre:

> *Fijemos la mirada en Jesús, el iniciador y perfeccionador de nuestra fe, quien por el gozo que le esperaba, soportó la cruz, menospreciando la vergüenza que ella significaba, y ahora está sentado a la derecha del trono de Dios.*
>
> —HEBREOS 12:2

La suya es una invitación abierta, incondicional: *"Porque tanto amó Dios al mundo, que dio a su Hijo unigénito, para **que todo el que** cree en él no se pierda, sino que tenga vida eterna"* (Juan 3:16, énfasis añadido); *"Mas **a cuantos lo recibieron**, a los que creen en su nombre, les dio el derecho de ser hijos de Dios"* (Juan 1:12, énfasis añadido). Estas palabras implican que Jesús no tenía garantía. Su amor lo llevó a la cruz, y Él habría muerto aun si ninguno creía o le recibía. *Ágape* no tiene motivo.

El amor que busca una razón es un amor con condiciones adjuntas. Las condiciones dan lugar a las expectativas. Con expectativas, me refiero a aquellos empleos mundanos y rutinarios, funciones o actividades que los maridos y las esposas automáticamente esperan que el otro haga porque es su "rol", como lavar la vajilla, cocinar los alimentos, limpiar la casa, cortar el césped, tender la cama, asear a los niños, y demás. Las expectativas llevan inevitablemente a la decepción. La decepción lleva a discusiones, las cuales tensionan la relación y ponen en peligro la comunión.

¿Qué tiene que ver todo esto con una relación sin roles en el matrimonio? El amor matrimonial se supone que debe ser como el amor que Jesús tiene por su Iglesia: incondicional, dispuesto al sacrificio y sin expectativas ni garantías. Los roles fijos crean expectativas, y las expectativas implican garantías. Por ejemplo, si la esposa ve el cortar el césped como un "rol" de su marido, ese rol crea en su mente la expectativa de que él cortará el pasto cuando esté alto. Si no lo hace, habrá violado la "garantía". Su expectativa se torna en decepción o enojo, y resulta en un conflicto. Si el marido cree que la preparación de la comida es el "rol" de su esposa, él se molestará si la cena no está en la mesa cuando llegue a casa del trabajo. Su esposa no habrá cumplido con la "garantía" implicada en sus expectativas, las cuales están basadas en su percepción del "rol".

El resultado de todo esto, es que el amor sin motivos es amor sin expectativas. Si no hay expectativas, no existen los roles fijos. El matrimonio, entonces, se transforma en una relación basada en satisfacer necesidades en vez de adherirse a preconceptos rígidos. Si el marido y la esposa no tienen expectativas de roles fijos del otro, ninguno será decepcionado. El acercamiento al matrimonio basado en la satisfacción traerá una profunda, fresca y nueva dimensión a la relación. Las parejas casadas experimentarán un mayor éxito y felicidad cuanto más aprendan sobre cómo relacionarse sin roles fijos.

RESPONSABILIDADES TEMPORARIAS, NO ROLES PERMANENTES

Una relación sin roles en un matrimonio no significa que nadie hace nada o que la pareja toma un acercamiento arbitrario o casual a su vida de hogar. Por el contrario, es importante para el marido y la esposa llegar a un claro y mutuo entendimiento de cómo se harán las cosas. Una relación sin roles fijos *sí* quiere decir que cada uno responderá de acuerdo a la necesidad, habilidad y oportunidad. ¿Quién cocina regularmente las comidas? Eso dependerá de quién sea el mejor cocinero. Algunos maridos cocinan mejor que sus esposas. En ese caso,

¿por qué debería la esposa estar encasillada con la responsabilidad de preparar las comidas, simplemente porque ese es su rol "tradicional"? Un rol es una responsabilidad temporaria que está basada en la habilidad del que responde. Como tal, los roles pueden cambiar de un día para el otro, de un minuto al siguiente, y de una persona a la otra, porque dependen de la necesidad del momento. ¿Qué es necesario hacer? ¿Quién puede hacerlo mejor? ¿Quién está en una mejor posición para hacerlo ahora? Es un asunto de necesidad, habilidad y oportunidad. Por eso, probablemente, sea mejor referirnos a tareas matrimoniales como responsabilidades antes que a roles. Cual sea la necesidad, quien sea que esté disponible y dispuesto en ese momento es responsable.

Relacionarse sin roles fijos es una consecuencia natural de un matrimonio fundado en *ágape* y en el cual el marido y la esposa son verdaderamente partes iguales. *Ágape* busca servir antes que ser servido. Jesús demostró este principio en un poderoso ejemplo registrado en Juan 13:3-17. La noche antes de ser crucificado, Jesús se reunió con sus seguidores para celebrar la Pascua de los judíos. Cuando los discípulos entraron no había nadie para lavar sus pies (una tarea normalmente asignada al menor de los sirvientes) y ninguno de ellos se ofreció para hacerlo. Su actitud, sin hablar, era: "¡Ese no es mi trabajo!" Jesús mismo se levantó de la mesa, se quitó su manto y se ató una toalla a la cintura como un siervo, y comenzó a lavar los pies de sus discípulos. No hubo cuestión de roles. Jesús vio la necesidad y respondió a ella. Al mismo tiempo enseñó a sus seguidores una lección valiosa de humildad y servicio.

Ágape se expresa a sí mismo en respuesta consciente a una necesidad reconocida. No es una reacción automática o inconsciente a un estímulo basado en hábitos o actitudes condicionadas. El enojo del marido por la "falla" de su esposa al lavar la ropa, puede ser simplemente una reacción condicionada a la violación del concepto que él tiene del rol de ella. Una respuesta *ágape* sería pensar antes de actuar o hablar, y evaluar la situación para ver si allí hay circunstancias atenuantes; una legítima razón por la que el lavado de ropa no se llevó a cabo. Tal vez ella estuvo todo el día cuidando a un niño enfermo. Ella puede estar tremendamente sobrecargada en su trabajo o haciendo tareas para su clase nocturna. Sea cual sea la razón, *ágape* busca ayudar con la necesidad, no criticar una falla. Aunque este marido y esta esposa tienen un entendimiento mutuo de que ella normalmente se encargaría de la lavandería, en esta instancia, el *ágape* responde sin conciderar los roles; tal vez él lavará las ropas y tomará un poco de su carga. *Ágape* no busca roles; *ágape* responde a las necesidades.

Los maridos y las esposas que se acercan al matrimonio desde una perspectiva sin roles, asumen la total propiedad de cada aspecto de sus vidas juntos. No existen "sus" roles, sólo "nuestras" responsabilidades. Quién hace qué y cuándo, depende de las circunstancias específicas. Cada pareja debe arribar a un acuerdo mutuo de quién de los dos tiene la responsabilidad *primaria* para cada tarea o necesidad, y entender también que en última instancia ambos comparten todas las responsabilidades juntos.

La asignación de las responsabilidades matrimoniales puede depender del entrenamiento, habilidades o temperamento de cada persona. ¿Quién debería preparar las comidas (primariamente)? Quien sea el mejor cocinero. ¿Quién debería administrar las finanzas de la familia (primariamente)? Quien tenga la cabeza mejor preparada para la contabilidad. ¿Quién debería hacer la limpieza de la casa? Quien viva en la casa. ¿Quién debería lavar la vajilla? Quien la ensucia. ¿Quién debería tender la cama? Quien duerme en ella. ¿Quién debería podar el césped? Quien tenga el tiempo y la oportunidad.

Las asignaciones claras de autoridad y responsabilidad entre el marido y la esposa establecen el orden y ayudan a prevenir el caos y la confusión. Al mismo tiempo, en lugar de producir rigidez en la relación, permite flexibilidad para que cualquiera de los dos pueda hacer lo que se necesita en cualquier tiempo dado. Quien pueda, lo hace; quien lo vea, actúa. Es así de simple.

El funcionamiento de las responsabilidades matrimoniales también se verá afectado si ambos tienen empleos fuera del hogar o no. De una esposa que se queda en la casa, puede esperarse razonablemente que lleve regularmente una parte más grande de las responsabilidades domésticas, que de una esposa que trabaja todo el día fuera de la casa. Compartir las responsabilidades se vuelve aun más importante cuando ambos, marido y esposa, están lejos del hogar durante el día. Cada uno necesita tomar en cuenta la agenda y las obligaciones del otro, incluso las del trabajo. El entendimiento mutuo y la cooperación son esenciales.

Así que, ¿cuál es el "rol" del marido en el matrimonio? Él es la "cabeza" del hogar, el líder espiritual responsable de la dirección espiritual de la familia. Debe amar a su esposa del mismo modo que Cristo amó a la Iglesia, incondicionalmente y dispuesto al sacrificio. ¿Cuál es el "rol" de la esposa? Ella debe respetar a su marido y someterse a su liderazgo. En los asuntos prácticos de la vida del hogar, ambos deben responder de acuerdo a la necesidad, sus habilidades y su disponibilidad.

Principios

1. En el nivel más básico, el marido y la esposa deben relacionarse entre ellos a través del amor mutuo y la sumisión, en vez de hacerlo a través de un grupo de roles predefinidos.
2. Esencialmente, el matrimonio es una relación sin roles.
3. El amor de Cristo es un amor sin roles, basado en respuestas antes que en expectativas.
4. Si no hay expectativas, no existen los roles fijos. El matrimonio, entonces, se transforma en una relación basada en satisfacer necesidades, en vez de adherirse a preconceptos rígidos.
5. Una relación sin roles fijos *sí* quiere decir que cada uno responderá de acuerdo a la necesidad, habilidad y oportunidad.
6. Un rol es una responsabilidad temporaria que está basada en la habilidad del que responde.
7. *Ágape* no busca roles; *ágape* responde a las necesidades.
8. En un matrimonio sin roles no existen "sus" roles, sólo "nuestras" responsabilidades.
9. La asignación de las responsabilidades matrimoniales puede depender del entrenamiento, habilidades o temperamento de cada persona.

Capítulo dos

LA CUESTIÓN DE
LA SUMISIÓN

A prender cómo relacionarse sin roles fijos puede ser un desafío mayor para parejas casadas, en particular, si los conceptos de roles tradicionales están profundamente inculcados en sus mentes. Hacer el cambio exitosamente requerirá de ajustes significativos en su forma de pensamiento. Debido a que la mayoría de las culturas humanas han operado por tanto tiempo bajo el paradigma del orden social del macho dominante, el concepto del matrimonio como una sociedad de iguales caracterizada por una relación sin roles no resulta fácil para muchas personas. No obstante, ese es el modelo bíblico.

En el principio, Dios creó al hombre, varón y mujer, a su propia imagen y *les* dio dominio sobre la Tierra para que la gobernaran *juntos* (ver Génesis 1:26). La primera pareja humana disfrutó de un matrimonio en el cual ambos eran iguales, porque compartían los mismos derechos y las mismas responsabilidades. Caminaron en una abierta y continua comunión el uno con el otro, y con Dios.

El día llegó cuando Adán y Eva eligieron desobedecer a Dios. Inmediatamente sus circunstancias cambiaron. El pecado rompió su comunión con Dios y causó que su matrimonio, donde ambos eran iguales, se degenerara en una sombra de lo que era, con la mujer subyugada a su marido. Este matrimonio corrompido, dominado por el varón, se volvió el patrón "normal" para las relaciones hombre/mujer en un mundo corrupto por el pecado.

Desde el inicio, Dios tenía un plan para restaurar a la humanidad a la comunión con Él mismo. Envió a su Hijo, Jesucristo, a morir en una cruz por los pecados de la humanidad, y así quebrar el poder del pecado y destruir sus efectos. Parte del plan de Dios era restaurar la institución del matrimonio a la condición original, prístina.

Un matrimonio de creyentes puede y debe estar caracterizado por una relación sin roles, en la cual ambos, marido y esposa, son socios iguales. Sin embargo, esto eleva la pregunta natural de cómo reconciliar el concepto bíblico de una sociedad igualitaria en el matrimonio, con el concepto, también bíblico, de la esposa que está sujeta a su marido. En la superficie estas parecen ser ideas opuestas e irreconciliables. En el capítulo anterior hemos tocado brevemente este tema, pero entender la cuestión de sumisión es tan crítico para el éxito a largo plazo y la felicidad en el matrimonio, que necesitamos dar una mirada mucho más cercana al asunto.

LOS MARIDOS DEBEN ACTUAR COMO JESÚS

Ya hemos visto que el amor, la sumisión y el respeto mutuos deben caracterizar las relaciones marido/esposa en un matrimonio bíblico, pero, ¿qué significa exactamente? Consideremos una vez más el consejo que Pablo le dio a los Efesios:

Sométanse unos a otros, por reverencia a Cristo. Esposas, sométanse a sus propios esposos como al Señor. Porque el esposo es cabeza de su esposa, así como Cristo es cabeza y salvador de la iglesia, la cual es su cuerpo. Así como la iglesia se somete a Cristo, también las esposas deben someterse a sus esposos en todo. Esposos, amen a sus esposas, así como Cristo amó a la iglesia y se entregó por ella para hacerla santa. Él la purificó, lavándola con agua mediante la palabra, para presentársela a sí mismo como una iglesia radiante, sin mancha ni arruga ni ninguna otra imperfección, sino santa e intachable. Así mismo el esposo debe amar a su esposa como a su propio cuerpo. El que ama a su esposa se ama a sí mismo, pues nadie ha odiado jamás a su propio cuerpo; al contrario, lo alimenta y lo cuida, así como Cristo hace con la iglesia, porque somos miembros de su cuerpo. "Por eso dejará el hombre a su padre y a su madre, y se unirá a su esposa, y los dos llegarán a ser un solo cuerpo". Esto es un misterio profundo; yo me refiero a Cristo y a la iglesia. En todo caso, cada uno de ustedes ame también a su esposa como a sí mismo, y que la esposa respete a su esposo.

—EFESIOS 5:21-33

La primera instrucción de Pablo concierne a la sumisión mutua: *"Sométanse unos a otros, por reverencia a Cristo"*. Todo lo que dice Pablo en estos versículos está en el contexto de la sumisión mutua. La esposa se somete al marido *"como al Señor"* y el marido ama a la esposa *"como Cristo amó a la iglesia y se entregó por ella"*. Este amor desinteresado por parte del marido, es en sí mismo una forma de sumisión. Es esta sumisión del marido, en lugar de su esposa, la que tan a menudo es pasada por alto en la enseñanza y en la práctica.

A través de este pasaje Pablo compara al marido con Cristo. Las esposas deben respetar y someterse a sus maridos *"como al Señor"*. El marido es *"cabeza de su esposa, así como Cristo es cabeza y salvador de la iglesia"*. Los maridos deben amar a sus esposas *"así como Cristo amó a la iglesia y se entregó por ella"*. En cada caso, el marido debe mirar a Cristo como ejemplo para su propia conducta. Lo que esto significa en términos prácticos es que el marido merece y tiene el derecho a esperar la sumisión y el respeto de su esposa en tanto él viva y actúe como Jesús con respecto a ella. El marido merece la sumisión de su esposa en la medida en que él actúe como el Señor. Si no se comporta como el Señor, entonces no tiene derecho a esperar que su esposa se someta a él *"como al Señor"*.

Pablo dice que las esposas deben someterse a sus maridos *"como la iglesia se somete a Cristo"*. ¿Cómo hace Jesús para que su Iglesia se someta a Él? Qué pasaría si Jesús apareciera repentinamente y caminara por la iglesia balanceando un bate de béisbol y al observar cuántas cabezas podría golpear, gritara: "¡Escuchen todos! Mejor que hagan lo que yo les digo, porque si no...". ¿Qué pasaría si Él comenzara a maldecir a su Iglesia, o patear y escupir, o insultarla? Habría una epidemia de desertores, y yo sería uno de ellos. Perdería seguidores a diestra y siniestra. ¿Quién querría seguir a ese tipo de Señor "amoroso"?

No, Jesús ganó el amor, respeto y sumisión de su Iglesia por medio de su propia sumisión a ella, sacrificándose en amor. Él dio su vida libre y voluntariamente por la Iglesia. Con su sangre limpió a la Iglesia del pecado y la culpa, y la hizo santa, intachable y sin ninguna mancha o defecto. A través de su Espíritu, Jesús fortalece y sostiene a la Iglesia, amándola siempre al mostrar compasión por ella, perdonándola siempre al proveer para sus necesidades de acuerdo a sus riquezas en gloria (ver Filipenses 4:19).

Jesús es el ejemplo perfecto. Si los maridos quieren aprender cómo ganar el amor, respeto y sumisión de sus esposas, necesitan observar cómo Jesús trata a su Iglesia y seguir su modelo.

LA MAYOR PARTE DE LOS MARIDOS HAN DEJADO CAER LA PELOTA

Desafortunadamente, la triste verdad es que, en comparación con las medidas del modelo puesto por Jesús, la mayoría de los maridos no merecen sumisión. Cuando se trata de amar a la esposa del modo que Cristo amó a la Iglesia, la mayor parte de los maridos dejaron caer la pelota. Esto no significa que los maridos no aman sinceramente a sus esposas y quieren darles lo mejor de ellos. El fracaso de los maridos al compararse con el modelo de Cristo revela un defecto fundamental que se encuentra en el corazón de cada hombre, un defecto compartido sólo por cada mujer. La Biblia llama a este defecto "pecado", y ha sido parte de la naturaleza humana desde que la primera pareja humana desafió a Dios en el jardín del Edén y siguió su propio camino. El pecado es el defecto que impide a los maridos medirse con el ejemplo de Jesús.

Aunque Adán y Eva disfrutaron de una autoridad y sociedad igualitarias en el jardín del Edén, Dios había nombrado a Adán como la "cabeza" de la familia, con la responsabilidad general de enseñar y guiar a su esposa en los caminos de Dios. Después de que Adán y Eva desobedecieron a Dios, el pecado se volvió parte de su naturaleza. Esto destruyó su comunión con Dios y los volvió temerosos al punto de esconderse de Él. Cuando Dios vino a buscarlos, se dirigió a Adán primero. Aunque Eva fue la primera en desobedecer y luego incluyó a su marido, Adán era la "cabeza", y Dios lo había hecho responsable.

> *Pero Dios el Señor llamó al hombre y le dijo:*
> *—¿Dónde estás?*
> *El hombre contestó:*
> *—Escuché que andabas por el jardín, y tuve miedo porque estoy desnu-*
> *do. Por eso me escondí.*
> *—¿Y quién te ha dicho que estás desnudo? —le preguntó Dios—. ¿Acaso*
> *has comido del fruto del árbol que yo te prohibí comer?*
> *Él respondió:*
> *—La mujer que me diste por compañera me dio de ese fruto, y yo lo*
> *comí.*
>
> —GÉNESIS 3:9-12

Tan pronto como fue confrontado con su falla, Adán intentó echar la culpa sobre su esposa. Rehusándose a reconocer su culpa, Adán trató de transferir la responsabilidad a alguien más, y los hombres han transferido responsabilidades por sus errores desde entonces.

Cuando Adán desobedeció a Dios y el pecado entró a su naturaleza, inmediatamente sucedieron cuatro cosas en su vida. Primero, él supo que era culpable. Se rehusaba a reconocerlo, pero lo sabía. Segundo, tuvo miedo. El pecado causó la separación entre el hombre y Dios, y esa separación creó el temor. Tercero, se escondió. Y cuarto, se sintió avergonzado.

Todas estas son experiencias de todos los hombres. Todavía hoy los hombres saben cuando están equivocados aunque no quieran admitirlo. Sólo pensar en estar expuestos al fracaso los llena de miedo. Los hombres aún se esconden de sus errores. Muchos se esconden detrás de su ego, su fortaleza física, o su posición o estatus en la comunidad. Otros se esconden detrás del dinero, la influencia, el poder político, sus empleos, los deportes, cualquier cosa que los ayude a evitar tener que enfrentar sus errores.

Aunque pocos fácilmente lo admiten, cuando un hombre comete un error se siente avergonzado, no importa cuánto se resista. Puede disfrazar su vergüenza con conversaciones jactanciosas o un comportamiento de "macho" con los "muchachos". Puede tratar de ahogarlo en el licor o representar el odio por sí mismo al golpear a su esposa e hijos. La vergüenza de un matrimonio fracasado puede conducirlo a los brazos de una amante. Puede procurar desviar su vergüenza al culpar a su esposa por sus fracasos.

Nada destruye el ego de un hombre como el fracaso. Los hombres tienen un gran miedo de ser "desnudados", de ver su fracaso expuesto para que todo el mundo lo vea. Por eso tantos hombres buscan una falsa seguridad en personas o entornos que afirmen su virilidad sin recordarles sus defectos. Preferirían quemarse al calor de una imagen propia falsa, antes que enfrentar la verdad sobre sí mismos.

LOS MARIDOS DEBEN LLEVAR EN SUS HOMBROS SUS RESPONSABILIDADES

De modo que aquí está el dilema: se supone que los maridos deben comportarse como Jesús, y algunos maridos lo hacen. Por supuesto, nadie es perfecto; ningún marido puede copiar perfectamente el modelo de conducta de Cristo. El problema es que muchos maridos realmente no tienen idea de cómo deben actuar ni qué se supone que deben hacer. Se han escondido de su verdadera forma de ser por tanto tiempo, que aunque se diesen cuenta de que tienen que cambiar, no sabrían cómo.

Los maridos que seriamente quieren seguir el ejemplo de Jesús al relacionarse con sus esposas, deben estar dispuestos a llevar sus responsabilidades sobre sus hombros. Deben aceptar voluntariamente la responsabilidad por sus acciones sin negarlas, sin esconderse de ellas o desviar la culpa hacia alguien más, particularmente, sus esposas. Necesitan reconocer que debido a que son humanos, van a fallar ocasionalmente, pero esto no tiene que ser una causa de vergüenza o desastre. Una relación establecida en *ágape* creará un entorno de perdón y apoyo. Un marido que verdaderamente intenta amar a su esposa *"como Cristo amó a la Iglesia"*, la tendrá a su lado lista y deseosa de ayudarlo a tener éxito. ¿Qué mujer razonable dejará de responder a un hombre que verdaderamente la ama, la cubre, la protege, le provee todo, se entrega a sí mismo por ella y, para hablar humanamente, la pone a ella en el centro de su mundo?

En todo el contexto de amar a su esposa, el primero y más importante rol del marido es ser la cabeza, el protector y el maestro espiritual en el hogar. Por medio de sus palabras, su estilo de vida y su comportamiento personal, el marido debe enseñar La Palabra, la voluntad y los caminos del Señor a su esposa y a sus hijos.

Uno de los problemas más grandes en el matrimonio y la familia de hoy, es que en muchos hogares el marido ha abdicado efectivamente su liderazgo por omisión o por ignorancia. En muchos hogares creyentes la esposa conoce más sobre el Señor y su Palabra y caminos que su marido, porque pasa más tiempo expuesta a ellos. Ella está en la iglesia mientras el marido está afuera en algún lugar para hacer sus propias cosas. Aunque él esté en la iglesia con ella, con frecuencia el marido está menos comprometido e involucrado en los asuntos espirituales que su esposa. ¿Cómo puede un marido enseñar lo que ella ya sabe? ¿Cómo puede ser el modelo para su familia de un estilo de vida del que no sabe nada?

Si una mayor cantidad de maridos fuesen fieles en amar a sus esposas como Cristo amó a la Iglesia y en cumplir su responsabilidad como cabeza del hogar, habría muy pocos problemas o confusión sobre el asunto de la sumisión de las esposas.

LOS MARIDOS DEBERÍAN CORTEJAR A SUS MUJERES COMO CRISTO CORTEJÓ LA IGLESIA

Así como Pablo compara al marido con Cristo, compara a la esposa con la Iglesia. Las esposas deben someterse a sus maridos como la Iglesia se somete a Cristo. Al mismo tiempo, los maridos deben amar a sus esposas como Cristo amó a la Iglesia. Ambas son acciones recíprocas: así como el marido ama a su esposa y está dispuesto al sacrificio por ella, su esposa se somete a él.

Los maridos deben ganar la sumisión de sus esposas haciéndose a sí mismos merecedores de ella. Lograrán esto si aprenden a amar a sus esposas del modo que Cristo ama a su Iglesia. ¿Cómo ama Cristo a su Iglesia? ¿Cómo es que atrae al pueblo hacia Él para que se sometan?

Jesús nos gana cortejándonos. Primero, Él se revela a sí mismo a nosotros de alguna manera y captura nuestro corazón con su amor. Luego, gentilmente nos atrae a sí mismo: *"Con amor eterno te he amado; por eso te sigo con fidelidad"* (Jeremías 31:3b). Él extiende una invitación abierta para que vengamos a Él, para que seamos perdonados de nuestros pecados y para que recibamos el regalo de la vida eterna. Una vez que entendemos cuánto nos ama y cuánto ha hecho por nosotros, nos damos cuenta de que estaríamos locos si *no* lo siguiéramos. Esto sucede cuando, en respuesta a su gentil atracción, decidimos *por nuestra propia voluntad* venir a Él.

Someternos a Cristo es *nuestra* elección. Él nunca nos fuerza. Jesús nunca nos tuerce el brazo ni nos presiona de manera alguna. Simplemente dice: "Aquí estoy, ven a mí". La sumisión nunca es forzada desde afuera. La sumisión es elegida libremente y entregada voluntariamente. Una vez que nos sometemos a Jesús, Él se vuelve el centro de nuestras vidas. Nos ha cortejado tan bien y nosotros le amamos tanto, que estamos listos para ir a donde sea y hacer lo que sea por Él.

De la misma manera, un marido debería cortejar a su esposa. Tenerla siempre en el más alto honor y referirse a ella con el mayor respeto como persona. Cubrirla con oraciones y protegerla. Tratarla con ternura, consideración y compasión. No tenga miedo de mostrar un tierno afecto. Recuerde tener pequeños gestos de amabilidad. Cómprele flores. Llévela a cenar a un lindo restaurante. Sorpréndala con una escapada de fin de semana solo para dos. En palabras, en hechos y en toda otra forma posible, hágale saber que es amada, valiosa y tenida en cuenta sobre todos los demás.

LA SUMISIÓN DE LA ESPOSA ES VOLUNTARIA

Hasta ahora nos hemos enfocado casi exclusivamente en las responsabilidades de los maridos. Eso es por al menos dos razones: primero, porque el marido carga con la mayor parte de la responsabilidad debido a que es la cabeza del hogar y, segundo, porque su responsabilidad es en gran manera malentendida y, en consecuencia, raramente cumplida.

El marido es la "cabeza" de su esposa; no es su "jefe". Tampoco es el "jefe" del hogar. Aquí es donde muchos maridos malinterpretan. Puede haber una pequeña diferencia, pero Cristo *lidera* a su Iglesia, no *rige* sobre ella como con un pesado puño de hierro. Cristo rige sobre su Reino, pero lidera a su Iglesia. Él ama y tiene cuidado de su Iglesia, y su Iglesia se somete libre y voluntariamente a Él.

Entonces, ¿qué hay de la esposa? ¿Cuál es su responsabilidad con respecto a su esposo? Consideremos nuevamente las instrucciones de Pablo en Efesios: *"Esposas, sométanse a sus propios esposos como al Señor (…) Así como la iglesia se somete a Cristo, también las esposas deben someterse a sus esposos en todo"* (Efesios 5:22,24). ¿Cómo se somete la Iglesia a Cristo, su Señor? Libre y voluntariamente, por amor. Esas cualidades deberían también caracterizar la sumisión de una esposa a su marido.

Las palabras de Pablo en estos versículos constituyen un mandato: *"Esposas, sométanse a sus propios esposos"*. Note que este mandato es dado a las esposas, no a los maridos. En ningún lugar Pablo ordena o da la autoridad a los maridos para forzar a sus esposas a someterse. La sumisión forzada no es una sumisión verdadera; es subyugación. La sumisión siempre es elegida libremente y entregada voluntariamente.

Aunque la sumisión es un mandato para las esposas, su cumplimiento es *voluntario*. Ella tiene el derecho de elegir. En la medida en que el marido cumpla su responsabilidad y busque amarla con el mismo tipo de sacrificio de amor desinteresado con el cual Cristo amó a la Iglesia, la esposa tiene la responsabilidad de someterse a él "en todo". Si ella falla al hacerlo, será responsable no tanto ante su marido, sino ante el Señor. Su fracaso en la sumisión al liderazgo de su marido es pecado.

La sumisión de una esposa a un marido piadoso que se esfuerza por ser como Jesús en su actitud y conducta para con ella, no es un acto humillante o que desmoraliza. Sumisión no significa humillación o sometimiento vil de la voluntad y personalidad de la esposa al capricho y voluntad a de su marido. Un marido que actúa como Jesús con su esposa no la someterá a este tipo de trato de ninguna manera.

Sumisión quiere decir que una esposa reconoce a su marido como cabeza, como líder espiritual y guía para la familia. No tiene nada que ver con la negación de sí misma o con la supresión de su voluntad, su espíritu, su influencia, su intelecto, sus dones o su responsabilidad. Significa reconocer, afirmar y apoyar la responsabilidad dada por Dios a su marido del liderazgo de toda la familia. La sumisión bíblica de una esposa a su marido es una sumisión de *posición*, no de persona. Es la libre y voluntaria subordinación de un *igual* a un *igual* por el bien del orden, la estabilidad y la obediencia al designio de Dios.

Como hombre, el marido cumplirá su destino y su hombría a medida que ejerza el liderazgo en humilde y piadosa sumisión a Cristo, y se entregue como sacrificio de amor a su esposa. Como mujer, la esposa se realizará a medida que se someta a su marido en honor al Señor, al recibir su amor y aceptar su liderazgo. Cuando una relación apropiada de sumisión mutua está presente y activa, la esposa será liberada y tendrá el poder para convertirse en la mujer que Dios siempre quiso que sea.

El entendimiento y el ejercicio apropiado de la sumisión bíblica de *ambos*, el marido y la esposa, son esenciales para el éxito y la felicidad en largo plazo de cualquier matrimonio. Sin ellos, la pareja nunca comprenderá su identidad completa en Cristo o liberará su potencial total como seres humanos creados a la imagen de Dios.

Principios

1. El marido merece y tiene el derecho a esperar la sumisión y el respeto de su esposa en tanto viva y actúe como Jesús con respecto a ella.
2. El pecado es el defecto que impide a los maridos medirse con el ejemplo de Jesús.
3. En todo el contexto de amar a su esposa, el primero y más importante rol del marido es ser la cabeza, el protector y el maestro espiritual en el hogar.
4. Los maridos deben ganar la sumisión de sus esposas haciéndose a sí mismos merecedores de ella. Lograrán esto si aprenden a amar a sus esposas del modo que Cristo ama a su Iglesia.
5. La sumisión nunca es forzada desde afuera. La sumisión es elegida libremente y entregada voluntariamente.
6. En la medida en que el marido cumpla su responsabilidad y busque amarla con el mismo tipo de sacrificio de amor desinteresado con el cual Cristo amó a la Iglesia, la esposa tiene la responsabilidad de someterse a él "en todo".
7. La sumisión bíblica de una esposa a su marido es una sumisión de *posición*, no de persona. Es la libre y voluntaria subordinación de un *igual* a un *igual* por el bien del orden, la estabilidad y la obediencia al designio de Dios.

DOMINAR EL ARTE DE LA COMUNICACIÓN

Entre los reclamos que los consejeros matrimoniales escuchan con más frecuencia, hay declaraciones como: "Ella simplemente no me entiende" o "Él nunca me escucha". La gran mayoría de los matrimonios que están arruinados hoy, han encallado, directamente o indirectamente, debido a la inhabilidad de la pareja para comunicarse.

A lo largo de los muchos años de mi ministerio, he aconsejado a cientos de parejas con problemas matrimoniales. En todos, a excepción de un puñado de casos, la relación tuvo problemas esencialmente a partir de una interrupción en la comunicación. Cuando aconsejo a una pareja casada, aplico varias reglas básicas. Primero, cuando el marido habla, la esposa escucha. Segundo, cuando la esposa habla, el marido escucha. Tercero, después que ambos hablaron, yo hablo y ellos escuchan. Mientras uno habla, nadie más lo interrumpe. Siempre es interesante ver la mirada de asombro que tan a menudo aparece en el rostro de cada uno mientras el otro habla. En muchos casos, esta es la primera vez en meses o aun años que se *escuchan* uno al otro, y quedan absolutamente sorprendidos de lo que escuchan.

La comunicación es un arte que debe ser aprendido, una habilidad que debe ser dominada. No sucede automáticamente, incluso en el matrimonio. La verdadera comunicación puede ocurrir sólo en un entorno conducente a la honesta auto expresión. Muchas parejas dedican mucho tiempo a *hablarse* entre ellos, pero muy poco tiempo a *hablarle* al otro. El solo hecho de que hablen no quiere decir que se comuniquen.

El único momento en que algunas parejas hablan es cuando discuten. Algunas veces las declaraciones críticas y los comentarios negativos son prácticamente todo lo que el marido y la esposa escuchan del otro. La comunicación es mejor aprendida en un entorno abierto, honesto y no contencioso. Las parejas que no aprenden cómo comunicarse en un clima tan moderado, nunca serán capaces de hacerlo en una situación confrontante.

Construir un entorno para la comunicación efectiva debe ser planeado anticipadamente. Si yo quiero tener un lindo jardín, no puedo dejarlo librado al azar. Debo elegir un lugar de pleno sol, preparar el suelo, plantar las semillas, agregar fertilizante, quitar las malas hierbas regularmente y asegurarme de que las plantas tengan el riego adecuado. Del mismo modo, un entorno conducente a la comunicación, debe ser construido y nutrido deliberadamente y con gran cuidado. Las parejas que establecen y mantienen una atmósfera de apertura, confianza y gracia para hablar sobre las cosas buenas, encontrarán más sencillo el hablar también de los asuntos difíciles cuando estos surgen.

La comunicación es para el amor lo que la sangre es para la vida. Levítico 17:11 dice que la vida está en la sangre. Es imposible tener cualquier tipo de relación saludable sin comunicación. Esto es un hecho para cualquiera, ya sea con respecto a las relaciones humanas o a la relación con Dios.

COMPRENDER LA COMUNICACIÓN

Parte del problema con la comunicación en el matrimonio, deriva del hecho de que muchas parejas están confundidas respecto de lo que realmente significa comunicarse. La comunicación genuina requiere hablar y comprender. "Hablar" se refiere a cualquier manera por la cual los pensamientos, ideas o sentimientos son expresados, ya sea por medio de voz, gestos, lenguaje corporal o expresiones faciales. "Comprender" involucra no sólo escuchar lo que es dicho, sino también interpretar lo que fue dicho de acuerdo con la intención de quien habla.

La comunicación entre el hombre y la mujer o entre el marido y la esposa es complicada, debido a que los hombres y las mujeres piensan, perciben y responden de maneras diferentes. En líneas generales, los hombres son pensadores lógicos y las mujeres son sentimentales emocionales. Los hombres hablan de lo que piensan, mientras que las mujeres hablan de lo que sienten. Los hombres interpretan lo que escuchan desde un marco de referencia lógico, y las mujeres desde un marco de referencia emocional. En otras palabras, un hombre y una mujer pueden escuchar el mismo y exacto mensaje al mismo tiempo y del mismo orador, y percibir ese mensaje de dos maneras completamente diferentes. El mismo problema puede fácilmente aparecer cuando tratan de comunicarse entre ellos.

Mucha gente piensa que la conversación y la comunicación son cosas iguales. El hecho de que dos personas hablen no quiere decir que se comprendan entre sí. Lo que uno dice, puede que no sea lo que el otro escucha, y lo que uno escucha, puede que no sea lo que el otro quiere decir. La conversación entre dos personas no garantiza la comunicación. Una vez más, la clave es el entendimiento.

El entendimiento va más allá del simple reconocimiento de la palabra hablada de alguien. El elemento verbal es solamente una pequeña parte de toda la dinámica de la comunicación humana. Los elementos no verbales como gestos, expresiones faciales y lenguaje corporal juegan aun un rol mayor que la palabra hablada al determinar cómo interpretamos el mensaje que recibimos. ¿Qué creerías si te digo: "te amo" con una cálida sonrisa, o haciendo rechinar mis dientes, con el ceño fruncido y el puño cerrado? Aunque las palabras sean las mismas, el mensaje transmitido es totalmente distinto.

La comunicación es un proceso por el cual la información es intercambiada entre individuos o grupos, al utilizar un sistema común de símbolos, señales o conductas. Comunicar es transmitir información, pensamientos o sentimientos para que sean recibidos o comprendidos satisfactoriamente. Es una interacción de ida y vuelta entre personas cuyos mensajes son enviados y recibidos, y donde ambas partes comprenden lo que la otra parte quiso decir. Si yo te hablo y tú me respondes para confirmar conmigo que aquello que me escuchaste decir y comprendiste es lo que yo quise decir, entonces la verdadera comunicación tiene lugar. Si la clave de la comunicación es comprender, la clave de la comprensión es escuchar.

¡ESCUCHA!

En nuestra sociedad moderna de hoy, de ritmo apurado y gran estrés, escuchar se ha convertido en un arte casi perdido. La deficiencia al escuchar es uno de los problemas más frecuentes relacionados con la comunicación. A menudo nuestra tendencia natural es a hablar antes que a escuchar. Podríamos evitar muchas heridas, malentendidos y situaciones embarazosas si simplemente aprendiéramos a escuchar antes de hablar.

Epícteto, un filósofo griego del primer siglo, dijo: "Tenemos dos oídos y una boca para que podamos escuchar el doble de lo que hablamos". Hay una gran verdad en esta declaración. La Biblia contiene muchas palabras de sabiduría similares. En todas Las Escrituras, escuchar está conectado con el conocimiento y el entendimiento. Una y otra vez el libro de Proverbios nos llama a *escuchar* las palabras de sabiduría y aprender. Vez tras vez Jesús llamó a la multitud a *escucharlo*: *"Jesús llamó a la multitud y dijo: 'Escuchen y entiendan'"* (Mateo 15:10). Son muchas las veces que Jesús dijo: *"El que tenga oídos, que oiga"*.

Tal vez la referencia más directa al balance entre escuchar y hablar se encuentra en el Nuevo Testamento, en el libro de Santiago: *"Mis queridos hermanos, tengan presente esto: Todos deben estar listos para escuchar, y ser lentos para hablar y para enojarse; pues la ira humana no produce la vida justa que Dios quiere"* (Santiago 1:19-20). Santiago relaciona la disposición a escuchar con la habilidad de evitar el discurso desinformado y el enojo innecesario o inadecuado. ¿Cuántas veces las parejas casadas declaman y se enojan entre sí simplemente porque no se tomaron el tiempo para escuchar primero? Podríamos parafrasear el consejo de Santiago de esta forma: "¡Escuchen primero! No estén apurados para hablar, y aun entonces sean cuidadosos de lo que dicen y cómo lo dicen. No tengan un fusible corto porque el enojo explosivo sólo saboteará su crecimiento espiritual".

Escuchar implica más que simplemente oír o comprender lo que alguien dice. Todo lo que escuchamos pasa a través de los filtros de nuestras propias creencias y experiencias así como por nuestro conocimiento e impresión del orador. Estos filtros colorean nuestra forma de interpretar lo que escuchamos y a veces pueden causar que entendamos mal lo que el orador quiere decir. Escuchar correctamente implica llegar más allá de nuestros filtros para escuchar lo que realmente la otra persona dice, no sólo con sus palabras, sino también con su tono de voz, sus expresiones faciales y su lenguaje corporal.

Otro problema relacionado con escuchar, es cuando estamos más concentrados en nuestras propias palabras que en las palabras de la otra persona. ¿Alguna vez has hablado con alguien y te diste cuenta de que en lugar de escucharlo piensas en qué dirás después? ¿Has sentido alguna vez que alguien más no te escuchaba por la misma razón? Este tipo de cosas suceden todo el tiempo, y lo llamamos "conversación". Puede que sea conversación, pero no es comunicación porque nadie escucha. No existe un intercambio de información con un entendimiento mutuo confirmado.

Parte del arte de escuchar es aprender a dar a la otra persona nuestra completa atención, al tomar un interés genuino en lo que tiene para decir con un deseo honesto de comprender. Si la comunicación es nuestra meta, necesitamos concentrarnos en las palabras, ideas y valores de la otra persona más que en las nuestras. No hay nada en este mundo que bendiga a una persona tanto como tener a alguien que la escuche, que realmente la escuche.

Escuchar apropiada y efectivamente requiere que tengamos todas nuestras facultades implicadas. Para que una comunicación genuina tenga lugar, debemos aprender a escuchar *completamente*, y comprometer nuestro cuerpo, mente, intelecto, emociones, ojos, oídos; en fin, todo. Necesitamos escuchar *primero* y apartar nuestros propios pensamientos, palabras y agenda lo suficiente para escuchar y entender a la otra persona. Una vez que comprendemos y que la otra persona lo sabe, entonces podemos responder apropiadamente desde el contexto de ese entendimiento. Esto establece un canal claro para que la comunicación genuina, en los dos sentidos, tenga lugar.

Comunicación holística

Debido a que la comunicación es un arte, debe ser deliberada, paciente y cuidadosamente aprendida con el tiempo. La comunicación efectiva cara a cara es siempre holística por naturaleza; involucra todos los sentidos y compromete totalmente el cuerpo, el intelecto y la energía mental.

La comunicación es un intercambio de información —un mensaje— entre individuos de modo que lleguen al entendimiento mutuo. Cada mensaje tiene tres componentes esenciales: contenido, tono de voz y signos no verbales, como gestos, expresiones faciales y lenguaje corporal. Cuando los tres trabajan en armonía, la probabilidad del entendimiento mutuo es muy alta. Si algún elemento falta o es contrario a los otros, la probabilidad de una comunicación exitosa disminuye significativamente.

En toda comunicación donde las emociones y las personalidades humanas están involucradas, los elementos no verbales son más importantes que los verbales. Esto es fácilmente verificable en la vida. Un amigo recientemente ha perdido a un ser amado. Tú quieres ayudar, expresar simpatía, pero no sabes qué decir. Muy a menudo, en situaciones así, las palabras son totalmente inadecuadas. El valor más grande para tu amigo es simplemente tu presencia física. Un abrazo, un cálido saludo, compartir el llanto silencioso juntos; estos simples actos no verbales comunican tu amor y apoyo a tu amigo mucho más claramente que cualquier número de palabras rebuscadas, sin importar cuán bien intencionadas puedan ser.

La investigación llega a este punto también. Estudios en comunicación han demostrado que el aspecto verbal —el contenido básico— comprende sólo el 7 por ciento del mensaje total que enviamos o que otra persona recibe. El tono de voz suma el 38 por ciento, mientras que el 55 por ciento restante es no verbal. En otras palabras, la forma en la que alguien nos percibe y entiende depende sólo en un 7 por ciento de *qué* decimos, 38 por ciento de *cómo* lo decimos y 55 por ciento de lo que hacemos mientras lo decimos.

Si deseamos evitar malentendidos, sentimientos heridos y discusiones, necesitamos ser cuidadosos y asegurarnos de que nuestro tono de voz y nuestros gestos, expresiones faciales y lenguaje corporal envíen el mismo mensaje que las palabras que hablamos con nuestros labios.

Esta área de lo no verbal es en la que tanta gente —y tantas parejas casadas— tiene dificultad para comunicarse. Los problemas surgen entre el marido y la esposa cuando hay una desconexión entre lo *que* se dicen uno al otro y *cómo* lo dicen. Un tono de voz equivocado puede ser particularmente devastador, y causar que un simple desacuerdo o malentendido se intensifique en una discusión a los gritos o cargada de sarcasmos hirientes que se disparan en todas las direcciones.

Por esta razón, sería bueno que las parejas recuerden el consejo de Santiago de estar *"listos para escuchar, y ser lentos para hablar y para enojarse"*. Proverbios 15:1 provee otro valioso consejo: *"La respuesta amable calma el enojo, pero la agresiva echa leña al fuego"*. Cuando tratan de comunicarse uno con el otro, el marido y la esposa deben ser cuidadosos y asegurarse de que sus voces y rostros concuerden con sus palabras.

CINCO NIVELES DE COMUNICACIÓN

La mayoría de las relaciones nunca obtiene una interacción más allá de lo superficial. Las relaciones duraderas, sin embargo, se mueven más profundamente. Una señal para reconocer una relación saludable y creciente es un nivel profundo de intimidad en la interacción y comunión de aquellos involucrados en la relación.

Las personas, en su mayor parte, interactúan en mayor medida en uno o más de los cinco niveles de comunicación, cada uno de los cuales es más profundo y más íntimo que el anterior. En el nivel más bajo está la conversación casual. Es superficial y segura, puede ser la clase de charla que podríamos tener con un extraño en la fila del supermercado:

—Hola, ¿cómo está?

—Bien, ¿y usted?

—Bien, también. ¿Cómo están los niños?

—Ellos están bien. ¿Qué piensa de este clima que tenemos?

No hay ninguna pregunta profunda de sondeo y ninguna revelación personal dolorosa o embarazosa, solamente cortesía, conversación amable e inconsecuente. No hay ninguna amenaza y todo es neutral.

El siguiente nivel de comunicación implica informar hechos sobre otros. Este es el tipo de conversación en la cual estamos contentos de hablar con otros sobre lo que alguien más dijo o hizo, pero sin ofrecer información personal ni opiniones sobre esas cosas. Este es el nivel del periodista objetivo, que informa sólo los hechos de una situación, sólo lo que alguien más ha dicho. No involucra ningún elemento personal.

El nivel tres es donde la verdadera comunicación sucede primero, porque comenzamos a expresar nuestras ideas, opiniones o decisiones con la intención específica de ser escuchado y comprendido por otros. Esta apertura también nos ubica por primera vez en un nivel de riesgo personal. Cada vez que revelamos alguna parte de nuestro interior, pensamientos, ideas, creencias, opiniones abrimos la puerta al rechazo o al ridículo. La intimidad crece en este nivel, pero todavía hay una zona de seguridad. Nuestras creencias e ideas personales son menos vulnerables a ser heridas que nuestras emociones y nuestro ser más íntimo, los cuales, en este nivel, aún están guardados a salvo.

En el nivel cuatro nos sentimos lo suficientemente seguros e íntimos para comenzar a compartir nuestras emociones. Aunque una comunicación profunda y seria ocurra en este nivel, hay todavía una cualidad que está restringida de esta relación. Aún no estamos listos para abrirnos completamente y dejar que la otra persona nos vea como realmente somos en profundidad.

El nivel más alto de todos es el nivel de completa comunicación emocional y personal, caracterizada por una apertura y honestidad absoluta. En este nivel no existen secretos ni áreas prohibidas. Estamos listos y dispuestos a desnudar nuestros corazones, abrir cada habitación y cada compartimiento e invitar a una inspección cercana. No existe un nivel de intimidad más grande o más profundo que cuando dos personas se sienten suficientemente libres y seguras para ser completamente honestas entre sí. Al mismo tiempo, los riesgos de rechazo y ridículo están en su máximo nivel también. El riesgo es inevitable cuando está implicada la verdadera intimidad. Una manera de definir intimidad es la disposición y la confianza para abrirse completamente y hacerse vulnerable al otro. La vulnerabilidad siempre implica riesgos, pero no hay otro camino para la verdadera intimidad o la genuina comunicación en su más profundo nivel.

El éxito y el cumplimiento a largo plazo en el matrimonio dependen en gran medida del alcance y la profundidad con la cual un marido y su esposa desarrollan su arte de comunicación. Es de vital importancia que aprendan cómo escucharse y entenderse el uno al otro, y sentirse cómodos al compartir sus más profundos e íntimos pensamientos, sentimientos, alegrías, penas, esperanzas y sueños. El matrimonio es un viaje de aventura de toda la vida, con sorpresas y desafíos en cada esquina. Aprender a comunicarse efectivamente es también un viaje de una vida. No es rápido ni fácil, pero otorga crecientes recompensas de intimidad y cumplimiento a través de los años, que son más que dignas del duro trabajo que requieren.

Principios

1. La verdadera comunicación puede ocurrir sólo en un entorno conducente a la honesta auto expresión.
2. La comunicación genuina requiere hablar y comprender.
3. Comunicar es transmitir información, pensamientos o sentimientos para que sean recibidos o comprendidos satisfactoriamente.
4. La clave de la comunicación es comprender, y la clave de la comprensión es escuchar.
5. Escuchar correctamente implica llegar más allá de nuestros filtros para escuchar lo que realmente la otra persona dice, no sólo con sus palabras, sino también con su tono de voz, sus expresiones faciales y su lenguaje corporal.
6. La comunicación efectiva cara a cara es siempre holística por naturaleza; involucra todos los sentidos y compromete totalmente el cuerpo, el intelecto y la energía mental.
7. La forma en la que alguien nos percibe y entiende depende sólo en un 7 por ciento de *qué* decimos, 38 por ciento de *cómo* lo decimos y 55 por ciento de lo que hacemos mientras lo decimos.
8. Una señal para reconocer una relación saludable y creciente es un nivel profundo de intimidad en la interacción y comunión de aquellos involucrados en la relación.
9. Una manera de definir intimidad es la disposición y la confianza para abrirse completamente y hacerse vulnerable al otro.

Capítulo cuatro

No olvides los pequeños detalles

Entender y practicar los conceptos generales tales como las responsabilidades matrimoniales, la sumisión y la comunicación, es clave para un matrimonio feliz y exitoso. Si bien son principios cruciales, el éxito final depende también de prestar atención a los "pequeños detalles", aquellas cortesías simples y consideraciones diarias que realzan la comunicación y añaden dulzura a una relación. Debido a que son simples, los "pequeños detalles" pueden ser fácilmente pasados por alto en medio de preocupaciones más apremiantes.

En el matrimonio, como en cualquier otra tentativa, no podemos permitirnos subestimar la importancia de los "pequeños detalles" para el éxito total. La gran muralla china fue construida ladrillo por ladrillo. La gran pirámide de la meseta de Giza, en Egipto, fue levantada piedra por piedra. Ignorar los pequeños detalles puede acarrear serias consecuencias. Como escribió el poeta inglés George Herbert, en el siglo XVII:

> Por falta de un clavo, una herradura se perdió;
> Por falta de una herradura, un caballo se perdió;
> Por falta de un caballo, un jinete se perdió;
> Por falta de un jinete, un mensaje se perdió;
> Por falta de un mensaje, una batalla se perdió;
> Por falta de una batalla, un reino se perdió;
> Todo por falta de un clavo.

En el Antiguo Testamento, el libro de los Cantares habla de *"esas zorras pequeñas que arruinan nuestros viñedos"* (Cantares 2:15b). Muchos matrimonios empiezan a tener problemas porque ignoran los pequeños detalles, la prudencia del día a día que fortalece su relación, tanto como las "pequeñas zorras" de negligencia, descontento y asuntos no resueltos que devoran los "viñedos" de su felicidad.

Las parejas casadas necesitan darse la debida atención entre ambos, para ayudar a asegurar el éxito, la salud y la vitalidad a largo plazo de su matrimonio.

REPROCHA, PERO NO CRITIQUES

Una de las más peligrosas "zorras pequeñas" que puede echar a perder nuestro "viñedo" matrimonial, es la crítica. Nada termina con la comunicación o interrumpe la armonía de una relación más rápido que los comentarios ásperos, cortantes y negativos. Ninguno se beneficia con la crítica: ni el crítico, ni el que es criticado, ni nadie más que pueda escuchar. La crítica constante destruye el espíritu de una persona. Genera que la persona esté a la defensiva, con heridas, resentimiento e incluso odio. La crítica desalienta la apertura y la honestidad, sin la cual ninguna relación puede permanecer saludable. Por su propia naturaleza la crítica es destructiva, porque se concentra en encontrar fallas con la intención de herir más bien que en encontrar una solución. Las personas que critican todo el tiempo normalmente tienen necesidades insatisfechas o asuntos no resueltos en sus propias vidas, y estos problemas se revelan solos en la forma de un espíritu crítico.

Toda relación, en algún momento, enfrenta conflictos interpersonales que deben ser resueltos por el bien de cada uno de los involucrados. Parte de la comunicación efectiva es establecer un entorno en el que los problemas puedan ser solucionados de una manera saludable. La crítica que hiere nunca es la respuesta. En tal situación es preferible un reproche.

La crítica y el reproche no son lo mismo. Un reproche difiere de la crítica al menos en dos aspectos: el espíritu del que proviene y el propósito por el que es dado. La crítica surge de un espíritu lastimado y egocéntrico que busca herir en respuesta. No está interesado en el bienestar de la persona que es criticada ni en encontrar una solución constructiva al problema. Un reproche, por otro lado, proviene de un espíritu de amor y compasión, que no sólo reconoce un problema sino que busca una solución justa y equitativa con el profundo anhelo de bien para la otra persona. En resumen, el reproche es motivado por el amor, mientras que la crítica no. Un reproche se focaliza en la solución mientras que la crítica insiste en el problema. Un reproche procura corregir, mientras que la crítica simplemente se queja.

Tenga cuidado con las "pequeñas zorras" de la crítica que pueden devorar su relación. Desarrolle la disciplina de pensar antes de hablar. Cada vez que surja un problema o comience a encenderse un conflicto y sienta la urgencia de criticar, pregúntese si se trata de un problema legítimo para el cual el reproche y la corrección están a la orden, o si es sólo una queja personal. Revise su motivación: ¿actúa por amor o por ira?

Con la crítica no se gana nada, pero con el reproche sí. Sin embargo, existen dos lados en esta moneda. Estar deseoso y dispuesto a dar corrección es uno de sus lados; estar deseoso de recibir corrección es el otro. La apertura a la corrección es uno de los elementos de mayor importancia para el crecimiento. Las personas que no están dispuestas a recibir corrección nunca crecerán. Serán siempre inmaduras.

NO TE FAMILIARICES DEMASIADO

Otra "zorra pequeña" de la cual cuidarse es la "zorra" de la familiaridad. Uno de los más grandes peligros para un matrimonio es que el marido y la esposa se familiaricen demasiado uno con el otro. No es lo mismo que conocerse uno al otro. Los esposos deben conocerse uno al otro mejor y más íntimamente de lo que conocen a cualquier otra persona en el mundo. El marido y la esposa deben ser mejores amigos. Con familiaridad, me refiero a una cómoda autosuficiencia que causa que el marido y la esposa comiencen a dar por sentado al otro.

La familiaridad se revela a sí misma al menos de tres maneras. Primero, da origen a la ignorancia. Las parejas se sienten tan familiarizadas que comienzan a ignorarse el uno al otro en montones de pequeñas formas que ni siquiera perciben. Segundo, la familiaridad da lugar a suposiciones. El marido y la esposa empiezan a asumir que el otro sabe lo que uno piensa. El marido asume no sólo que su esposa sabe lo que él piensa, sino que él sabe lo que ella piensa. La esposa hace las mismas suposiciones. Tercero, la familiaridad crea presunción. La esposa hará una presunción con respecto a lo que su marido diría o haría sin siquiera preguntarle. El marido cometería el mismo error en relación a su esposa. Si estos tres aspectos continúan lo suficiente, el resultado final será como el expresado en el antiguo proverbio: "La familiaridad origina desprecio".

Aquí hay un ejemplo práctico de cómo sucede esto. Antes de casarse, cuando la pareja está en su noviazgo, constantemente se dicen el uno al otro cómo se sienten. No asumen nada. Prestan atención a cada pequeño detalle, cada matiz de la voz, cada gesto y expresión facial. Nunca suponen o adivinan lo que piensa el otro. Se dicen cosas dulces por teléfono por tres horas, se encuentran en persona una hora más tarde y se pasan otras dos horas diciéndose más de lo mismo. Se elogian, se dan regalos uno al otro, pasan cada momento disponible juntos.

Su constante atención en el otro es buena y necesaria para construir una relación fuerte, porque produce en cada persona un sentimiento profundo de seguridad. Se sienten tan seguros en el amor y el afecto del otro, que aun cuando están separados se abrigan al calor del conocimiento de que alguien los ama y se preocupa por ellos. Cuanto más a menudo nos dicen que somos amados, más seguros nos sentimos.

Por alguna razón, las cosas comienzan a cambiar después de que la pareja contrae matrimonio. Normalmente no sucede de inmediato.

Gradualmente el marido y la esposa empiezan a asumir cosas sobre el otro. El marido deja de decirle "te amo" a su esposa tan seguido como solía hacerlo. Él asume: "Ella sabe que la amo. No necesito decírselo todo el tiempo". Este puede no ser un pensamiento consciente. Dejan de salir a cenar afuera, o ir a otras citas juntos. Dejan de darse regalos, tarjetas o flores por el simple hecho de amarse. Se acostumbraron a estar juntos, lo cual crea una familiaridad que puede causarles lentamente un distanciamiento, sin siquiera notarlo.

Cuando en una pareja casada ambos se familiarizan demasiado, mucha de la espontaneidad y aventura desaparece de su matrimonio. El matrimonio debe ser estable y fuerte para que ambos integrantes se sientan seguros, pero en ese entorno debe haber siempre un espacio para la aventura. Una forma excelente de mantener un matrimonio vivo, vital y entusiasta es que el marido y la esposa sean espontáneos de cuando en cuando, que hagan algo inesperado. Puede ser algo grande, como un fin de semana lejos y solo para dos, o algo simple y pequeño como una cena con velas o un ramo de flores "porque sí". La clave es evitar la familiaridad y la predictibilidad, sin dar por sentado al otro. Entre otras cosas, esto significa desarrollar la práctica de expresar regularmente aprecio por el otro.

EXPRESA AFECTO HONESTO

Aprender a apreciar a las personas es una de las maneras más efectivas de crear un entorno para la comunicación abierta, así como también es uno de los nutrientes más importantes para construir relaciones saludables. El aprecio implica ser conscientes de lo que los otros hacen por nosotros, haciéndoles saber que lo reconocemos y agradeciéndoles por hacerlo. También quiere decir elogiar a alguien por sus logros con una sincera felicidad por su éxito. Es muy fácil ser crítico o volverse celoso por los logros o la atención de otro. La mayoría de nosotros tenemos que trabajar para apreciar a otros porque va en contra de nuestra naturaleza humana egoísta.

Algo importante que el expresar aprecio honesto hace por nosotros, es mantenernos conscientes de nuestra dependencia mutua. Ninguno llegará al éxito o a la felicidad solo. Hay personas a lo largo de nuestro camino que nos ayudan a transitarlo, y a menudo es fácil ignorar o pasar por alto sus contribuciones. En ningún otro sitio es más cierto que en el matrimonio. Para hablar humanamente, el mayor activo que un marido puede tener para el éxito o la felicidad es su esposa, y para la esposa, lo es su marido. Ellos deben ser el mayor promotor, apoyo y estímulo para el otro. No importa lo que suceda en otros círculos, el hogar de una pareja debe ser siempre un lugar donde puedan encontrar un amor consistente, aprecio y afirmación.

Los esposos que mantienen una práctica regular al expresar su amor y aprecio por el otro, aun en los buenos tiempos cuando es fácil dar por sentadas estas cosas, descubrirán que este profundo sentimiento de seguridad los sostendrá durante los tiempos malos también. Saber que somos amados y apreciados por *alguien* nos ayuda a poner en perspectiva el resto de nuestra vida con todos sus altibajos. Puedo recordar los días en los que todo parecía salir mal, nada iba bien en la oficina; algunas personas cancelaban sus citas, mientras que otras no cumplían con lo que habían dicho que harían. El auto se quedó sin gasolina, luego se pinchó un neumático en medio de la copiosa lluvia. En tiempos como aquellos lo único que me mantuvo en marcha fue el conocimiento seguro de que tenía una mujer maravillosa en casa, mi esposa, que me amaba y se preocupaba por mí.

Expresar regularmente un sincero aprecio es tan importante para la salud matrimonial, que no podemos darnos el lujo de dejarlo sujeto estrictamente a nuestras emociones. Algunas veces no nos sentimos dispuestos a apreciar. Puede ser que nos sintamos cansados, enojados o preocupados. Debemos desarrollar el hábito de hacerlo de todos modos, al basarnos no en las emociones sino en el conocimiento. Las emociones podrán decir: "No lo siento", o "No me molestes ahora", mientras que el conocimiento dirá: "Él *necesita* ser afirmado", o "Ella *necesita* que le asegure que todo está bien".

Los hombres, generalmente, tienen más de un problema con esto que las mujeres. Por alguna razón, muchos hombres tienen la idea de que expresar sus sentimientos abierta y frecuentemente a sus esposas, de alguna manera no es masculino sino un signo de debilidad. Por el contrario, no hay nada de malo en que un marido le diga a menudo a su esposa: "Cariño, te amo". Un hombre que hace esto demuestra fortaleza, no debilidad. Un hombre necesita más fortaleza para hacerse vulnerable y exponer su lado tierno, que para levantar una falsa fachada de "macho" que diga: "Soy rudo; no necesito decir ese tipo de cosas".

Eso no es actuar de manera ruda; es actuar de modo estúpido porque ni siquiera Dios tiene esa instancia con nosotros, y Él es mucho más grande y mucho más inteligente que nosotros. Todos los días y en muchas formas Dios nos dice y nos muestra que nos ama. Él no se arriesga. Sabe que necesitamos estar seguros de su amor todo el tiempo. Aquellos que somos creyentes y seguidores de Cristo, sabemos por experiencia que el Espíritu Santo nos da una afirmación diaria del amor de Dios.

Maridos y esposas necesitan tener el hábito de expresarse amor y aprecio el uno al otro de forma *diaria*. Vivir bajo el mismo techo y compartir la misma cama no son pruebas de amor. Sólo pregunte a cualquiera de los miles de hombres y mujeres hambrientos de afecto que soportan matrimonios infelices día tras día.

El amor se alimenta con amor, no con tiempo. Necesitamos acostumbrarnos tanto a expresar amor y afecto por el otro, a tal punto que nos sintamos incómodos cuando *no* lo hacemos. El amor y el sincero afecto son la sangre de la vida de un matrimonio feliz. No lo dé por sentado.

NUNCA ASUMAS EL AMOR

El amor necesita ser expresado regularmente y a menudo; nunca debería ser asumido. Marido, nunca asumas que tu esposa sabe que la amas; ¡*díselo*! Aunque se lo hayas dicho ayer, díselo nuevamente hoy.

Ella necesita escucharlo todos los días. Esposa, no supongas que tu esposo sabe que lo amas; *¡díselo!* Aunque él no te lo diga nunca, necesita que se lo asegures. No importa cuán rudo o fuerte parezca por fuera, todavía necesita que le digas que lo amas. Nosotros, los humanos, tenemos una necesidad innata de ser reafirmados en esto diariamente. En lo que concierne al amor, no hay lugar para la suposición.

En esto, como en todo lo demás, Jesús nos provee de un maravilloso ejemplo. Efesios 5:21-33 enseña que los maridos y las esposas deben relacionarse como se relacionan Cristo y la Iglesia, su novia. El versículo 25 dice que *"Cristo amó a la iglesia y se entregó por ella"*. Esta es una referencia a su muerte en la cruz. En Juan 15:13 Jesús le dijo a sus seguidores *"Nadie tiene amor más grande que el dar la vida por sus amigos"*. La muerte de Jesús en la cruz por nosotros fue la expresión más grande de amor en la historia. Aun así, Jesús nunca asumió que solo el ejemplo de su muerte sería suficiente para hacernos sentir seguros de su amor para siempre. Él sabía que necesitábamos una reafirmación diaria. Esta es una de las razones por las que después de su resurrección, envió al Espíritu Santo a habitar en todos los que creyeran en Él.

Como se registra en el Evangelio de Juan, Jesús se refiere al Espíritu Santo como "Consolador" o "Confortador" (ver Juan 14:16,26; 15:26; 16:7 RVR60). La palabra griega es *parakletos*, que literalmente significa "uno que es llamado para estar al lado". Un rol importante del "Confortador" es "confortarnos" o reasegurarnos diariamente del amor de Cristo por nosotros. A esto es a lo que Pablo se refería cuando escribió: *"Dios ha derramado su amor en nuestro corazón por el Espíritu Santo que nos ha dado"* (Romanos 5:5b). Para aquellos que creen y siguen a Cristo, el Espíritu Santo reside permanentemente en sus corazones y vive como un continuo recordatorio del amor de Dios. Jesús nos da una seguridad constante de su amor; Él nunca supone que ya lo sabemos.

Tampoco nosotros debemos asumir que nuestros esposos saben que los amamos. El amor puede verdaderamente ser como una "primavera eterna", pero nuestra expresión de él debe ser fresca cada día.

Necesitamos decírselo a nuestros amados y necesitamos oírlos a ellos decírnoslo. Una sola vez, o aunque sea una vez cada tanto, no es suficiente. Aquí hay un ejemplo.

Supongamos que un marido compra un automóvil nuevo a su esposa como expresión de su amor por ella. Ella está muy entusiasmada y llena de alegría, y él está complacido de poder comprárselo. Unos días más tarde, ella le pregunta: "Cariño, ¿me amas?". Un poco sorprendido por su pregunta, él le responde: "Te compré un auto, ¿o no?". Varios meses más tarde ella le pregunta nuevamente: "Cariño, ¿me amas?". Otra vez él le contesta: "Te compré un auto, ¿o no?". Pasa un año, y otro, y otro más, y siempre es igual. Finalmente, 15 años después, la esposa le pregunta: "Cariño, ¿me amas?" y él repite: "Te compré un auto, ¿o no?".

¿No suena ridículo? Sin embargo, no está muy lejos de la verdad en muchos matrimonios. Algunas personas pasan semanas, meses y aun años sin una expresión tangible de amor por parte de sus esposos, ni verbal ni de otro tipo. En nuestras mentes, un acto de amor de ayer no necesariamente se transfiere a hoy. Todos necesitamos reasegurarlo diariamente.

Aunque la expresión verbal sólo cuenta en un 7 por ciento de lo que comunicamos cuando interactuamos con el otro, es uno de los elementos más importantes para alimentar y nutrir el amor, especialmente para las mujeres. Los hombres se enriquecen de lo que ven, las mujeres se enriquecen de lo que escuchan, y ambos se enriquecen de lo que sienten. Las palabras reafirman las acciones, y las mujeres necesitan *escuchar* palabras de amor, afecto y aprecio de sus maridos.

La mayor parte de los hombres no pasan el tiempo suficiente simplemente *hablando* con sus esposas. Por muchos años he aconsejado a cientos de parejas al borde del divorcio por este tema. No podría contar el número de veces que he tenido una conversación con un marido de la que surge algo así:

—¿Hablas con tu esposa?

—Bueno, ella sabe que la amo. No tengo que hablarle y decirle eso. Después de todo, le compro anillos y otras cosas lindas.

—No te pregunté qué le compras. ¿*Hablas* con ella?

—Ella sabe que la amo.

—Haces una suposición.

—Mira, yo compro alimentos para ella y los niños, y...

—No te pregunté eso. ¿*Hablas* con ella?

—Bueno, le compré flores para el día de la madre. Estoy seguro que ella sabe que la amo por eso.

—Supones otra vez, y también asumes que tus regalos son iguales a tu amor, pero eso no es verdad.

Regalar cosas no es una prueba de nuestro amor. Debemos darnos a *nosotros mismos* primero. Eso es exactamente lo que Jesús hizo; Él se entregó a sí mismo por nosotros. Entonces, debemos verbalizar nuestro amor. Debemos hacer que nuestras palabras sean similares a nuestras acciones. Si no comunicamos nuestro amor verbalmente, podemos confundir la diferencia entre las cosas y las personas. Debemos aprender a apreciarnos, comunicarnos y hablarnos el uno al otro. Hablar es la forma más fuerte de adjuntar significado a nuestras acciones. Debemos ser cuidadosos de no asumir *nada* en nuestra relación, especialmente el amor.

BRINDA "PEQUEÑAS ATENCIONES"

Cualquier pareja felizmente casada sin duda estará de acuerdo en que su felicidad se debe en gran medida simplemente a la gentileza, esto es, pequeñas atenciones que tienen recíprocamente con cierta frecuencia. Estas pueden tomar muchas formas. Los cumplidos están entre las más destacadas, ya sea que estén referidos a una comida bien preparada, una promoción en el trabajo, un peinado nuevo y atractivo, la conclusión de una pintura o poema, o cualquier otra cosa. La gratitud honesta y sinceramente expresada es siempre ganadora. ¿Qué persona razonable podría rechazar un "gracias" sentido desde el corazón? Desafortunadamente, debido a que es tan fácil para las parejas casadas resbalar en la rutina de darse el uno al otro por sentado, los cumplidos y agradecimientos son, a menudo, un pobre suministro, pasados por alto en muchas casas.

Usualmente, el sentido común es nuestro mejor guía en lo que se refiere a la gentileza diaria, combinado con la aplicación consistente de la "regla de oro": *"Traten a los demás tal y como quieren que ellos los traten a ustedes"* (Lucas 6:31). En otras palabras, traten a los demás como les gustaría ser tratados. Muestren a otros la misma prudencia y consideración que quieren que les muestren a ustedes.

No esperes que alguien más muestre consideración por ti. Sé proactivo en esto; sé tú mismo el ejemplo. Si has convenido pasar a buscar a tu esposa a cierta hora y vas a llegar, detente en algún lugar y llámala, aunque tu tardanza sea inevitable y por una buena razón. No supongas que ella sabe que tu retraso fue por algo inevitable. Sé veraz en tus palabras. Si las circunstancias fuerzan un cambio en tus planes, debes hacérselo saber a ella. Se merece esa cortesía. Además, ese pequeño esfuerzo extra de consideración y comunicación lograrán prevenir un malentendido y una discusión nada placentera más tarde.

Piensa en la clase de cosas que te hacen feliz o que te hacen sentir amado y seguro, y haz esas mismas cosas por tu cónyuge. Plancha sus camisas del modo que le gustan. Envíale flores "sin razón". Escribe notas secretas de amor y escóndelas en el cajón de las medias, en los bolsillos de su camisa o pantalón, en su caja de joyas o en otros lugares inesperados de la casa que estés seguro que tu esposo mirará tarde o temprano. Seguramente, toma tiempo escribir estas notas, pero la recompensa cosechada en la armonía matrimonial y felicidad será digna del tiempo invertido en ello.

Deja que tu imaginación fluya. Sé creativo. Encuentra formas de sorprender y deleitar a tu cónyuge con "variados actos de prudencia". Brindar pequeñas atenciones ayudará a mantener el romance y el espíritu de noviazgo vivos en su relación, aun después de muchos años de matrimonio.

Siempre muestra cortesía

Sobre todo, siempre sé cortés. Todos necesitan que les demuestren la bondad y dignidad humana básicas, porque fuimos todos creados a la imagen de Dios. Los esposos deben brindarse más cortesías el uno al otro de las que le brindan a alguien más, aunque la cortesía a menudo es una de las primeras cosas que en un matrimonio cae en el abandono una vez que la pareja se "familiariza" demasiado.

La cortesía funciona en ambos sentidos. La esposa debe ser tan cortés con su marido como desee y espere que su marido lo sea con ella. Maridos, abran la puerta del auto por ella. Acomoden la silla para ella en el restaurante. Trátenlas siempre como si todavía estuviesen cortejándola. Después de todo, ¿por qué las cosas que ganaron su corazón en primer lugar, no son apropiadas para mantenerlo? En cada situación, ya sea pública o privada, muéstrale el mayor de los respetos. Ella no merece menos que eso, y tú la levantarás en estima ante el mundo, y dejarás en claro que ella es más importante para ti que nadie más.

Esposas, no sean demasiado orgullosas o demasiado "liberadas" como para permitir que sus maridos les extiendan tales cortesías. Si lo hacen, destruirán sus habilidades y oportunidad de bendecirlas. Dios creó al hombre para hallar su satisfacción al bendecir y darse a sí mismo a la mujer. No le nieguen la oportunidad de satisfacerse y de satisfacerlas a ustedes.

Sean siempre corteses para con sus maridos, respetándolos al hablar y al actuar, especialmente en público. Esto no es rebajarse en deferencia, como un siervo a un amo, sino que es la estima de un compañero igual hacia el otro. Los hombres necesitan especialmente ser estimados a los ojos de sus colegas y pares, y nadie puede hacerlo mejor que sus esposas. Tomen ventaja de cada oportunidad para apoyarlo, exaltarlo y estimularlo.

Cada vez que un marido y la esposa están juntos en público, no debe haber duda alguna en la mente de ninguno de que ambos comparten una relación caracterizada por amor, estima y respeto mutuos.

Estas cualidades son nutridas y fortalecidas por las pequeñas cosas —no criticar, mostrar afecto honesto, expresar explícitamente el amor, brindar pequeñas atenciones y sencillas cortesías— que son construidas en el matrimonio desde el principio.

No olvides los pequeños detalles. Ellos son los bloques de construcción para las cosas grandes, tales como la comunicación efectiva, el crecimiento del amor genuino y el firme establecimiento de la armonía, felicidad y éxito para toda la vida en el matrimonio.

Principios

1. El éxito final depende también de prestar atención a los "pequeños detalles", aquellas cortesías simples y consideraciones diarias que realzan la comunicación y añaden dulzura a una relación.

2. Por su propia naturaleza, la crítica es destructiva porque se concentra en encontrar fallas con la intención de herir más bien que en encontrar una solución.

3. Un reproche proviene de un espíritu de amor y compasión, que no sólo reconoce un problema sino que busca una solución justa y equitativa con el profundo anhelo de bien para la otra persona.

4. Uno de los más grandes peligros para un matrimonio es que el marido y la esposa se familiaricen tanto el uno con el otro, que comiencen a darse por sentado.

5. Una forma excelente de mantener un matrimonio vivo, vital y entusiasta es que el marido y la esposa sean espontáneos de cuando en cuando, que hagan algo inesperado.

6. El amor y el afecto honesto son la sangre de la vida de un matrimonio feliz.

7. El amor necesita ser expresado regularmente y a menudo; nunca debería ser asumido.

8. Brindar pequeñas atenciones ayudará a mantener el romance y el espíritu de noviazgo vivos en su relación, aun después de muchos años de matrimonio.

9. 9. Sobre todo, siempre sé cortés.

Capítulo cinco

PRINCIPIOS DE ADMINISTRACIÓN DEL REINO PARA PAREJAS

S i existe alguna área de la vida matrimonial que cause más problemas a las parejas que cualquier otra, tendrá que ser la del manejo de recursos. Aunque ciertamente esto incluye asuntos financieros, el manejo de recursos va más allá de la simple pregunta de cómo la pareja se desenvuelve con su dinero. El manejo de recursos afecta cada faceta de la vida de una pareja juntos: la elección del empleo o el trabajo; gastar, ahorrar e invertir el dinero; metas de la carrera, profesionales o de educación; sueños futuros; y también el planeamiento familiar.

Otra palabra para el manejo de recursos es *administración*. Un administrador es alguien que maneja los activos y los asuntos de otra persona. Aunque no es el dueño de esos activos, un administrador, generalmente tiene gran amplitud y autoridad para manejarlos en nombre del dueño. La administración continua depende de la fidelidad del administrador y su eficacia al representar los intereses del propietario. Los administradores exitosos traen crecimiento e incremento en los activos a su cargo, lo cual deriva frecuentemente en una mayor cantidad de activos que se le confían, para llevarle así a una mayor responsabilidad.

Este principio es claramente enseñado a través de las páginas de Las Escrituras. Una de las mejores figuras bíblicas de administración la encontramos en la vida de José. Los capítulos 37 al 50 de Génesis, nos cuentan cómo José fue vendido a la esclavitud por los traidores de sus hermanos, y aun así se levantó y se transformó en el más poderoso representante del gobierno en Egipto, el segundo después del faraón. Como esclavo del capitán de la guardia del faraón, José demostró ser un administrador fiel y efectivo del estado de su amo, quien prosperó en gran manera bajo su administración.

Aun después de ser falsamente acusado de intentar violar a la esposa de su amo y ser arrojado en prisión, José continuó fiel a su amo. El jefe de carceleros reconoció los dones y la integridad de José y lo puso a cargo de todos los demás prisioneros. Una vez más, José manejó hábilmente todo lo que le ponían bajo su cuidado.

Finalmente, llegó el día en que los dones de José atrajeron la atención del faraón. Impresionado por la sabiduría, la integridad y, obviamente, las habilidades administrativas de este joven hombre, el faraón elevó a José de esclavo a primer ministro de todo Egipto. La administración experta de José, en esta posición, hizo que aprovechara al máximo siete años de prosperidad y de abundante cosecha, y condujo a la nación satisfactoriamente durante los siete años de hambre severa que siguieron. También durante este tiempo, él contribuyó decisivamente para salvar del hambre a los miembros de su propia familia, incluidos los hermanos que lo habían tratado tan cruelmente muchos años antes.

José prosperó como administrador porque fue fiel a su Dios y porque fue fiel en su manejo de los recursos que le fueron confiados. Al reconocer que Dios era el verdadero propietario de todas las cosas, José tuvo gran cuidado de tomar sus responsabilidades de una manera honorable.

¿Qué tiene que ver todo esto con el éxito y la longevidad en el matrimonio? Simplemente esto: la buena administración es un sólido principio bíblico para el crecimiento, la prosperidad y la felicidad. Demasiadas parejas de casados luchan financieramente y en otras áreas porque tienen un entendimiento inadecuado del hecho de que, como Creador, Dios es el dueño de todas las cosas, y que ellos son meramente administradores y responsables ante Él por la forma en que manejan los recursos que Él pone a su cargo.

DISEÑADOS PARA LA ADMINISTRACIÓN

La administración fue entretejida en la tela misma del diseño original de Dios para la vida y la experiencia humanas. Cuando Dios creó a la humanidad, hombre y mujer, les dio dominio *"sobre los peces del mar, y sobre las aves del cielo; sobre los animales domésticos, sobre los animales salvajes, y sobre todos los reptiles que se arrastran por el suelo"* (Génesis 1:26b). La esencia del dominio es autoridad. Dios creó al hombre y a la mujer para que tengan autoridad sobre el orden creado, como compañeros iguales bajo su suprema soberanía. Él cargó a la humanidad con la responsabilidad de ser administradores de la Tierra y de todos sus recursos. Aunque en el contexto de la creación del jardín, esta igualdad en el compañerismo es vista a través del marco del matrimonio, los principios de administración del Reino revelados allí se aplican en cada medio y circunstancia, y a todas las personas, ya sean hombres o mujeres, solteros o casados.

Ejercitar dominio sobre la Tierra quiere decir gobernar, controlar o regir sobre ella; es ganar señorío sobre ella. El señorío sobre la Tierra no se refiere a la explotación sin límite o a la devastación de los recursos, sino al cuidadoso y sabio manejo de los mismos. Administrado apropiadamente, el dominio siempre incluye la dirección. Nuestro dominio como humanos se extiende a lo largo de la Tierra y abarca todas las criaturas inferiores, pero se detiene en seco cuando se trata de dominarse el uno al otro. Ciertamente, la sociedad humana tiene gobiernos, funcionarios electos y cadenas de comando y autoridad para ayudar a mantener el orden, pero estos son legítimos sólo si ejercen su autoridad con el consentimiento y la decisión del pueblo. Dios no nos creó con el propósito de dominar a alguien más, pero *sí* nos creó a *todos* nosotros con el propósito de dominar y administrar la Tierra y sus recursos. Tenemos dominio sobre las *cosas*, no sobre las personas.

Hoy existen escuelas de administración que nos enseñan cómo dirigir a otras personas, pero muchas de ellas, en realidad, se enfocan en la manipulación de la gente, en "acariciarlos" y engañarlos para que hagan lo que queremos que hagan, sin importarnos sus deseos. Este acercamiento es motivado por un ansia de controlar y hasta oprimir a otras personas, el cual es contrario a la voluntad de Dios.

Como humanos, nuestra responsabilidad original era la administración; Dios puso esa capacidad en nosotros. Él no reservó el dominio para unos pocos especialmente favorecidos y selectos, sino que lo extendió a toda la raza humana. Por expreso diseño de Dios, las semillas de grandeza, el potencial de liderazgo, y la capacidad básica para la dirección y administración existen en cada uno de nosotros.

Y Dios creó al ser humano a su imagen; lo creó a imagen de Dios. Hombre y mujer los creó, y los bendijo con estas palabras: "Sean fructíferos y multiplíquense; llenen la tierra y sométanla; dominen a los peces del mar y a las aves del cielo, y a todos los reptiles que se arrastran por el suelo".
—GÉNESIS 1:27-28

Dios nunca nos demanda algo para lo cual no nos haya provisto previamente. Cualquier cosa que Dios nos pida hacer, Él mismo nos equipa para hacerlo. Antes de decir: *"Sean fructíferos y multiplíquense; llenen la tierra y sométanla"*, Él puso en nosotros la habilidad de hacer esas cosas dentro de las fibras mismas de nuestro ser.

El Dios de la creación nos diseñó para administrar. Nuestro propósito original era gobernar y administrar el dominio llamado Tierra. Cada vez que no hacemos aquello para lo que Dios nos creó, sufrimos. El fracaso al cumplir nuestro propósito a menudo deriva en una pobreza tanto de espíritu y de mente, como así también del cuerpo. Separados de nuestro diseño divino no podemos prosperar. Nos frustramos o nos deprimimos seriamente.

Por el otro lado, aquellos que descubren su propósito dado por Dios y procuran vivirlo, experimentan salud, felicidad, obediencia y satisfacción en cada área de su vida, aun a pesar de las dificultades o desafíos que encuentren en el camino. Esto es tan cierto para las parejas casadas como para los individuos. Muchos matrimonios luchan y no logran prosperar como debieran, porque la pareja nunca comprendió su propósito como administradores de los recursos de Dios, o nunca aprendió a aplicar los principios de administración de su Reino.

DIOS BUSCA ADMINISTRADORES

Desde el principio, el Dios de la creación estableció la administración como un principio fundamental para gobernar la vida sobre la Tierra y la relación de los seres humanos con el resto del orden creado. El crecimiento y el desarrollo dependen del manejo efectivo, de la administración. Sin administración no existe crecimiento. Esta relación es revelada en el segundo capítulo de Génesis:

> *Cuando Dios el Señor hizo la tierra y los cielos, aún no había ningún arbusto del campo sobre la tierra, ni había brotado la hierba, porque Dios el Señor todavía no había hecho llover sobre la tierra ni existía el hombre para que la cultivara. No obstante, salía de la tierra un manantial que regaba toda la superficie del suelo. Y Dios el Señor formó al hombre del polvo de la tierra, y sopló en su nariz hálito de vida, y el hombre se convirtió en un ser viviente.*
>
> —GÉNESIS 2:4B-7

Notemos la progresión indicada en estos versículos. Aunque Dios ya había creado la Tierra, todavía no había brotado ninguna planta del campo por dos razones: nunca había caído la lluvia, y no *"existía el hombre para que la cultivara"*. Dios contuvo el desarrollo hasta que un administrador estuviera en su lugar. La vida podría florecer completamente sólo cuando un administrador tomara su lugar y cuidara de ella.

La pobreza en la administración retarda el crecimiento. Dios retiene el progreso hasta tener un administrador. No permite ningún incremento hasta tener a alguien que pueda manejar ese incremento;

no permite ninguna expansión hasta tener a alguien con quien contar para esa expansión.

Dios no creó al hombre porque necesitaba una criatura "religiosa", alguien que cante, dance u ore a Él, sino porque necesitaba a alguien que administre el planeta. Lo que hacemos durante nuestras reuniones de adoración no emociona o interesa tanto a Dios como lo que hacemos *después*. Él quiere ver cuán bien manejamos nuestros asuntos: cómo ocupamos nuestro tiempo, qué hacemos con nuestro dinero, cuán sabia o torpemente utilizamos los recursos que fueron puestos a nuestra disposición. Él busca el crecimiento, porque la buena administración siempre produce crecimiento.

La administración sabia atrae a Dios. Si somos fieles en lo poco, Dios nos confiará mucho más. Este es también un principio bíblico. Un día Jesús contó una historia de un hombre rico que partió en un viaje largo, y dejó a cada uno de sus tres siervos una suma diferente de dinero, de acuerdo a sus habilidades (ver Mateo 25:14-30). Los primeros dos siervos salieron inmediatamente y, por medio de una cuidadosa administración e inversión sabia, duplicaron su dinero. El tercer siervo, sin embargo, no hizo nada, sino que escondió su dinero hasta el retorno de su amo. A su vuelta, el amo honró a los primeros dos siervos por su fidelidad y crecimiento, pero condenó al tercero por su pobre administración. Al ordenar que el dinero del tercer siervo le fuera quitado y entregado al primero, el amo dijo: *"Porque a todo el que tiene, se le dará más, y tendrá en abundancia. Al que no tiene se le quitará hasta lo que tiene"* (Mateo 25:29).

Si esperamos ser efectivos y exitosos en la vida, ministerio y, especialmente, en el matrimonio, debemos aprender a ser buenos administradores. Administrar significa ser responsable ante Dios por cada recurso que se encuentra bajo nuestro cuidado. Los administradores efectivos hacen mucho más que simplemente dejar que las cosas sigan su curso; añaden valor a cada cosa sobre la cual tienen responsabilidad. Bajo un buen administrador, los recursos serán apreciados por su valor. El tercer siervo de la historia de Jesús, no fue castigado por perder el dinero de su amo (no lo perdió, todavía lo tenía) sino porque no hizo nada con él. Fue juzgado porque no le agregó ningún valor a los recursos que se le confiaron, no tuvo incremento alguno.

Todas las parejas casadas deberían examinarse periódicamente y preguntarse: "¿Qué hemos hecho con los recursos que Dios nos ha dado? ¿Cómo manejamos sus bendiciones? ¿Usamos nuestro dinero sabiamente? ¿Hemos progresado con respecto al año pasado? ¿Nos movemos en la dirección que Dios quiere que vayamos? ¿Obedecemos su voluntad? ¿Está Dios complacido con nuestra administración? ¿Qué quiere Él que hagamos ahora?". Estas son preguntas importantes para crecer en la administración.

EL DOMINIO ES EL RESULTADO DE LA ADMINISTRACIÓN

Una clave para el crecimiento en esta área es que las parejas entiendan que la administración efectiva no es estática, sino un proceso de desarrollo. Esta es la forma en que sucedió con la primera pareja humana en el jardín del Edén. Génesis 1:28 revela esta progresión: *"y los bendijo con estas palabras: 'Sean fructíferos y multiplíquense; llenen la tierra y sométanla; dominen a los peces del mar y a las aves del cielo, y a todos los reptiles que se arrastran por el suelo'"*. El propósito de Dios para la humanidad era que gobernaran sobre el orden creado, pero para cumplir con ese propósito, primero debían ser fructíferos, multiplicarse, llenar y someter. Sólo entonces la humanidad lograría el completo dominio. Esencialmente, el dominio no es una meta, sino más bien un *resultado* del cuádruple proceso de fructificar, multiplicar, llenar y someter.

Lo primero que Dios hizo fue bendecir a la humanidad, al hombre y la mujer que había creado. Bendecir significa liberar capacidad. Al bendecirlos, Dios liberó su capacidad de convertirse en aquello para lo que Él los había creado. Los liberó para ser administradores de la Tierra y sus recursos. Luego los instruyó sobre cómo *ejercer* dominio.

Fructificar. A menudo se cree que el mandato de Dios en Génesis 1:28 se refiere a la procreación, pero llenar la Tierra de gente es sólo una parte de lo que esto quiere decir. La palabra hebrea traducida como *fructificar* significa más que mera reproducción sexual; se refiere a ser fructífero, ya sea en sentido literal o figurativo. La capacidad fructífera puede ser tanto cualitativa por naturaleza como cuantitativa. La humanidad nunca ha tenido problemas para procrear —una población global actual de más de seis mil millones es prueba de ello—, pero sí tenemos problemas para ser fructíferos en las otras formas que Dios desea.

Esencialmente, ser fructífero es liberar nuestro potencial. El fruto es un producto final. Un manzano puede proveer sombra fresca y una hermosa vista, pero no habrá cumplido su propósito más importante hasta que produzca manzanas. Las manzanas contienen las semillas de futuros manzanos, es decir, de futuras manzanas. No obstante, las manzanas también tienen algo más que ofrecer: un alimento dulce y nutritivo para satisfacer el hambre de los seres humanos. En este sentido, el fruto tiene un propósito más grande que simplemente reproducirse; el fruto existe para bendecir al mundo.

Cada persona nace con una semilla de grandeza. Dios nunca nos dice que vayamos a encontrar la semilla; ya está en nosotros. Dentro de cada uno de nosotros se encuentra la semilla potencial para un bosque completo, una cosecha abundante de fruto para bendecir al mundo. Cada uno de nosotros ha sido dotado en el nacimiento con un don único, algo para lo que hemos nacido, que nadie más puede lograr del modo que nosotros podemos hacerlo. El propósito de Dios es que llevemos fruto abundante y que liberemos las bendiciones de nuestro don y nuestro potencial al mundo. La trágica verdad es que los cementerios están llenos de "huertos" no liberados, gente que ha muerto con su don aún cerrado y en forma de semilla dentro de ellos. Aquí es donde la raza humana fracasa tan a menudo y deja de cumplir el mandato de Dios de "ser fructíferos". El mundo será para siempre más pobre debido a los incontables millones que murieron sin liberar sus bendiciones.

Jamás cometas el error de decir a Dios que no tienes nada que ofrecer. Eso, simplemente, no es verdad. Dios no crea basura. Cada uno de nosotros está "embarazado" con una semilla, y Dios quiere que permitamos que nuestra semilla brote, crezca y produzca abundante fruto. Él quiere que nuestra semilla se desarrolle en nosotros hasta una fase comestible, para que el mundo pueda compartir y ser nutrido y bendecido.

¿Cuál es tu semilla? ¿Puedes cocinar realmente bien? ¿Puedes pintar? ¿Puedes escribir? ¿Tienes buen sentido para los negocios? Consideremos los dones combinados como matrimonio. ¿Qué recursos financieros u otros, físicos o materiales, Dios les ha confiado? ¿Tienen los dones y habilidades para comenzar un negocio propio? ¿Están equipados para trabajar juntos en un ministerio único o de mayor necesidad? ¿Qué recursos profesionales o personales pueden traer para llegar a cumplir el propósito que Dios puso en ustedes cuando nacieron? Tienen algo que el mundo necesita. Sean fructíferos. Dejen que el Espíritu de Dios saque a relucir lo que su Creador puso en ustedes.

Multiplicar. Ser fructífero es un buen comienzo y es necesario, pero debería crecer hasta la siguiente fase: *multiplicar*. Una vez más, aunque la idea es multiplicarse o reproducirse, la procreación sexual es solo parte del significado. La palabra hebrea utilizada para *multiplicar* también quiere decir "abundancia", "estar en autoridad", "agrandar" y "sobresalir". Lleva el sentido de refinar el don hasta que sea completamente único. Es imposible reproducir lo que no has refinado.

En este contexto, entonces, multiplicar significa no sólo aumentar en número o reproducirse al tener hijos, sino también mejorar, sobresalir, al dominar tu don y llegar a ser el mejor en aquello a lo que te dedicas. También significa aprender cómo manejar los recursos que Dios te ha dado y desarrollar una estrategia para administrar el aumento que llegará por medio del refinamiento. Al refinar tu don, haces que tenga lugar en el mundo. Cuanto más refines tu don, será más demandado. Proverbios 18:16 (RVR60) dice: *"La dádiva del hombre le ensancha el camino y le lleva delante de los grandes".*

¿Cuál es tu fruto, tu don? ¿Por qué eres conocido? ¿Qué tienes que sea reproducible? ¿Qué cualidad o habilidad tienes que causa que la gente te busque? ¿Qué te trae gozo? ¿Qué es lo que te apasiona? ¿Qué tienes para ofrecer al mundo, aun a una pequeña parte de él?

El fruto debe ser reproducible o, de lo contrario, no es un fruto genuino; "ser fructíferos" quiere decir que produzcamos fruto; "multiplicar" significa reproducirlo.

Llenar. La tercera fase del dominio es "llenar" o "rellenar" la Tierra. Llevar fruto, refinar nuestro don y dominar el uso de nuestros recursos crea demanda y deriva naturalmente en una más amplia "distribución". "Llenar la Tierra" significa expandir nuestro don, nuestra influencia, nuestros recursos, como lo haría una empresa en crecimiento al mejorar continuamente su producto, para abrir nuevos negocios y contratar a más empleados.

Otro modo de mirarlo es pensar una vez más en el manzano. Una simple semilla de manzana crece para ser un árbol, el que produce manzanas, cada una de las cuales contiene semillas para producir más manzanos. Al plantar esas semillas pronto tendremos de un único manzano, un huerto completo de manzanos.

Esta expansión para "llenar la Tierra" es un esfuerzo en conjunto entre el Señor y nosotros. Nuestra parte es ser fieles con los recursos que Él nos ha dado. Él es quien trae la expansión. Cuanto más fieles seamos en nuestra administración, Dios nos confiará más recursos. Ese es un principio bíblico.

Someter. Fructificar, multiplicar y llenar llevan naturalmente al resultado final de someter. *Someter* significa "dominar o controlar", no en el sentido negativo de opresión, sino en el sentido positivo de administración. Si utilizamos la terminología de negocios, someter quiere decir "dominar el mercado". A medida que aprendemos a manejar nuestros recursos, Dios expande aquellos recursos y amplía nuestra influencia. Diríamos que Él aumenta nuestra "participación de mercado".

No existe límite en lo que el Señor puede hacer en, con, y a través de un individuo o de cualquier matrimonio que se rinda y que rinda sus recursos completamente a su voluntad y a sus caminos. Dios quiere cubrir el mundo con sus "huertos" de fructificación de humanos. Habacuc 2:14 dice: *"Porque así como las aguas cubren los mares, así también se llenará la tierra del conocimiento de la gloria del*

Señor", y el Señor cumple esa promesa de a una persona a la vez y de a una pareja a la vez.

DOS PRINCIPIOS FINANCIEROS IMPORTANTES

La administración básica de recursos para las parejas casadas de creyentes, se centra en el entendimiento y la práctica de dos principios financieros fundamentales: el diezmo y el presupuesto. Aquí yacen las semillas de dominio, los secretos de fructificación, multiplicación y llenado. Al diezmar reconocemos a Dios como la fuente de nuestros recursos, y al presupuestar reconocemos nuestra responsabilidad ante Dios de manejar esos recursos sabiamente.

Antes que ser una designación rígida y legalista del diez por ciento de "nuestro" ingreso a Dios, en el sentido del deber, el diezmo es, en esencia, el ofrecimiento de "primicias" entregado libremente para reconocer a Dios como el Creador y verdadero propietario de *todo* que tenemos. Nos recuerda no aferrarnos demasiado a nuestras posesiones, porque somos meros administradores, no dueños. Nos ayuda a mantener nuestras prioridades en la perspectiva correcta, para que no cometamos el error de permitir que nuestras posesiones y nuestra búsqueda de prosperidad sobrepasen nuestra relación con el Señor al tomar el primer lugar en nuestras vidas. Verdaderamente, diezmar nos recuerda que Dios es la fuente y el dador de nuestra prosperidad: *"Recuerda al Señor tu Dios, porque es él quien te da el poder para producir esa riqueza"* (Deuteronomio 8:18a).

Diezmar es una expresión de siembra de fe, que opera con el principio de bendiciones y retribuciones. Demuestra nuestra confianza en la habilidad y la promesa de Dios de cubrir nuestras necesidades día a día. Para los matrimonios que desean tener las bendiciones y la prosperidad de Dios en sus hogares, ver su poder en acción en sus vidas y ver su influencia diaria, es indispensable un compromiso a diezmar. Dios ha hecho su promesa clara y libre de ambigüedad:

Traigan íntegro el diezmo para los fondos del templo, y así habrá alimento en mi casa. Pruébenme en esto —dice el Señor Todopoderoso—, y vean si no abro las compuertas del cielo y derramo sobre ustedes bendición hasta que sobreabunde.

—MALAQUÍAS 3:10

Este principio opera en cada nivel, en individuos, parejas, familias e iglesias.

Aunque dar es importante, la actitud del dador lo es más. El monto que damos no es tan importante para Dios como el espíritu con el que lo damos. Jesús enseñó esta lección a sus seguidores un día mientras observaban a diferentes personas dar sus ofrendas en el templo (ver Marcos 12:41-44). Muchos, que eran ricos, daban grandes sumas de dinero, mientras que una pobre viuda dejó caer apenas dos monedas, con un valor de aproximadamente un penique. Jesús elogió a la viuda por su actitud de confianza en Dios: *"Les aseguro que esta viuda pobre ha echado en el tesoro más que todos los demás. Éstos dieron de lo que les sobraba; pero ella, de su pobreza, echó todo lo que tenía, todo su sustento"* (Marcos 12:43b-44).

Dios desea que demos libremente, con un corazón gozoso en vez de dar por obligación, reconociéndolo a Él como la fuente de nuestras bendiciones. Pablo, el gran misionero del primer siglo y escritor del Nuevo Testamento, dijo a los creyentes en la ciudad de Corinto: *"Cada uno debe dar según lo que haya decidido en su corazón, no de mala gana ni por obligación, porque Dios ama al que da con alegría"* (2 Corintios 9:7).

Desafortunadamente, no importa cuánto lo intenten, muchas parejas fallan al tratar de alcanzar el nivel más básico de prosperidad o estabilidad financiera. Muy a menudo la principal razón de esto es que nunca han entendido o establecido para sí mismos este asunto básico de diezmar y el principio de las bendiciones y retribuciones.

El programa de prosperidad de Dios no opera con los principios del mundo. Si actuamos como si fuésemos los dueños de nuestros recursos, tendremos una tendencia a ser muy posesivos con ellos, y no estaremos dispuestos a liberarlos para que Dios los utilice. Esto nos cerraría el paso a sus más grandes bendiciones, tanto a la bendición de ser usados por Él para su propósito, como a la bendición de ser confiables para administrar mayores recursos. En cambio, si como administradores, nos aferramos ligeramente a ellos, podremos liberarlos para que el Señor los use como Él quiera, y al ser fieles en lo poco, Él nos confiará mucho más.

El diezmo debería ser una faceta principal en el plan financiero general de una pareja. Cada hogar debería operar con un presupuesto o plan financiero. Hacer un presupuesto es un principio básico para la administración de recursos. El presupuesto de un hogar no debería ser más complejo de lo necesario para manejar efectivamente los recursos de la familia. Dependiendo de las circunstancias de la pareja, un simple libro de contabilidad para guardar registro de los ingresos y gastos, puede ser todo lo que necesiten. Generalmente, cuanto más complejos sean los activos, será necesario un plan más detallado para manejarlos.

La complejidad del presupuesto de la familia también dependerá de los sueños y planes que tenga la pareja. ¿Desean comprar una casa? Si es así, necesitarán iniciar un plan claro para ahorrar dinero regularmente, así como ser muy cuidadosos con los créditos y el manejo de las deudas. ¿Planean invertir? Estos planes necesitan estar especificados en su presupuesto o plan financiero, y ambos tienen que estar de acuerdo en cómo conseguirán sus metas.

No omita incluir en el presupuesto dinero "para diversión". El ocio y la recreación son importantes para la salud física, mental y emocional, y deberían estar reflejados en el presupuesto. No tienen que ser costosos, y una pareja debería mantener los costos alineados de acuerdo a sus posibilidades financieras. Ya sea que ambos, marido y esposa trabajen o no fuera de la casa, cada uno debería tener una "concesión" de dinero para gastar en forma personal.

El tipo o complejidad de su plan financiero no es tan importante como que tengan un plan de alguna clase en su lugar y en funcionamiento. En la medida que su presupuesto sea adecuado a sus necesidades, no importará qué forma tenga. Un presupuesto en funcionamiento representa un buen manejo y un esfuerzo honesto de tener una administración sabia. Dios honra ambas cosas.

Principios

1. La buena administración es un sólido principio bíblico para el crecimiento, prosperidad y felicidad.
2. Dios cargó a la humanidad con la responsabilidad de ser administradores de la Tierra y de todos sus recursos.
3. Tenemos dominio sobre las *cosas*, no sobre las personas.
4. Por el expreso diseño de Dios, las semillas de grandeza, el potencial de liderazgo, y la capacidad básica para la dirección y administración existen en cada uno de nosotros.
5. Administrar significa ser responsable ante Dios por cada recurso que se encuentra bajo nuestro cuidado.
6. Ser fructífero significa liberar nuestro potencial.
7. Multiplicar significa no sólo aumentar en número o reproducirse al tener hijos, sino también mejorar, sobresalir, al dominar nuestro don y llegar a ser los mejores en aquello a lo que nos dedicamos.
8. "Llenar la Tierra" significa expandir nuestro don, nuestra influencia, nuestros recursos, como lo haría una empresa en crecimiento, al mejorar continuamente su producto, para abrir nuevos negocios y contratar más empleados.
9. Someter quiere decir "dominar el mercado".
10. Al diezmar reconocemos a Dios como la fuente de nuestros recursos.
11. Al presupuestar reconocemos nuestra responsabilidad ante Dios de manejar esos recursos sabiamente.

Capítulo seis

INTIMIDAD SEXUAL EN EL MATRIMONIO

Aunque es posible que la administración efectiva de los recursos sea el desafío práctico que enfrenta con más frecuencia la mayoría de las parejas casadas, alcanzar la completa satisfacción en la intimidad sexual es probablemente el desafío más personal que afrontan. Muchas parejas están confundidas sobre su sexualidad, no tanto en lo que respecta a sus identidades sexuales, sino en lo que atañe a entender cómo relacionarse sexualmente, el uno con el otro, en forma apropiada. La disfunción sexual es una fuente significativa de frustración, conflicto e infelicidad en muchos matrimonios. A menudo la insatisfacción en el sexo es la causa de fondo para que los esposos comiencen a tener relaciones extra matrimoniales. Lo que no consiguen en el hogar lo buscan en otro lugar. Con frecuencia, esta confusión sexual proviene de una falta de comprensión básica de la verdadera naturaleza y propósito del sexo, así como de las condiciones apropiadas para completar la expresión sexual.

Desafortunadamente, las parejas conscientes que buscan respuestas sólidas, muchas veces tienen problemas para encontrarlas. Nuestra sociedad moderna saturada de sexo no es, ciertamente, de mucha ayuda. Aunque vivimos en un tiempo donde los asuntos de la sexualidad son discutidos más abierta y francamente que nunca antes, la mayor parte de la discusión popular sobre el sexo está basada en los sueños, fantasías e ideas humanas, en lugar de estar enfocadas en la verdad, la realidad y la sabiduría de antaño.

Somos bombardeados por todas partes con imágenes y mensajes sexuales. El sexo conduce las industrias del entretenimiento y la publicidad. Llena las ondas radiales y las salas de cine. Es utilizado para vender todo, desde una crema de afeitar hasta automóviles. Aun nuestro discurso diario está condimentado con frases sexuales. Algunas personas, aparentemente, no pueden sostener una conversación sin que esté adornada con referencias sexuales. Sin embargo, a pesar de todo lo que se habla y se piensa sobre el sexo, gran parte de nuestra sociedad permanece en ignorancia profunda sobre el tema, porque mucho de nuestro diálogo está basado en errores o conceptos equivocados.

Otra triste verdad es que la Iglesia moderna, típicamente, tiene muy poco para agregar a la discusión. Esto es especialmente trágico porque los creyentes, que conocen y siguen al Dios que creó el sexo y estableció los parámetros apropiados, deberían poder hablar más inteligente y confiadamente sobre el tema que todos los demás. Sin embargo, la comunidad de creyentes a menudo permanece en silencio en los foros públicos que conciernen al sexo, ya sea debido a la vergüenza, la confusión, la timidez o a una sensación de que el tema del sexo es demasiado personal o no lo suficientemente "espiritual" como para que la Iglesia intervenga públicamente.

El sexo no es una cuestión secundaria con Dios. La Biblia tiene mucho más para decir sobre el asunto de las relaciones sexuales de lo que la mayoría de la gente piensa. La sexualidad es fundamental en el diseño y el plan de Dios para la humanidad. *"Y Dios creó al ser humano a su imagen; lo creó a imagen de Dios.* **Hombre y mujer** *los creó"* (Génesis 1:27, énfasis añadido). *"Hombre y mujer"* son distinciones de género que implican sexualidad. El sexo también se encuentra en el centro de las instrucciones iniciales que Dios dio a la primera pareja humana: *"Sean fructíferos y multiplíquense; llenen la tierra y sométanla"* (Génesis 1:28b). Si bien, como vimos en el capítulo anterior, este mandato tiene que ver esencialmente con el dominio y la administración de los recursos, ciertamente también incluye la actividad sexual como un principio fundamental.

Debido a su importancia para la experiencia humana y debido a la gran confusión que existe hoy sobre este tema, es crucial que volvamos al entendimiento bíblico de la sexualidad para encontrar los errores y la falta de información que tanto prevalecen en nuestra sociedad. Necesitamos comprender qué *no* es el sexo, qué *es* y cuál es su propósito, así como establecer una guía para la actividad sexual aceptable en el contexto del matrimonio bíblico.

EL SEXO NO ES AMOR

A los ojos del mundo, sexo y amor son sinónimos. Incluso la lectura más ocasional de los periódicos de hoy, de revistas, libros, películas y programas de televisión lo deja en claro. Mucho del material en estos medios trata al sexo y al amor como si fueran inseparables, como si no hubiese diferencia entre ellos. La salida lógica, según este punto de vista, es la que dice: "Si me amas, me dejarás hacerlo". Después de todo, si el sexo y el amor son lo mismo, ¿cómo puedes decir que amas a alguien y, a la vez, no quieres tener sexo con esa persona?

Estrechamente relacionado con esto encontramos otro punto de vista: que el sexo es una prueba de amor. Cuán a menudo nos encontramos con este escenario en los libros o películas: un hombre conoce a una mujer y se llevan bien. Lo siguiente que vemos es que están en la cama juntos. Este es nuestro "código secreto" para saber que están "enamorados". Seguramente están enamorados; tienen sexo, ¿o no? Puede ser que se trate de una relación adúltera, dado que uno o ambos están casados con alguien más, pero eso no importa. Todo lo que interesa es que están enamorados. Van a la cama, tienen su aventura, se levantan a la mañana siguiente y todo está bien.

Esa es la imagen que presenta el mundo. Lo que estos libros y películas raramente revelan, si alguna vez lo hacen, es el lado negativo de este tipo de encuentros. En la vida real, los vínculos de este tipo producen, en la mayoría de las personas, sentimientos de culpa, vergüenza y una sensación de estar sucio, sin mencionar una profunda ausencia de satisfacción. Puede ser "divertido" por un momento, pero los deja sintiéndose vacíos, y frecuentemente no saben por qué.

La idea de que el sexo es igual al amor es una de las más grandes mentiras con las cuales el mundo ha pervertido el diseño original de Dios para la expresión, el goce y la satisfacción sexual.

EL SEXO NO ES ESPIRITUAL

El amor, el *verdadero* amor, es espiritual por naturaleza. El sexo no lo es. El sexo es cien por ciento físico y químico. Esta es la razón por la cual nos metemos en problemas cuando intentamos poner el amor al mismo nivel que el sexo. El amor es una unión espiritual entre dos personas, una unidad de espíritu a espíritu. El sexo es un acople físico de dos personas, la unión de carne con carne. Utilizado apropiadamente, el sexo es una hermosa y satisfactoria expresión física de la unidad espiritual, que es el verdadero amor.

Comprender esta distinción nos ayudará a cuidarnos de caer presos de tantas ideas extrañas que flotan a nuestro alrededor, las cuales intentan convencernos de que el sexo es (o puede ser) alguna clase fantástica de "lazo espiritual", o que puede ponernos en contacto con la realidad espiritual de la vida. No tiene nada que ver con todo eso. El sexo es una experiencia física estimulante, pero en sí mismo no existe nada de espiritual. La actividad sexual nunca nos une espíritu con espíritu con otra persona. En ningún lugar de La Biblia se enseña que la experiencia sexual nos hará ver a Dios o ser traídos más cerca de Él. El sexo es un producto de nuestra parte humana y no tiene nada que ver con nuestro espíritu. Antes bien, nuestro comportamiento sexual, dado por Dios, es un apetito que debe estar sujeto y controlado por nuestro espíritu. Nuestro espíritu debe gobernar nuestra carne.

El sexo es un apetito

El sexo es un apetito, uno de los muchos apetitos que Dios puso en nosotros cuando nos creó. Ya sea que nosotros los llamemos impulsos, ansias, deseos, pasiones, o lo que sea, serán apetitos. Tenemos un apetito por la comida, un apetito por el agua, un apetito por dormir, un apetito por el sexo, un apetito por Dios, y puedes nombrar algunos más. Todos ellos son perfectamente normales. Dios nos diseñó para tener apetitos.

La fuerza de cualquiera de estos apetitos es determinada por el grado al cual ha sido activada nuestra capacidad para aquel apetito. Todos los apetitos comienzan en un nivel de capacidad de cero. La habilidad para un apetito está siempre presente, pero su capacidad será cero hasta que sea activada. Un bebé desarrolla un apetito por la comida aun antes de nacer, a medida que los nutrientes fluyen hacia él desde el cuerpo de su madre a través del cordón umbilical. Por eso, lo primero que un bebé quiere hacer después de nacer, es comer. Su apetito por la comida se ha activado.

Aunque un niño recién nacido conoce el ansia por la comida, su capacidad es todavía muy baja. Un bebé está hambriento sólo por aquello para lo que su apetito ha sido activado. Es decir, los infantes están acostumbrados a los nutrientes líquidos provenientes del cordón umbilical antes de nacer, luego a la leche materna o complemento lácteo, y más tarde a las papillas blandas para bebés, pero no tienen apetito por la sal u otras especias, ni por el azúcar o cualquier otro tipo de dulces. Aquellos apetitos están en suspenso hasta ser activados. Los padres activan esos apetitos en sus hijos cuando les dan por primera vez comidas sazonadas, tortas, caramelos y otras cosas dulces. Hasta entonces, el niño no tiene apetito —y en consecuencia, tampoco deseo— por ellos.

La razón por la que tenemos hambre es porque los químicos que hay en nuestro estómago y tracto digestivo se activan y envían una señal a nuestro cerebro de que necesitamos comida. Nuestro apetito crece en proporción con respecto a cuánto hace que comimos por última vez y a otros factores como los tipos de comidas que deseamos. Nuestra hambre aumentará hasta que podamos satisfacerla comiendo. Una vez satisfecho, nuestro apetito se apaga hasta ser reactivado cuando sea el tiempo de volver a comer.

Sin embargo, sucede algo interesante con un apetito que no es satisfecho: tarde o temprano se apaga de todas maneras. Las personas que entran en un extenso ayuno, descubren esto rápidamente. Los primeros días del ayuno son los más difíciles porque nuestro apetito por la comida tiene que ser reajustado. Una vez que nuestro cuerpo se adapta, el ayuno es más fácil.

Mi punto es este: no sólo podemos *satisfacer* nuestros apetitos, también podemos *controlarlos*. Con *cada* apetito es así. Nuestros deseos y ansias están sujetos a nuestra voluntad. Esto es tan cierto para nuestro apetito sexual como para cualquier otro. Pablo lo aclaró en el Nuevo Testamento, en su primera carta a los creyentes de la ciudad asiática de Tesalónica, cuando escribió: *"La voluntad de Dios es que sean santificados; que se aparten de la inmoralidad sexual; que cada uno aprenda a controlar su propio cuerpo de una manera santa y honrosa"* (1 Tesalonicenses 4:3-4). Lo que hace a este pasaje más interesante es que la palabra griega *skeuos* ("cuerpo") también se cree que significa "esposa". En este sentido, entonces, Pablo habría dicho que los maridos deben aprender a "vivir con sus propias esposas de una manera santa y honrosa". De una u otra manera, el énfasis está en controlar el apetito sexual de cada uno, reservándolo exclusivamente para la expresión en el contexto de una relación matrimonial.

LOS PROPÓSITOS DE DIOS PARA EL SEXO

Dios nos creó como seres sexuales, como hombre y mujer. La sexualidad está construida en el centro de nuestra humanidad. Podríamos decir que estamos "equipados" para el sexo. La expresión sexual satisfecha de manera apropiada y verdadera, sólo puede ocurrir dentro de los cuidadosos y específicos límites que Dios ha establecido. Fuera de esos límites hay problemas: culpa, vergüenza, temor, tristeza, decepción y dolores de cabeza. Dentro de los límites, sin embargo —los límites de un marido y una esposa dedicados exclusivamente el uno al otro— hay gran libertad, flexibilidad y gozo.

Desde las páginas de La Biblia podemos encontrar tres propósitos primarios para la actividad sexual humana: procreación, recreación y liberación y comunicación.

EL SEXO ES PARA LA PROCREACIÓN

Como ya hemos visto, la procreación se encuentra en el corazón del mandato que Dios originalmente encargó a la humanidad. *"Y los bendijo con estas palabras: 'Sean fructíferos y multiplíquense; llenen la tierra y sométanla; dominen a los peces del mar y a las aves del cielo, y a todos los reptiles que se arrastran por el suelo'"* (Génesis 1:28). Dios creó al hombre para que ejerciera dominio sobre el orden creado, y una manera de cumplir esa meta era por medio de la procreación: reproducirse y poblar la Tierra.

Fue con este fin que Dios creó al hombre en dos géneros, un "hombre" varón y un "hombre" mujer. El hombre y la mujer fueron hechos del mismo espíritu, de la misma esencia, fueron hechos de la misma "cosa". Primero, Dios creó al hombre, Adán. Luego hizo a la mujer, Eva, con parte del costado de Adán, y se la presentó a él.

Dijo entonces Adán: Esto es ahora hueso de mis huesos y carne de mi carne; ésta será llamada Varona, porque del varón fue tomada. Por tanto, dejará el hombre a su padre y a su madre, y se unirá a su mujer, y serán una sola carne.

—GÉNESIS 2:23-24 (RVR60)

La frase "una sola carne" es una referencia sexual relacionada con la unión física entre el marido y la esposa.

La Biblia contiene muchas otras referencias que indican que la reproducción humana es una parte fundamental del plan de Dios para la humanidad. En el lugar apropiado, el sexo es algo honorable y es una fuente de bendiciones por parte de Dios.

*Si prestas atención a estas normas, y las cumples y las obedeces, entonces el Señor tu Dios cumplirá el pacto que bajo juramento hizo con tus antepasados, y te mostrará su amor fiel. Te amará, te multiplicará y **bendecirá el fruto de tu vientre**, y también el fruto de la tierra que juró a tus antepasados que les daría. Es decir, bendecirá el trigo, el vino y el aceite, y las crías de tus ganados y los corderos de tus rebaños. Bendito serás, más que cualquier otro pueblo; **no habrá entre los tuyos hombre ni mujer estéril**, ni habrá un solo animal de tus ganados que se quede sin cría.*
—DEUTERONOMIO 7:12-14 (énfasis añadido)

Aquí, en realidad, Dios hace un compromiso con su pueblo: si son fieles y obedientes a Él, ninguno de ellos quedará estéril o sin hijos. Dios quiere que su pueblo procree. Él quiere poblar el mundo con sus hijos para que su gloria llene la Tierra.

Los hijos son una herencia del Señor, los frutos del vientre son una recompensa. Como flechas en las manos del guerrero son los hijos de la juventud. Dichosos los que llenan su aljaba con esta clase de flechas. No serán avergonzados por sus enemigos cuando litiguen con ellos en los tribunales.
—SALMO 127:3-5

Los hijos son una herencia de Dios. La palabra hebrea *ben* ("hijos") tiene una amplia variedad de significados y puede referirse a todos los hijos, no sólo a los varones. Herencia quiere decir "propiedad". Dios toma la concepción, el nacimiento y la crianza de los hijos muy seriamente porque ellos son su herencia. Por eso el aborto y el abuso físico y sexual de los niños son pecados tan serios, porque se entrometen con la herencia de Dios.

Dios toma la concepción, el nacimiento y la crianza de los hijos muy seriamente pues ellos son su herencia.

Existen muchos otros pasajes que pueden ser citados, pero este debería ser suficiente para demostrar claramente, si es que había alguna duda, que uno de los propósitos primarios del sexo es la procreación.

EL SEXO ES PARA LA RECREACIÓN Y LA LIBERACIÓN

Si la procreación es el lado necesario y práctico del sexo, entonces la recreación y la liberación serían el lado "no práctico". Tenemos sexo no sólo para reproducir la raza sino también por la alegría y el placer que este permite. Seamos francos: el sexo es divertido. Dios quiso que disfrutemos del sexo; si no fuera así, ¿por qué lo habría diseñado para que sea tan placentero?

Algunas personas, incluidos muchos creyentes, están incómodas con tanta franqueza en lo que concierne al sexo. Se sienten inclusive más molestos sólo al pensar en las partes de La Biblia —La Palabra de Dios— que son sexualmente explícitas. No obstante, es verdad que La Palabra de Dios contiene algunas secciones "vivas", particularmente en el libro de los Cantares de Salomón (Cantar de los cantares, en la Nueva Versión Internacional). Este libro del Antiguo Testamento es tan abierto y franco en su lenguaje, que muchos creyentes se han sentido más cómodos al alegorizar su contenido como una historia simbólica sobre el amor de Cristo por su Iglesia. Tal vez tenga, verdaderamente, este significado también, pero en el corazón de los Cantares de Salomón hay una franca y explícita canción de amor que celebra el gozo y la dicha del amor matrimonial.

Un ejemplo sería suficiente para mostrar cómo La Biblia presenta el sexo en el matrimonio como placer o recreación, separado de cualquier referencia a la procreación.

¡Cuán bella eres, amada mía! ¡Cuán bella eres! Tus ojos, tras el velo, son dos palomas... Tus labios son cual cinta escarlata; tus palabras me tienen hechizado (...) Tus pechos parecen dos cervatillos, dos crías mellizas de

gacela que pastan entre azucenas (...) Cautivaste mi corazón, hermana y novia mía, con una mirada de tus ojos; con una vuelta de tu collar cautivaste mi corazón. ¡Cuán delicioso es tu amor, hermana y novia mía! ¡Más agradable que el vino es tu amor, y más que toda especia la fragancia de tu perfume! Tus labios, novia mía, destilan miel; leche y miel escondes bajo la lengua. Cual fragancia del Líbano es la fragancia de tus vestidos. Jardín cerrado eres tú, hermana y novia mía; ¡jardín cerrado, sellado manantial! Tus pechos son un huerto de granadas con frutos exquisitos, con flores de nardo y azahar; con toda clase de árbol resinoso, con nardo y azafrán, con cálamo y canela, con mirra y áloe, y con las más finas especias. Eres fuente de los jardines, manantial de aguas vivas, ¡arroyo que del Líbano desciende! ¡Viento del norte, despierta! ¡Viento del sur, ven acá! Soplen en mi jardín; ¡esparzan su fragancia! Que venga mi amado a su jardín y pruebe sus frutos exquisitos.

—CANTARES 4:1A,3A,5,9-16

Esta es una charla franca e íntima entre dos amantes, pero el pasaje también aclara que son marido y esposa. El hombre se refiere tres veces a su amada como "hermana y novia mía". Estos versículos describen que el marido está relajado, para hacer un amoroso inventario de la belleza física de su esposa. En el versículo 12, las frases "jardín cerrado" y "sellado manantial" se refieren a la virginidad de la novia en su noche de bodas. A los ojos de su marido, ella es un jardín de hermosura, un huerto de "frutos exquisitos", "mirra" y "las más finas especias". El versículo 16 es, en realidad, la respuesta de la novia a las palabras de amor de su marido, invitando a su amado a que "venga a su jardín y pruebe sus frutos exquisitos".

Si la naturaleza íntima y explícita de este lenguaje te impresiona, ten presente que no lo impresiona a Dios. Dios inventó el sexo, y Él quiere que experimentemos sus placeres. *En el contexto apropiado de una relación de amor matrimonial*, no hay nada que avergüence, nada erróneo o inmoral sobre el sexo. El sexo es un placer creado para ser disfrutado entre el marido y la esposa por su propio bien.

El sexo es para la comunicación

El tercer propósito por el cual Dios diseñó el sexo es la comunicación. El sexo no es el sustituto de una conversación abierta y honesta entre el marido y la esposa, pero en un entorno de amor que estimula la comunicación. La consumación sexual provee un grado de intimidad y comunión que va más allá de las palabras. Ninguno debería ser más íntimo o estar más "conectado" física, mental o emocionalmente que el marido y la esposa. Su amistad no debería tener rival; ninguna otra relación terrenal debería tener mayor prioridad. Este es el significado esencial de Génesis 2:24 (RVR60): *"Por tanto, dejará el hombre a su padre y a su madre, y se unirá a su mujer, y serán una sola carne".*

Según el modelo de Dios, la actividad sexual está restringida al matrimonio. La relación marido/esposa es una relación singular, y la estimulación sexual y el coito proporcionan una forma única de compartir la comunión íntima que ellos deberían reservar exclusivamente el uno para el otro.

Sean responsables con las necesidades sexuales del otro

La disfunción sexual y la insatisfacción en el matrimonio, con frecuencia, no derivan tanto de la inhabilidad o falta de voluntad del marido o la esposa para "funcionar" sexualmente, como de la falta de sensibilidad, atención y responsabilidad de la pareja con respecto a las necesidades del otro. Como con la comunicación efectiva, recordar los pequeños detalles es importante también en lo que concierne al sexo.

Debemos estar dispuestos a mirar más allá de nuestros propios sentimientos y perspectivas, para mirar los de nuestro esposo. El mero hecho de que nosotros deseemos o no tener sexo en un momento en particular, no significa necesariamente que nuestro esposo se sienta de la misma manera. No sería saludable para nuestra relación hacer esa suposición. Aquí es donde las habilidades maduras y efectivas de comunicación son muy importantes. La satisfacción y la felicidad sexual en el matrimonio dependen de un entorno abierto de amor, aceptación y afirmación, en el cual cada uno de los esposos se sienta cómodo al hacer conocer sus necesidades y deseos al otro.

Aunque ha habido algunos cambios significativos en los últimos años, particularmente en occidente, aún es bastante común en la mayor parte de las sociedades que las esposas se sientan muy inhibidas cuando se trata de iniciar la relación sexual con sus maridos. En algunas culturas, es inaudito que la esposa sea tan atrevida. En otras, las mujeres son criadas para creer que si ellas inician el sexo, se "pierden" o se lanzan a sí mismas al hombre. Sea cual sea la razón, aun si ellas desean intimidad sexual, las esposas suelen esperar pasivamente que sus maridos sean los iniciadores.

Por su parte, el marido puede interpretar la pasividad de su esposa como desinterés, y la deja en paz porque no quiere que ella se sienta forzada. Como resultado, ambos sufren días, semanas o incluso meses de espera en un desierto sexual simplemente porque han fallado en hacer conocer al otro sus necesidades. Si las necesidades no comunicadas quedan insatisfechas por mucho tiempo, puede pasar que busquen esa satisfacción sexual fuera de su relación.

Es muy importante que los maridos y las esposas, y especialmente las esposas, aprendan a hablar con respecto a sus necesidades sexuales. Esposas, en lo que respecta a sus maridos, ¡está bien que se "pierdan" todo lo que quieran! Si no pueden "perderse" con él, alguna otra mujer lo hará. Tu marido tiene necesidades sexuales legítimas, y si no las satisfaces, alguien más lo hará. ¡Usa tu imaginación! ¡Sé audaz! ¡Haz algo atrevido! No tengas miedo de iniciar un encuentro sexual ocasionalmente. ¡Sorprende a tu marido con tu arrojo! Recuerda que, como hombre, tu marido está "equipado" para la estimulación visual y la excitación. ¡Dale algo para que esté estimulado!

Del mismo modo, maridos, tengan presente que como mujeres, sus esposas están "equipadas" para la estimulación y excitación táctil y auditiva. Ella desea tu toque. Abrázala y sostenla bien cerca. ¡Ella necesita que le *digas* cuán hermosa es, cuán sensual es, cuánto la amas, cuánto la deseas y cuánto la necesitas! A ella le encanta escucharte susurrarle "cosas dulces" al oído.

Esto puede sonar como insignificancias, pero son las cosas que mantendrán ardiendo el fuego en el matrimonio. Los maridos y las esposas tienen la responsabilidad de satisfacerse mutuamente. Por supuesto, la frecuencia dependerá de cada pareja. Las relaciones sexuales son una parte normal del matrimonio que cada uno de los esposos tiene derecho a esperar del otro, del mismo modo que tiene la responsabilidad de dar al otro. Aquí está lo que Pablo, un escritor del Nuevo Testamento, tenía para decir al respecto:

> *El hombre debe cumplir su deber conyugal con su esposa, e igualmente la mujer con su esposo. La mujer ya no tiene derecho sobre su propio cuerpo, sino su esposo. Tampoco el hombre tiene derecho sobre su propio cuerpo, sino su esposa. No se nieguen el uno al otro, a no ser de común acuerdo, y sólo por un tiempo, para dedicarse a la oración. No tarden en volver a unirse nuevamente; de lo contrario, pueden caer en tentación de Satanás, por falta de dominio propio.*
>
> —1 Corintios 7:3-5

Desde el contexto de este pasaje, es claro que el "deber marital" se refiere a las relaciones sexuales. Ambos, el marido y la esposa, tienen la responsabilidad, el deber, de responder al otro sexualmente. Con frecuencia, el deber toma precedencia sobre los sentimientos. Comprender esto puede ayudar en aquellas ocasiones cuando uno de los dos está "de humor" y el otro no. Hay veces en que, a pesar de nuestros sentimientos personales, tendremos la necesidad de responder a nuestro esposo por amor y responsabilidad.

Algunas veces olvidamos que los pequeños detalles en nuestra relación sexual son los que hacen que todo el matrimonio esté en completa comunión y unión. Los pequeños detalles son importantes para comunicar nuestro amor a nuestro esposo, y muchas veces no tienen nada que ver con nuestros sentimientos.

¿ES EDIFICANTE?

Hay una pregunta final que necesitamos considerar con respecto a la intimidad sexual en el matrimonio. Entre la multiplicidad de ideas y actitudes sobre la actividad sexual que existen en el mundo, hoy, muchas parejas casadas, especialmente creyentes, están confundidas en algún punto sobre lo que constituye o no una conducta sexual apropiada para los maridos y las esposas. ¿Qué es moral, correcto y apropiado, y qué no? Esta confusión es comprensible, ya que muchas personas llegan al matrimonio desde un trasfondo mundano que promociona "todo vale" para el sexo. A los ojos de la sociedad secular, ya nada es tabú: masturbación, sexo oral, sexo anal, sexo grupal, pornografía, pedofilia, homosexualidad, bestialidad, sadomasoquismo (y otros). El mundo dice: "Si está bien para ti, ¡hazlo!".

Sin embargo, la pregunta que necesitamos hacer es: "¿Qué dice La Palabra de Dios?". Dios inventó el sexo. Él lo diseñó y estableció las direcciones, los parámetros y límites bajo los cuales puede ser ejercido moralmente. Uno de los principios fundamentales de la creación es el principio de "encastre". Dios creó cada cosa para que "encastre" en el lugar apropiado y en relación con todo lo demás. Este es un hecho tanto en la sexualidad humana como en todas las otras áreas de la vida. Los órganos sexuales masculino y femenino fueron diseñados para "encastrarse", y provistos de manera inmejorable para su función mutua. Cualquier actividad que vaya más allá de los límites del diseño en su función, viola el principio de "encastre" y se suma a la perversión. Perversión significa simplemente abuso, mal uso o falsificación del propósito original de una cosa. Es por esta razón que la homosexualidad, por ejemplo, es pecado; es una perversión de la función originalmente diseñada para la sexualidad humana.

¿Qué constituye un comportamiento sexual inapropiado? Algunas personas dirían que, para las parejas casadas, cualquier cosa en la que estén de acuerdo está bien. Lo que sucede en el dormitorio de una pareja es un asunto privado, pero nada queda oculto para Dios. Pienso que es más seguro decir que hay ciertos tipos de comportamiento que siempre son inapropiados. Aparte de aquellas acciones que violan el principio de "encastre", el comportamiento sexual inapropiado incluiría cualquier cosa que sea física y deliberadamente dolorosa, así como cualquier acto sexual que un compañero fuerce sobre el otro, particularmente si el segundo compañero se siente incómodo con ello.

Un sólido principio bíblico que nos guiará para toda la vida, incluido el comportamiento sexual, es hacernos la pregunta: "¿Es edificante?". Este es el punto al que Pablo se refirió con los creyentes en Corinto. *"'Todo está permitido', pero no todo es provechoso. 'Todo está permitido', pero no todo es constructivo. Que nadie busque sus propios intereses sino los del prójimo"* (1 Corintios 10:23-24). El punto al que llega Pablo es que aunque los cristianos no están limitados por la ley, y en consecuencia para ellos "todo está permitido", no todo es de ayuda o constructivo. Otra palabra para "constructivo" es *edificante*. *Edificar* significa "construir" algo o "fortalecerlo".

Cuando evaluamos si una acción o conducta es correcta o no, necesitamos preguntarnos si esa conducta nos edificará —será constructiva— a nosotros mismos o a alguien más, o nos derribará. La pregunta no es qué puedo obtener con ella, sino qué es saludable y edificante. Una vez que todo fue dicho y hecho, ¿resultamos edificados espiritualmente?¿Hemos sido levantados o fortalecidos en nuestra relación con el Señor o con nuestro esposo, o hemos sido debilitados? ¿Salimos animados o desalentados, confiados o llenos de sentimientos de culpa o vergüenza? ¿Está limpia nuestra consciencia?

La medida para saber si un comportamiento sexual es apropiado o no para nosotros es saber si nos edifica o no. Cualquier cosa que hagamos y nos haga resultar edificados, está permitida y es apropiada. Si no nos edifica, es inapropiada. Dios ha provisto en su Palabra principios sólidos para guiar nuestro comportamiento, y aquellos principios son siempre un modelo confiable.

Principios

1. El sexo no es amor.
2. El sexo no es espiritual.
3. El sexo es cien por ciento físico y químico.
4. El sexo es un apetito.
5. El sexo es para la procreación.
6. El sexo es para la recreación y la liberación.
7. El sexo es para la comunicación.
8. La satisfacción y la felicidad sexual en el matrimonio dependen de un entorno abierto de amor, aceptación y afirmación, en el cual cada uno de los esposos se sienta cómodo al hacer conocer sus necesidades y deseos al otro.
9. Un sólido principio bíblico que nos guiará para toda la vida, incluido el comportamiento sexual, es hacernos la pregunta: "¿Es edificante?".

Capítulo siete

PLANEAMIENTO FAMILIAR

Durante estos últimos años, sin importar a qué parte del mundo viaje para encontrarme tanto con funcionarios de gobierno como con líderes religiosos, cuando les pregunto cuál es el problema número uno en su sociedad, recibo rutinariamente la misma respuesta: la condición de la familia. Escucho esto en el Caribe, en Sudamérica, en los Estados Unidos, en Israel, dondequiera que voy. El deterioro de la familia es un problema universal.

No debería ser una sorpresa para nosotros que la institución de la familia esté bajo el ataque del enemigo. La destrucción de la familia derivará en la caída de la civilización. La familia es la primera y más básica unidad de la sociedad humana. Las familias son los bloques de construcción con los cuales se construye cada sociedad y cultura. En esencia, la familia es el prototipo de la sociedad. Un prototipo es el primero en su tipo, y demuestra las características básicas de todos los "modelos" que le seguirán. En otras palabras, la condición de la sociedad refleja la condición de la familia. De la misma manera en que un edificio es tan fuerte como los materiales que se utilizaron para construirlo, una sociedad será tan fuerte como lo sean sus familias.

Dios inventó a la familia en el principio, y sigue siendo su institución ideal e inmejorable para establecer a la sociedad humana. Por lo tanto, la cura para todos los problemas sociales, psicológicos, emocionales, espirituales y cívicos que enfrentamos en nuestras comunidades radica en redescubrir, restaurar y reconstruir la familia.

Todo lo que existe tiene un propósito. Como Creador, Dios tenía un propósito específico en mente para cada cosa que hizo. Esto es igual de cierto para la familia como para todo lo demás. La primera familia de la humanidad fue establecida cuando Dios hizo a Eva de una porción del costado de Adán y se la presentó a él (ver Génesis 2:21-24). El libro de Génesis es específico con respecto al propósito de Dios para la familia:

> *"Y Dios creó al ser humano a su imagen; lo creó a imagen de Dios. **Hombre y mujer los creó**, y los bendijo con estas palabras: '**Sean fructíferos y multiplíquense**; llenen la tierra y sométanla; dominen a los peces del mar y a las aves del cielo, y a todos los reptiles que se arrastran por el suelo"*
> —GÉNESIS 1:27-28 (énfasis añadido)

El deseo de Dios era llenar la Tierra con los seres humanos hechos a su imagen, y la familia era el camino que Él eligió para alcanzarlo.

Otra clave del propósito de Dios para la familia se encuentra en el libro de Malaquías, el último libro del Antiguo Testamento. El pueblo de Dios estaba molesto porque les parecía que Él no respondía sus oraciones. Malaquías explica por qué:

> *Otra cosa que ustedes hacen es inundar de lágrimas el altar del Señor; lloran y se lamentan porque él ya no presta atención a sus ofrendas ni las acepta de sus manos con agrado. Y todavía preguntan por qué. Pues porque el Señor actúa como testigo entre ti y la esposa de tu juventud, a la que traicionaste aunque es tu compañera, la esposa de tu pacto. ¿**Acaso no hizo el Señor un solo ser**, que es cuerpo y espíritu? Y ¿**por qué es uno solo? Porque busca descendencia dada por Dios.** Así que cuídense ustedes en su propio espíritu, y no traicionen a la esposa de su juventud.*
> —MALAQUÍAS 2:13-15 (énfasis añadido)

Los hijos son queridos para el corazón de Dios. El crecimiento y la perpetuidad de la sociedad humana dependen de los hijos. Desde el principio Dios estableció un fundamento firme sobre el cual construir la sociedad. La primera etapa fue la creación del hombre, varón y mujer. La segunda etapa fue el matrimonio; una unión espiritual en la cual dos humanos individuales son fusionados en uno solo, que es consumada físicamente por medio de la acción del coito sexual. El matrimonio nos lleva naturalmente a la tercera etapa, una unidad familiar que consiste en un padre, una madre y uno o más hijos. Esta es la definición tradicional de la palabra *familia*. Aunque, en un sentido más amplio, los hogares con un solo padre o con padres solteros que viven solos sean ciertamente calificados como familias, la comprensión tradicional es más significativa cuando hablamos de la perpetuidad de la sociedad humana y de "llenar la Tierra" de gente.

Un marido y una esposa juntos forman un matrimonio. El matrimonio establece una familia. Los hijos nacen, crecen hasta la madurez y establecen sus propias familias. La multiplicación de familias da origen a las comunidades; la multiplicación de las comunidades da inicio a las sociedades; y la multiplicación de las sociedades, como resultado, crea a las naciones.

Si hay algún mandato de Dios que la humanidad haya obedecido fielmente, ese es el mandato de *"sean fructíferos y multiplíquense"*. Los humanos hemos seguido esa instrucción tan diligentemente, que en el siglo XXI la población global alcanzó un punto peligroso, en que millones viven con la amenaza diaria de la desnutrición y el hambre. En vista de esta crisis, ahora más que nunca antes, los hijos de Dios, conscientemente, tenemos la responsabilidad de dar una cuidadosa consideración a la necesidad de planear deliberadamente la familia.

ENGENDRAR O NO ENGENDRAR

Según su cultura y la forma de su crianza, muchos creyentes se sienten incómodos al hablar sobre el planeamiento familiar. Algunos están confundidos en el tema debido a una enseñanza inadecuada o imprecisa, mientras que otros tienen un sentimiento complicado de que hay algo pecaminoso en el hecho de intentar "planear" algo tan íntimo y "santo" como tener hijos. Si este es el caso, es importante comprender qué significa y qué no significa el planeamiento familiar.

Indicado de modo simple, el planeamiento familiar implica tomar decisiones deliberadas *por adelantado,* para evitar embarazos no deseados y para limitar el tamaño de una familia al número de hijos que los padres pueden amar, proveer, alimentar, instruir y proteger apropiadamente. Llevar a cabo estas decisiones, requiere de acciones específicas, concretas apuntadas a la *prevención.* En otras palabras, el planeamiento familiar incluye el control de la natalidad. Los medios más comunes que se utilizan hoy para el control de la natalidad son el condón, el diafragma y la píldora anticonceptiva, los cuales previenen el embarazo al evitar que las células de esperma provenientes del hombre fertilicen el óvulo en la mujer. El control de natalidad previene la *concepción* de un nuevo ser humano.

El planeamiento familiar se enfoca en la prevención y el control por adelantado de los embarazos. No tiene nada que ver con *terminar deliberadamente* con los embarazos. Por lo tanto, el aborto *no* es parte del planeamiento familiar. Tampoco es parte del control de la natalidad o del cuidado de la salud. El aborto es inmoral y es un pecado, porque es la destrucción a propósito de una vida humana existente. Como tal, va en contra del diseño directo y de la intención de Dios.

Hubo un tiempo en el que las familias grandes eran lo normal y aun lo necesario para sobrevivir, particularmente en sociedades basadas en la agricultura. Los índices de mortalidad de la infancia y la niñez eran tan altos debido a las enfermedades o heridas, que los padres necesitaban producir más hijos para asegurarse de que algunos llegaran a la madurez, para ayudar en el trabajo de la granja y asimismo continuaran con la línea familiar. En la sociedad industrializada de hoy y con la realidad económica actual, el planeamiento familiar y el control de la natalidad tienen mayor sentido. Esto es así también en las culturas del tercer mundo, con una pobreza y desnutrición penetrantes, donde la población crece desenfrenadamente debido a la ignorancia y la falta de acceso a opciones legítimas de control de la natalidad.

Hay al menos tres preguntas con respecto al planeamiento familiar que cada pareja necesita responder, preferentemente antes de contraer matrimonio y, ciertamente, no mucho después de los primeros meses de casados. Primera: "¿Queremos tener hijos?". Por una variedad de razones, algunas parejas optan por no tener ningún hijo. Ya sea por sus carreras, temas concernientes a riesgos de salud, el peligro de transmitir algún problema de salud hereditario, u otra cosa, esta es una decisión que cada pareja debe tomar por sí misma.

Si la pareja decide que sí quieren tener hijos, la segunda pregunta que deben responder es: "¿Cuándo?". Esta es una pregunta muy importante. Existen varios factores relevantes que considerar al determinar el tiempo para comenzar una familia, como la madurez, si uno o ambos están en la universidad o si ya tienen un empleo estable y un ingreso. Para que puedan crecer saludablemente, los hijos necesitan un entorno de hogar que sea estable financiera, emocional y espiritualmente.

La tercera pregunta que la pareja necesita responder con respecto a los hijos es: "¿Cuántos?". Uno de los factores más significativos a considerar aquí son los medios financieros de la pareja. Es muy simple: cuantos más hijos tenga una pareja, mayor será el costo para criarlos y cuidarlos adecuadamente. Por ejemplo, un hogar que tiene un ingreso de 300 dólares por semana no puede proveer razonablemente para diez hijos. Es responsabilidad de los padres determinar no solamente la cantidad de hijos que desean tener, sino también cuántos hijos, si son realistas, pueden mantener.

Criar hijos es un asunto serio e importante para Dios, y los padres son responsables ante Él por la manera en que los tratan y cuidan de ellos. *"El que no provee para los suyos, y sobre todo para los de su propia casa, ha negado la fe y es peor que un incrédulo"* (1 Timoteo 5:8). Dios no se opone a la idea de que las parejas tengan muchos hijos, pero Él espera que ellos amen a sus hijos, los mantengan y provean lo necesario de una manera responsable.

El control de la natalidad puede ser una bendición, especialmente para los recién casados jóvenes, que necesitan tiempo para ajustarse el uno al otro y establecer su hogar antes de traer a los hijos a escena. Para las parejas que no desean hijos o que ya tienen todos los hijos que querían, hay procedimientos que están disponibles para prevenir futuras concepciones: vasectomías para los hombres o ligadura de trompas para las mujeres. Todas estas bendiciones de la tecnología son invaluables para ayudar a las parejas casadas a tomar decisiones sabias y bien informadas en lo concerniente al tamaño de sus familias.

Los hijos son una herencia del Señor

Los matrimonios que deciden tener hijos desean algo bueno. La Biblia está llena de pasajes que describen las bendiciones relacionadas con tener y criar hijos. En los tiempos del Antiguo Testamento, a los padres que tenían muchos hijos se los consideraba extremadamente bendecidos por Dios. Al mismo tiempo, se creía que las mujeres que no podían tener hijos estaban bajo una maldición de Dios. Aunque hoy reconocemos que no existe ninguna relación entre el tamaño de la familia y las bendiciones de Dios, esta actitud revela cuán valiosos e importantes eran los hijos para las personas de los tiempos antiguos, y particularmente para los hebreos, los hijos de Dios.

Los hijos son una herencia del Señor, los frutos del vientre son una re-compensa. Como flechas en las manos del guerrero son los hijos de la juventud. Dichosos los que llenan su aljaba con esta clase de flechas. No serán avergonzados por sus enemigos cuando litiguen con ellos en los tribunales.

—Salmo 127:3-5

Como vimos en el capítulo seis, la palabra hebrea para "hijos" en los versículos 3 y 4, también puede ser traducida como "todos los hijos", no solo los varones. La palabra *hijos,* en el versículo 3, es la traducción de dos palabras hebreas que literalmente significan "fruto del vientre". Los hijos son frutos, el producto de padres fructíferos. De esta manera, las parejas casadas que tienen hijos cumplen uno de los propósitos de Dios para el matrimonio: *"...sean fructíferos y multiplí-quense"* (Génesis 1:28a).

El versículo 4 del Salmo 127 compara a los hijos con flechas en manos del guerrero, y el versículo 5 declara que el hombre cuya "aljaba" está llena de hijos es bendito. Sin embargo, las flechas no han sido hechas para permanecer en la aljaba, sino para ser lanzadas desde un arco hacia el objetivo. Mientras descanse una flecha en la aljaba, no puede cumplir con el propósito para el cual fue hecha. Lo mismo sucede con los hijos. Los hijos descansan por un tiempo en la "aljaba" de su hogar y familia, en tanto aprenden y crecen hasta la madurez, pero tarde o temprano llegará el día en que necesiten ser liberados al mundo. Sólo entonces podrán cumplir el propósito y soltar todo el potencial que Dios ha plantado en ellos. Es un rol de los padres preparar a los hijos para dejar la aljaba.

Dios busca una descendencia devota (ver Malaquías 2:15), y la descendencia devota proviene de padres devotos. Su objetivo es que sus hijos tengan su naturaleza y su carácter, para que sean como Él. La mejor forma de ser como Dios es imitarlo. Sólo los creyentes y seguidores de Cristo pueden verdaderamente llegar a ser como Dios, porque lograrlo requiere que seamos morada de la presencia del Espíritu Santo. Al escribir al cuerpo de los creyentes en Éfeso, Pablo dijo: *"Por tanto, imiten a Dios, como hijos muy amados, y lleven una vida de amor, así como Cristo nos amó y se entregó por nosotros como ofrenda y sacrificio fragante para Dios"* (Efesios 5:1-2).

Jesucristo mismo es nuestro modelo. Del mismo modo que Jesús es con nosotros, así debemos ser con nuestros hijos. Uno de los objetivos de ser padres, es criar a los hijos para que sean como sus padres, que compartan creencias y valores similares. El ejemplo es el mejor maestro de todos, y los hijos aprenden más del estilo de vida modelado por sus padres que de cualquier cosa que ellos puedan decir. Las acciones realmente hablan más fuerte que las palabras.

Proverbios 20:11 dice: *"Por sus hechos el niño deja entrever si su conducta será pura y recta"*. ¿Dónde aprenden los hijos una conducta pura y recta si no es de sus padres? Para bien o para mal, las actitudes y el comportamiento de los hijos reflejan lo que han recibido de sus padres. En la gran mayoría de los casos, los problemas de conducta en los niños y adolescentes pueden ser rastreados hasta un modelo paternal pobre.

No se es buen padre por accidente. No se logra pasivamente o desde la distancia, ya sea física o emocional. Ser padres efectivos requiere concentrarse en ello intencional y deliberadamente. Los padres deben *planear* para el éxito, y la meta es una descendencia devota. Si nuestros hijos crecen compartiendo nuestros valores morales, éticos y espirituales, habremos tenido éxito como padres.

¿Quién de nosotros no tendría el mayor de los cuidados para proteger y preservar un tesoro que tengamos en posesión? No existe tesoro más grande que nuestros hijos. Ellos son herencia de Dios, y como padres devotos tenemos la responsabilidad y la obligación delante de Dios de tratarlos como tales. Nuestra meta es producir una descendencia devota que glorifique y honre a su Padre celestial.

PRINCIPIOS FUNDAMENTALES
DE PATERNIDAD

En un sentido muy real, Dios fue el primer Padre, porque Él produjo "hijos" diseñados para que sean como Él. Esto fue revelado en la primera declaración que Él hizo con respecto a la humanidad, registrada en el libro de Génesis. *"Y dijo* [Dios]: *'Hagamos al ser humano a nuestra imagen y semejanza...'"* (Génesis 1:26a).

Este versículo contiene tres principios fundamentales de la paternidad, encerrados en estas dos palabras: *imagen* y *semejanza*. Una *imagen* es una similitud o reflejo directo del original y representa su naturaleza o carácter. La palabra *semejanza* significa verse igual, actuar igual y ser igual a alguien o algo más.

Dios creó a los humanos para que sean un reflejo directo de Él; esencialmente vivirían, se comportarían y serían como Él en todo. Este hecho conlleva claras implicancias para los padres.

Principio fundamental Nº 1: *La paternidad debería reproducir la naturaleza del padre en el hijo.* Dios es santo, y creó al hombre para que sea santo. El pecado corrompió la santidad del hombre y distorsionó la imagen divina en él. Desde entonces, el propósito y la intención de Dios han sido restaurar al hombre a su naturaleza santa original. Esa es la razón por la que envió a su Hijo, Jesucristo, para vivir en la carne. A través de su vida, Jesús nos mostró cómo es Dios, y con su muerte por nuestros pecados, hizo posible que su imagen y santidad sean restauradas en nosotros.

Del mismo modo, si nosotros como padres deseamos tener hijos devotos, debemos vivir vidas devotas como ejemplo. Dios es santo y recto por naturaleza, y Él quiere hijos que exhiban la misma naturaleza. La paternidad debería reproducir la naturaleza del padre en el hijo. Sólo el Espíritu de Dios puede reproducir la naturaleza de Dios, ya sea en nosotros o en nuestros hijos. Por esta razón debemos depender completamente del Señor y caminar muy cerca de Él a medida que buscamos ser padres sabios y efectivos para nuestros hijos.

Principio fundamental Nº 2: *La paternidad debería reproducir el carácter del padre en el hijo.* La naturaleza y el carácter están muy relacionados. Nuestro carácter es determinado por la naturaleza que nos controla. Revela quiénes somos realmente, más allá de cómo nos presentemos nosotros mismos a otros. Estrechamente semejante a nuestra reputación, el carácter se refiere a nuestra excelencia y firmeza moral (o a su carencia) y menciona los rasgos mentales y éticos que nos marcan como individuos. Nuestro carácter es quienes somos cuando no hay nadie más alrededor.

Desde un punto de vista paternal, esto es muy importante. Una forma de medir nuestra efectividad como padres es ver cómo actúan nuestros hijos en nuestra ausencia. ¿Qué dicen y hacen ellos cuando no estamos cerca para aprobar o desaprobar, o para elogiar o corregir? Nos guste o no, nuestros hijos, muy seguramente, serán como nosotros. Es una parte de la naturaleza, los hijos salen a sus padres. Si queremos producir hijos de buen carácter, debemos ser padres de buen carácter.

Principio fundamental Nº 3: *La paternidad debería reproducir la conducta del padre en el hijo.* La naturaleza determina el carácter, y el carácter determina la conducta. Cuando los padres se concentran sólo en la conducta de sus hijos, ellos son condenados, en última instancia, al fracaso y la frustración, porque la conducta está conectada con el carácter.

Como con el carácter, los padres que desean una buena conducta *de* sus hijos, deben ser modelos de buena conducta *para* sus hijos. El viejo dicho "haz lo que yo digo, pero no lo que yo hago", además de ser hipócrita, simplemente no funciona. Los hijos pueden ver a través de la hipocresía, y pierden el respeto por las personas que dicen una cosa y hacen otra.

Si somos padres buenos y devotos, nuestros hijos tendrán una naturaleza buena y devota. Si somos rectos en todas nuestras actitudes, nuestros hijos desarrollarán un carácter fuerte. Si como padres, nos comportamos, nuestros hijos aprenderán a comportarse.

Siempre debemos mirar no sólo a nuestros hijos, sino a *sus* hijos también. La prueba final de nuestra efectividad como padres es cómo resultan nuestros nietos. Si hemos cumplido con nuestro trabajo, nuestros hijos habrán internalizado nuestra naturaleza, carácter y conducta, y la habrán pasado a sus hijos. De esta manera, la rectitud es pasada de generación en generación. Esto cumple el plan de Dios, porque Él busca una descendencia devota.

MANDATOS PATERNALES

La paternidad es un gran gozo, pero también es una gran responsabilidad. Dios ha dejado claro en La Biblia, su Palabra, lo que Él requiere y espera de los padres, por lo cual los responsabiliza. Su mandato es simple: padres, instruyan a sus hijos.

Instruye al niño en el camino correcto, y aun en su vejez no lo abandonará.
—PROVERBIOS 22:6

*La vara de la disciplina imparte sabiduría, pero el hijo malcriado aver-
güenza a su madre.*
—PROVERBIOS 29:15

No corregir al hijo es no quererlo; amarlo es disciplinarlo.
—PROVERBIOS 13:24

*Corrige a tu hijo mientras aún hay esperanza; no te hagas cómplice de
su muerte.*
—PROVERBIOS 19:18

*Grábate en el corazón estas palabras que hoy te mando. Incúlcaselas
continuamente a tus hijos. Háblales de ellas cuando estés en tu casa y
cuando vayas por el camino, cuando te acuestes y cuando te levantes.*
—DEUTERONOMIO 6:6-7

Proverbios 22:6 ilustra la importancia de instruir a los hijos mientras son todavía muy jóvenes: cuando sean viejos (o ya crecidos), "no
lo abandonarán". Serios estudios han mostrado que el carácter básico
de un niño queda conformado hacia la edad de siete años. Aquello
que no enseñemos o impartamos a nuestros hijos durante los primeros siete años de vida, lo aprenderán más tarde con mayor dificultad.
La instrucción temprana establece el fundamento para la vida futura.
Aun cuando los niños más grandes y los adolescentes prueban sus
límites (como lo hacen siempre), generalmente vuelven a las creencias
y valores que aprendieron en sus primeros años, si aquellas lecciones
fueron enseñadas con integridad y consistencia, y por medio del ejemplo paternal.

La buena paternidad siempre involucra la instrucción. Esto es así
porque, en primer lugar, *los hijos necesitan instrucción.* La instrucción
no es lo mismo que el consejo. Algunos padres tratan de aconsejar a
sus hijos a pesar de la edad. Para hablar en general, cuanto más pequeño es el niño, el consejo será menos efectivo. Los niños pequeños
necesitan ser instruidos para obedecer primero, y luego para entender

por qué. Esto es para su propia protección. A medida que crezcan en sus capacidades de razonamiento y análisis, estarán mejor dispuestos a entender el "por qué" de su instrucción. Debemos ser cuidadosos de no intentar aconsejar a nuestros hijos antes de tiempo.

En segundo lugar, *los hijos no pueden instruirse solos.* Aunque esto debería darse por sabido, hay, no obstante, muchos padres que básicamente dejan que sus hijos tomen sus propias decisiones y, generalmente, que se defiendan por sí mismos, aun a muy temprana edad. La instrucción de los hijos es casi inexistente. Cuando son cuestionados, estos padres con frecuencia justifican sus acciones (o inacción) al alegar que no quieren forzar a sus hijos a tener sus propias creencias, o restringirles la libertad de elegir su propio camino. Esto es una locura y una receta para el desastre, porque los niños aún no han desarrollado la capacidad para hacer elecciones sabias y maduras. Necesitan la guía clara y estable de adultos que puedan mostrarles el camino. Necesitan la instrucción de los padres.

Tercero, *la instrucción debe ser intencional.* La crianza y enseñanza de los hijos es un trabajo demasiado importante para correr riesgos o ser librado al azar. Los padres deben tomar esta carga voluntaria y deliberadamente. Somos la primera línea de defensa de nuestros hijos, la primera y principal fuente de instrucción y ejemplo. Bueno o malo, correcto o erróneo, nuestros hijos tomarán su ejemplo de nosotros. Nuestra instrucción y nuestro ejemplo deben ser justos, consistentes y unificados. En los asuntos de las reglas, rutina y disciplina en el hogar, los padres deben presentar un frente unificado para que los hijos no aprendan a poner a un padre contra el otro.

Cuarto, *la instrucción se focaliza en el largo plazo.* No debemos esperar que nuestros hijos sean buenos instantáneamente, o que aprendan todo la primera vez que se les enseña. La instrucción es un proceso de desarrollo. La madurez no llega de la noche a la mañana. Como padres debemos mirar más allá del futuro de nuestros hijos, y el futuro de sus hijos. En lo que concierne a la instrucción y la disciplina, las dolencias a corto plazo significarán ganancia a largo plazo. Puede rompernos el corazón disciplinar a nuestros hijos y ver sus lágrimas, pero la meta a largo plazo de prepararlos para vivir como adultos responsables, justifica el dolor a corto plazo de disciplinarlos mientras son jóvenes.

Finalmente, *fallar en la instrucción es un compromiso para destruir al niño*. Recuerda Proverbios 19:18: "*Corrige a tu hijo mientras aún hay esperanza; no te hagas cómplice de su muerte*". Este versículo nos dice que nuestra falla al disciplinar a nuestros hijos nos hace partícipes de su destrucción. Si nuestros hijos se equivocan y arruinan sus vidas porque no les enseñamos adecuadamente, entonces llevaremos la carga más grande de responsabilidad. Nos hacemos cómplices involuntarios de su destrucción, complotados con aquellas fuerzas del mundo que procuran destruir a nuestros hijos.

SEAMOS LA LOCOMOTORA, NO EL FURGÓN DE COLA

Tengo una palabra final de consejo para los padres o futuros padres: *Sean la locomotora, no el furgón de cola*. La locomotora provee poder a un tren y determina la dirección y el paso al que el tren viaja. Como en cualquier otro vehículo, el furgón de cola sigue a la locomotora; nunca lidera. Donde vaya la locomotora, va el furgón de cola. Si el tren es una analogía para la familia, entonces los padres son la locomotora y los hijos el furgón de cola. Los hijos deben ir adonde los padres los lleven. Los padres van delante de los hijos, para determinar la ruta y la velocidad. Si la locomotora llega a salvo a su destino, el resto del tren también lo hará.

Uno de los grandes problemas en muchas familias es que los padres se han permitido ir detrás. Los hijos han tomado el control de la locomotora y han corrido sin ningún sentido de dirección o propósito, y todo lo que los padres pueden hacer es ser arrastrados mientras el "tren" de la familia va a toda velocidad por las vías. Tarde o temprano llegarán, ciertamente, el descarrilamiento y la destrucción. Independientemente de lo que hagamos como padres, nunca debemos permitir que nuestros hijos controlen el tren.

La locomotora determina por qué rieles va el tren. De la misma manera, nosotros, como padres, determinamos a dónde van nuestros hijos y en qué se convertirán, por medio del camino en el que pongamos nuestras vidas. Delante de nosotros hay una bifurcación en el camino, y podemos llevar nuestro tren a uno u otro lado. Uno lleva a la vida, la salud y la prosperidad, mientras que el otro lleva a la muerte y la destrucción. La elección es nuestra: ¿Qué camino tomaremos?

Dios busca una descendencia devota. Él quiere que escojamos la vida para nosotros y para nuestros hijos. En las palabras de Moisés, el "amigo de Dios":

Hoy pongo al cielo y a la tierra por testigos contra ti, de que te he dado a elegir entre la vida y la muerte, entre la bendición y la maldición. Elige, pues, la vida, para que vivan tú y tus descendientes. Ama al Señor tu Dios, obedécelo y sé fiel a él, porque de él depende tu vida, y por él vivirás mucho tiempo en el territorio que juró dar a tus antepasados Abraham, Isaac y Jacob.

—DEUTERONOMIO 30:19-20

Los hijos necesitan el amor, la guía, la instrucción, la disciplina y la protección que solo los padres pueden darles. La fortaleza y la salud de la próxima generación dependen de la fidelidad y diligencia de los padres de esta generación. Los matrimonios que deciden tener hijos, escogen algo bueno. Sí, criar hijos es una asombrosa responsabilidad que conlleva una porción considerable de frustración, dolor de cabeza y estrés. Sin embargo, la paternidad es más que eso, es un maravilloso privilegio que está acompañado por gran gozo, profunda satisfacción y abundante esperanza para el futuro.

Principios

1. El planeamiento familiar implica tomar decisiones deliberadas por adelantado, para evitar embarazos no deseados y para
   limitar el tamaño de una familia al número de hijos que los
   padres pueden amar, proveer, alimentar, instruir y proteger
   apropiadamente.
2. El planeamiento familiar implica responder tres preguntas con
   respecto a los hijos: "¿Queremos tener hijos?", "¿Cuándo?" y
   "¿Cuántos?".
3. Para que puedan crecer saludablemente, los hijos necesitan
   un entorno de hogar que sea estable financiera, emocional y
   espiritualmente.
4. El ejemplo es el mejor maestro de todos, y los hijos aprenden
   más del estilo de vida modelado por sus padres que de cualquier cosa que ellos puedan decir.
5. Ser padres efectivos requiere concentrarse en ello intencional
   y deliberadamente.
6. La paternidad debería reproducir la naturaleza del padre en
   el hijo.
7. La paternidad debería reproducir el carácter del padre en el
   hijo.
8. La paternidad debería reproducir la conducta del padre en el
   hijo.
9. El mandato de Dios es simple: padres, instruyan a sus hijos.
10. Los padres deben ser la locomotora, no el furgón de cola.

Capítulo ocho

VIVIR EN *ÁGAPE*

Un matrimonio que dure para toda la vida, debe ser construido sobre un fundamento sólido, que no se consuma, erosione o desgaste con el tiempo. Una relación matrimonial exitosa, feliz y fructífera debe estar fundada sobre principios que sean permanentes, no temporarios; debe estar forjada por las cosas que perduran, no por las que se desvanecen.

La atracción física no hará permanecer al matrimonio. La belleza externa desaparece con el tiempo. El cabello se vuelve gris o blanco o se cae, la piel se arruga, los músculos se tornan fláccidos, las cinturas se engrosan, los dientes se caen, la vista se oscurece, la audición disminuye. Si has construido tu relación matrimonial basada en la atracción física, ¿qué harás cuando los atributos físicos, que los atrajo inicialmente para estar juntos, desaparezcan?

El sexo no hará permanecer al matrimonio. Los humores y las actitudes cambian y evolucionan. Con el aumento de la edad, la capacidad para desempeñarse sexualmente y el interés en la actividad sexual declinan. Mientras tanto, un apetito que es cien por ciento físico y químico, es insuficiente para nutrir y sostener, por sí mismo, una relación que es esencialmente espiritual por naturaleza.

Las finanzas no harán permanecer al matrimonio. Debido a los cambios económicos, pérdida de trabajo, inhabilidad física, enfermedades de largo plazo o una multitud de otros factores, el estado financiero puede cambiar drástica y muy rápidamente. Un matrimonio basado única o principalmente sobre factores económicos o sobre el potencial de ganancias, es una receta segura para el fracaso.

Las posesiones no harán permanecer al matrimonio. A pesar de lo permanentes o sustanciales que puedan parecer, las cosas materiales son sólo temporales y pueden esfumarse con la brisa de la mañana. Pregúntale a alguno que haya perdido todo repentinamente en un desastre, un incendio o un huracán. Más aún, centrar nuestra vida o nuestro matrimonio alrededor de la acumulación de bienes, simplemente crea un hambre insaciable por más, un ansia que nunca puede ser satisfecha.

¿Sobre qué, entonces, puede un matrimonio construir una relación feliz, segura y duradera? ¿Qué fundamento resistirá el paso del tiempo así como las tormentas de la adversidad? Espero haber dejado en claro, a lo largo de este libro, que el único fundamento seguro para un matrimonio para toda la vida es *ágape*, el amor que se entrega a sí mismo, que tiene su fuente y origen exclusivamente en Dios. Solamente aquello que deriva de Dios mismo permanecerá; todo lo demás es transitorio. Cuando escribió sobre la cualidad de permanencia de *ágape* a la comunidad de creyentes en Corinto, Pablo tenía lo siguiente para decir:

> *El amor jamás se extingue, mientras que el don de profecía cesará, el de lenguas será silenciado y el de conocimiento desaparecerá. Porque conocemos y profetizamos de manera imperfecta; pero cuando llegue lo perfecto, lo imperfecto desaparecerá... Ahora, pues, permanecen estas tres virtudes: la fe, la esperanza y el amor. Pero la más excelente de ellas es el amor.*
>
> —1 CORINTIOS 13:8-10,13

Al final, la fe, la esperanza y el amor permanecerán. Todas ellas tienen su origen en Dios, y el amor (*ágape*) es el mayor de los tres. Esto es así porque la fe y la esperanza surgen del amor de Dios, y pueden existir sólo en el entorno de su presencia. Debido a que Dios es eterno y a que *ágape* es su misma naturaleza, su amor nunca puede fallar. Las profecías, las lenguas y el conocimiento —todas las cosas que parecen tan permanentes para nosotros— algún día desaparecerán. Estas cosas también tienen su origen en Dios, pero son, por su diseño, de naturaleza temporaria. Cuando hayan cumplido su propósito, dejarán de existir. Es diferente con el amor. *Ágape* es eterno; nunca dejará de existir.

EL AMOR ES UNA DEUDA EN CURSO

En el capítulo uno, aprendimos que *ágape* es amor incondicional, amor sin razón, la clase de amor que se sacrifica y que se entrega a sí mismo; el amor que Jesús demostró cuando murió en la cruz por nuestros pecados. Amar sin razón significa amar sin importar la amabilidad de las personas involucradas o si son recíprocas en su amor o no. *Ágape* no establece ninguna condición, no hace demandas y no tiene expectativas. No tiene ninguna garantía excepto la garantía propia.

Un matrimonio basado en *ágape*, entonces, es una relación sin roles, porque los esposos se aman el uno al otro incondicional y desinteresadamente, sin expectativas fijas por parte del otro. Alimentada por el amor, su relación se caracteriza por la respuesta a las necesidades de cada uno, en lugar de conformarse con los roles fijos.

Para los creyentes, *ágape* debería ser la fuerza que nos guía y nos motiva detrás de todas las relaciones, ya sea el matrimonio u otra. Simón Pedro, uno de los amigos y seguidores más cercanos de Jesús, dijo lo siguiente sobre la naturaleza incondicional y desinteresada de *ágape*: *"Sobre todo, ámense los unos a los otros profundamente, porque **el amor cubre multitud de pecados"** (1 Pedro 4:8, énfasis añadido). *Ágape* no pasa por alto o ignora el pecado; lo cubre, como la sangre de Jesús, que cubre nuestro pecado para ponernos en una relación correcta con Dios. En el matrimonio, *ágape* significa que los esposos, en lugar de pasar por alto las faltas o debilidades del otro, se relacionan de manera redentora y permiten que el amor venza los defectos de cada uno, sin dejar que se formen puntos de lucha y conflicto.

El amor es una deuda en curso que nos debemos uno al otro, una deuda que nunca debería ser cancelada. Pablo dejó esto en claro cuando escribió a los creyentes en Roma: *"No tengan deudas pendientes con nadie, a no ser la de amarse unos a otros. De hecho, quien ama al prójimo ha cumplido la ley"* (Romanos 13:8). Si tomamos el hábito de pensar que siempre estamos en deuda de amor con nuestros esposos, seremos menos propensos a ofendernos cuando ellos digan o hagan algo que no nos gusta. La implicancia de las palabras de Pablo es que debemos amar a los otros *siempre*, sin importar su actitud o respuesta hacia nosotros.

VIVIR EL AMOR

Entonces, ¿cuáles son las implicancias prácticas para las parejas casadas que viven en *ágape*? Comprender la respuesta requiere, antes que nada, de una bien elaboradala definición de *ágape*, en términos prácticos. Creo que no podremos hallar una definición mejor de la que encontramos en el capítulo 13 de la primera carta de Pablo a los creyentes en Corinto:

> *El amor es paciente, es bondadoso. El amor no es envidioso ni jactancioso ni orgulloso. No se comporta con rudeza, no es egoísta, no se enoja fácilmente, no guarda rencor. El amor no se deleita en la maldad sino que se regocija con la verdad. Todo lo disculpa, todo lo cree, todo lo espera, todo lo soporta. El amor jamás se extingue.*
>
> —1 CORINTIOS 13:4-8A

Consideremos cada uno de estos puntos brevemente con respecto a la relación entre los maridos y las esposas. En todo momento y en todas las cosas debemos procurar prestar atención a las palabras de Jesús: *"Traten a los demás tal y como quieren que ellos los traten a ustedes"* (Lucas 6:31).

El amor es paciente. Siempre recuerda que nadie es perfecto. Todos tenemos nuestras propias fallas y defectos, nuestras propias idiosincrasias particulares y hábitos molestos o manías. Todos entramos al matrimonio con una cierta cantidad de equipaje emocional, psicológico y espiritual. Ajustarnos uno al otro toma tiempo y *paciencia*. La versión Reina Valera (RVR60) a menudo utiliza la palabra *sufrido* para referirse a la paciencia, la cual realmente captura la idea de lo que hablamos aquí. El amor paciente hace concesiones para las diferencias individuales y procura comprender antes de hablar o juzgar. En nuestras relaciones matrimoniales todos necesitamos concesiones saludables de gracia, no sólo aquellas que extendemos a nuestros esposos, sino también las que ellos nos extienden a nosotros. El amor paciente está lleno de gracia. En lugar de encontrar una falla, busca ayudar a la otra persona a alcanzar su potencial completo y su personalidad en Cristo.

El amor es bondadoso. La palabra griega utilizada en el versículo 4 para referirse a "bondadoso", significa literalmente "mostrarse útil" o "actuar benévolamente". El amor bondadoso siempre busca los mejores intereses para la otra persona, procura activamente formas de ayudar, consolar, animar, reforzar y levantar. Aquí es donde entra en escena el recordar los pequeños detalles, un piropo, una tarjeta, un ramo de rosas. No obstante, hay más incluido aquí que solo la prudencia. La bondad es activa, deliberada, se compromete a perseguir el bienestar de otro. Es gentil y tierna, e incluso firme y resistente cuando es necesario; se rehúsa a estar de pie ociosamente y permitir que sus amados se vean comprometidos en conductas autodestructivas. Algunas veces, el acto más grande de bondad es intervenir forzosamente para prevenir que alguien que amamos cambie su rumbo y se encamine a la ruina. El amor bondadoso es también amor resistente.

El amor no es envidioso. *Ágape* es un amor que descansa en sí mismo y en sus relaciones. Cuando vivimos en *ágape*, vivimos cómodos de la manera como somos y con nuestro estado y nuestras relaciones con otros. No nos sentimos amenazados por su éxito ni envidiosos por su felicidad. Por el contrario, nos alegraremos activa y sinceramente con ellos por estas cosas. Envidiar quiere decir estar airado, impaciente o ansioso ya sea por o contra alguien, y es muy semejante a estar celoso. Seguro y confiado como es *ágape*, le quita los colmillos a la envidia y a los celos dejándolos impotentes. Amor sin envidia es aquel en el que, cuando la esposa recibe una buena promoción en su trabajo, su marido no se siente amenazado o en competencia con su éxito, sino que honestamente se alegra con ella. Es aquel en el cual, cuando el marido es honrado por sus colegas, su esposa se sentirá orgullosa por su reconocimiento y no temerá que toda la atención no esté concentrada en ella. El amor que no envidia es amor que ha aprendido a estar contento, sean cuales fueren las circunstancias.

El amor no es jactancioso. Jactarse significa literalmente jugar a presumir. Un presumido es alguien que está siempre alabándose a sí mismo, o "tocando bocina de su propio cuerno". Quiere asegurarse de que todos se enteren de sus dones o logros. En realidad, los presumidos normalmente tienen pocos logros con relación a los demás, porque pierden todo su tiempo alardeando. El amor, por otro lado, está siempre ocupado *en hacer* el bien y no tiene tiempo para gastar en hablar de ello. Aquellos que viven en *ágape* no tienen necesidad de alardear porque ellos encuentran su satisfacción y propósito no en la alabanza o el reconocimiento de los hombres, sino en la oportunidad de servir a las necesidades de otros en el nombre de Cristo. Si sentimos una necesidad de presumir o difundir nuestro amor, es una señal segura de que no hay amor presente. *Ágape* no necesita ni busca fanfarria. El verdadero amor se revela a sí mismo por sus acciones, y cuando está presente, todos lo saben.

El amor no es orgulloso. El orgullo es un pecado muy grande de la humanidad, el pecado de Adán y Eva que provocó su caída en el Edén. La palabra griega literalmente se refiere a un par de fuelles bombeados y llenos de aire. Una persona orgullosa es arrogante, con un ego inflado que está lleno de vana seguridad en sí mismo, con aire de suficiencia, confiado en sus propios poderes, talentos y conocimientos. El amor es exactamente lo opuesto: humilde, gentil, nunca enérgico. En las familias que viven en *ágape*, unos a otros se tratan con dignidad, honor y respeto, porque saben que son igualmente dependientes de Dios para todas las cosas, y están igualmente en deuda con Dios porque los perdonó y los puso en una posición de rectitud con Él a través de Cristo. El orgullo siempre se concentra en sí mismo; *ágape* nunca lo hace, en vez de eso se concentra en Dios y en otras personas. *Ágape* destruye el orgullo porque donde el amor lo llena todo, no hay espacio para el orgullo.

El amor no se comporta con rudeza. En muchos segmentos de la sociedad moderna, la rudeza parece ser una cosa común, hasta esperada. No obstante, el comportamiento cortés nunca ha pasado de moda. Los buenos modales siempre son apropiados. Rudeza quiere decir actuar impropia, incorrecta o indecentemente, y de modo que merece reproche. El amor busca siempre actuar adecuada y decentemente en cada circunstancia y relación de la vida. Esto significa mostrar el debido honor y respeto por el lugar y las opiniones de otros, ya sea que su rango sea mayor o menor. Todas las personas, sin importar su posición, son dignas de respeto y decencia. Las personas que viven en *ágape* se preocupan por mantener el respeto y comportamiento apropiado en todas las relaciones de la vida: marido, esposa, padre, niño, hermano, hermana, hijo o hija. El amor que no se comporta con rudeza, también actúa para prevenir cualquier cosa que pueda violar la decencia.

El amor no es egoísta. Esta es otra forma de definir un amor sin roles, sin condiciones ni expectativas. *Ágape* no tiene motivos ulteriores o egoístas; es incondicional. El amor condicional establece límites; *ágape* no establece ninguno. Este tipo de amor busca el bienestar de otros aun a expensas de negarse a sí mismo y del sacrificio personal. Vivir en *ágape* significa que no nos importa primeramente buscar nuestra propia felicidad, sino la felicidad de otros, y que no perseguiremos nuestra felicidad a expensas de otros. Las personas que viven en *ágape*, viven para el propósito de hacer el bien, como lo hizo Jesús (ver Hechos 10:38).

El amor no se enoja fácilmente. Quiere decir que se necesita mucho para provocarlo. No nos levantamos en ira ni dejamos que la cólera nos venza. La palabra griega se refiere a la irritación o agudeza de espíritu. *Ágape*, aunque no es suave o crédulo, tampoco tiene "bordes ásperos". Si somos gobernados por *ágape*, no seremos propensos a la ira, violencia o provocación, siempre guardaremos nuestro carácter en la prueba. No nos apresuraremos para juzgar o ser precipitados al sacar conclusiones, sino que daremos a otros el beneficio de la duda. No "perderemos los estribos" ni "estallaremos precipitadamente" cada vez que una pequeña cosa no nos venga bien. En su lugar, guardamos en nuestra mente las palabras de Santiago, el medio hermano de Jesús: *"Todos deben estar listos para escuchar, y ser lentos para hablar y para enojarse; pues la ira humana no produce la vida justa que Dios quiere"* (Santiago 1:19b-20).

El amor no guarda rencor. Aquí tengo en mente dos ideas. Primero, el amor no "lleva un inventario" de los errores, heridas, insultos u ofensas con la intención de pagar con la misma moneda. En otras palabras, el amor no tiene interés en "desquitarse". El deseo de venganza es uno de los impulsos más destructivos en todo el reino de las relaciones. Las personas guiadas por *ágape* no traerán los errores del pasado para lanzarlos a la cara de quien los ofendió. La segunda idea es que *ágape* siempre le atribuye los motivos más altos y puros a las acciones de otros. Esto no quiere decir que sea crédulo o alguien fácil de dominar, sino que realmente busca y piensa lo mejor sobre cada persona. Significa no recibir ni pasar chismes o información hiriente sobre otra persona. *Ágape* nunca juega el "juego de la culpa"; sostiene la más alta opinión de otros a menos que una clara evidencia indique lo contrario.

El amor no se deleita en la maldad. El salmista escribió: *"Bienaventurado el varón que no anduvo en consejo de malos, ni estuvo en camino de pecadores, ni en silla de escarnecedores se ha sentado"* (Salmo 1:1, RVR60). Ese es el pensamiento que tengo en mente aquí. *Ágape* no sólo se rehúsa a asociarse de manera alguna con la maldad, sino que también lamenta estar presente en los asuntos y en las vidas de esos hombres. Si somos regidos por *ágape*, no encontraremos ningún placer en el pecado, ni en el nuestro ni en el de los demás. Las noticias de la desgracia de otros, incluso de los enemigos, nos entristecerá porque *ágape* desea lo mejor para cada uno, y especialmente desea el arrepentimiento y la salvación de aquellos que están alejados de Dios.

El amor se regocija con la verdad. El Salmo 1 describe al hombre "bendito": *"Sino que en la ley de Jehová está su delicia, y en su ley medita de día y de noche"* (Salmo 1:2, RVR60). No existe una verdad más grande que La Palabra de Dios, y aquellos que viven en *ágape* se deleitarán genuinamente en ella. La leeremos, estudiaremos, discutiremos, compartiremos y enseñaremos a nuestros hijos, y la proclamaremos al mundo lleno de oscuridad y muerte. Regocijarse con la verdad también quiere decir ser genuinamente felices con el éxito honesto y honorable de otros, inclusive de las personas que no están de acuerdo con nosotros o de aquellos con los que tenemos problemas. Significa celebrar cuando prevalece la justicia y cuando la injusticia es abatida. Regocijarse con la verdad es ser felices cuando otras personas salen de sus restricciones o de sus límites de ignorancia a la luz del conocimiento. *Ágape* se regocija activamente y se involucra en el servicio y el trabajo por la verdad.

El amor siempre protege. La palabra griega utilizada para "protege" literalmente significa "cubrir", como un tejado, y "esconder u ocultar". En este sentido, entonces, *ágape* es siempre cuidadoso y esconde las faltas o fallas de otros en vez de difundirlas al mundo. Con respecto al matrimonio y la familia, esto quiere decir que el marido "cubre" a la esposa, y ambos cubren y protegen a sus hijos, dependiendo todo el tiempo de la protección y la cobertura del *ágape* de Dios sobre sus vidas, circunstancias y bienestar. *Ágape* es el escudo o barrera que aísla a una familia de los ataques bruscos de la vida y de los áridos valores de un mundo ateo.

El amor siempre confía. Esto es verdad, antes que nada, con respecto a Dios. Como *ágape* tiene su fuente sólo en Dios, toda su existencia está envuelta únicamente en Él. Si somos guiados por *ágape*, confiaremos en el Señor en todas las cosas y lo buscaremos a Él para obtener sabiduría, guía y discernimiento en cada asunto de la vida, ya sea en el hogar, el trabajo u otro lugar. Nuestra confianza en Dios será evidente, penetrará en nuestra conversación así como en cada relación con la familia y los amigos. Además, el amor que siempre confía es aquel que tiene fe en otras personas, no al punto de ser crédulo, sino de creer en lo mejor de cada uno de ellos, a no ser que exista una evidencia irrefutable de lo contrario. En este sentido, es similar a la cualidad de no guardar rencor. *Ágape* asume las virtudes y buenos sentimientos de otros y se deleita en ellos.

El amor siempre espera. A lo que nos referimos aquí no es al tipo de esperanza soñadora u optimista que el mundo entiende. La esperanza *ágape*, la esperanza bíblica, está firmemente plantada en los hechos y las promesas cumplidas de Dios. Por esta causa, si vivimos en *ágape*, podemos tener una expectativa confiada y asegurada de que en nuestras vidas todo saldrá bien. Estamos en las capaces manos de un Padre amante que nos prometió: *"Porque yo sé muy bien los planes que tengo para ustedes (...),planes de bienestar y no de calamidad, a fin de darles un futuro y una esperanza"* (Jeremías 29:11). *Ágape* siempre ve el lado brillante de las cosas, tanto en el reino físico como en el espiritual, no por medio de la negación que se rehúsa a reconocer el dolor, la tristeza y la dificultad, sino a través del optimismo que rechaza desesperarse porque está plantado en la naturaleza indefectible y las promesas de Dios.

El amor siempre persevera. Cuando todo lo demás falla (o parece fallar), el amor nunca se da por vencido. Soporta hasta el final. Los padres amorosos nunca se dan por vencidos con sus hijos, nunca dejan de amarlos, nunca cesan de orar por ellos, no importa cuán rebeldes o caprichosos puedan ser. Dios es eterno, y debido a que *ágape* tiene su fuente en Él, también es eterno. Por lo tanto, por naturaleza y definición, *ágape* siempre persevera. *Ágape* resiste cuando está en medio de la persecución, difamación, dificultad, abuso, acusaciones falsas, ingratitud, cualquier cosa. La cualidad de perseverar de *ágape* es lo que Jesús mostró cuando oró desde la cruz por sus enemigos y verdugos: *"Padre —dijo Jesús—, perdónalos, porque no saben lo que hacen"* (Lucas 23:34a).

El amor nunca se extingue. Esta declaración suma todas las que hemos visto antes. La palabra *extingue* que es utilizada aquí, se refiere a algo que se ha ido, que ha disminuido o cesado de existir. El amor es eterno. Las profecías, las lenguas y el conocimiento desaparecerán, pero *ágape* nunca se extinguirá. Este mundo en el que vivimos, del mismo modo que el universo físico entero, tarde o temprano se desvanecerá, pero *ágape* nunca cesará. *Ágape* es una pequeña porción del Cielo en la Tierra ahora, y caracterizará la vida de todo el pueblo de Dios en el Cielo nuevo y la Tierra nueva que vendrán. Aunque todo lo demás deje de existir, el amor permanecerá. *Ágape* nunca se extingue.

Aprender a vivir en *ágape* es la clave principal para entender el amor que permanece para toda la vida. Toda pareja casada se enfrenta a la pregunta: "Bueno, ya estamos casados, ¿y ahora qué?". La sociedad moderna les ofrece muchas opciones diferentes, múltiples voces que prestan consejos y recomendaciones. El mundo tiene mucho para decir sobre el amor —bueno y malo, correcto y erróneo—, pero nadie entiende el amor del modo en que Dios lo hace, porque Dios *es* amor (ver 1 Juan 4:16). Si deseamos comprender el amor, necesitamos ir a la fuente del amor. Si queremos hacer crecer y vivir un matrimonio exitoso y duradero, debemos consultar con el fabricante.

El matrimonio es un viaje de aventura, y todo viajero en esa ruta necesita un guía confiable y un manual de confianza. Ya sea que ustedes sean recién casados que comienzan este viaje juntos, o veteranos experimentados en busca de enriquecerse o refrescarse en el camino, encomienden sus vidas y su matrimonio al Señor. Vivan por Él y sigan su Palabra, y Él bendecirá su viaje, les traerá éxito y los llenará de gozo y alegría durante el camino. Consideren las palabras de un hombre sabio: *"Confía en el Señor de todo corazón, y no en tu propia inteligencia. Reconócelo en todos tus caminos, y él allanará tus sendas"* (Proverbios 3:5-6).

Esperamos que este libro
haya sido de su agrado.
Para información o comentarios,
escríbanos a la dirección
que aparece debajo.

Muchas gracias.

PENIEL

info@peniel.com

www.peniel.com